本书是北京哲学社会规划项目研究成果（13JGB102、19GLB016）；受北京建筑大学北京未来城市设计高精尖创新中心项目（UDC2019023524）资助

城市群工业地价与产业结构高级化耦合互动机理研究

——以京津冀城市群为例

周 霞 王德起 著

中国财经出版传媒集团

中国财政经济出版社

图书在版编目（CIP）数据

城市群工业地价与产业结构高级化耦合互动机理研究：以京津冀城市群为例／周霞，王德起著． ——北京：中国财政经济出版社，2020.6

ISBN 978-7-5095-9770-5

Ⅰ．①城… Ⅱ．①周… ②王… Ⅲ．①城市群－工业用地－地价－研究－华北地区②区域产业结构－产业结构优化－研究－华北地区 Ⅳ．①F127.2

中国版本图书馆 CIP 数据核字（2020）第 075179 号

责任编辑：孙　琛　　　　　　　责任校对：张　凡
封面设计：北京兰卡绘世

城市群工业地价与产业结构高级化耦合互动机理研究：以京津冀城市群为例
CHENGSHIQUN GONGYE DIJIA YU CHANYE JIEGOU GAOJIHUA OUHE
HUDONG JILI YANJIU：YI JINGJINJI CHENGSHIQUN WEILI

中国财政经济出版社 出版

URL：http://www.cfeph.cn
E-mail：cfeph@cfeph.cn
（版权所有　翻印必究）
社址：北京市海淀区阜成路甲 28 号　邮政编码：100142
营销中心电话：010-88191522
天猫网店：中国财政经济出版社旗舰店
网址：https://zgczjjcbs.tmall.com
北京财经印刷厂印刷　各地新华书店经销
成品尺寸：170mm×240mm　16 开　18.25 印张　255 000 字
2020 年 6 月第 1 版　2020 年 6 月北京第 1 次印刷
定价：78.00 元
ISBN 978-7-5095-9770-5
（图书出现印装问题，本社负责调换，电话：010-88190548）
本社质量投诉电话：010-88190744
打击盗版举报热线：010-88191661　　QQ：2242791300

序

人类文明的进化史可以说是一部关于土地开发及利用文明史。史前社会，人类寓居洞穴，靠采集和狩猎而存续；农业文明时期，人类筑屋而居，垦田种粮，繁衍生息，代表人类文明进化标志的城市粉墨登场；工业社会，工业化和城市化耦合交织，推动人类经济和社会快速发展，加剧了土地开发及利用的广度和强度。由此，形成了久盛不衰、与时俱进的经典理论——"区位论"。

区位理论最早是研究人类经济行为的空间区位选择及空间区内经济活动优化组合的理论，其在不同时期有不同的关注侧重。农业社会时期，德国农业经济学家冯·杜能（Van Thunen）系统地分析了德国南部地区农业分布，得出结论在土地肥沃程度相等条件下，由于农场距离都市远近不同，因而农业经营方式也不同，农业收益就有差别，从而论证级差地租（区位地租）；同时，资本主义条件下增加投资，不仅能增加资本收入，也可提高工资。于1826年完成了《孤立国对农业和国民经济之关系》，从而形成了"农业区位论"（孤立国模型）。工业社会时期，近代工业的快速发展，形成了大规模的地域人口移动，尤其是产业与人口向大城市集中的现象极为显著。在这种背景下，德国经济学家韦伯（A. Web）系统考察了鲁尔工业区，选择了生产、流通、消费三大经济活动基本环节的工业生产活动作为研究对象，从经济区位的角度，探索工业生产活动的区位原理，试图说明与解释人口的地域间大规模移动以及城市的人口与产业的集聚机制，并于1909年出版《工业区位论》，从而创立了工业区位理论。

工业化作为区域经济发展的"发动机"极大地推动了"城市化"，显著改变了人类的活动方式，从而引发了更加科学系统地考察和思考。20世纪20年代以来，城市化过程加速，城市人口大大增长，用地规模不断扩展，人们开始从空间形态的内涵和外延两个维度开展研究。

从城市发展演化的中微观上看，城市内部的工业、交通、商业和居住区等布局结构日趋复杂。为了揭示和解释城市成长的规律，各国学者特别是美国学者对城市地域结构作了一些理论概括。（1）同心圆模式由芝加哥大学社会学家E. W. 伯吉斯于1923年提出，通过对美国芝加哥的研究，总结出城市社会人口流动对城市地域分异的向心、专门化、分离、离心、向心性离心五种作用力，在它们综合作用下，城市地域产生了地带分异，形成五个圆形地带；（2）扇形（楔形）模式美国学者1939年提出H. 霍伊特，他从许多城市的比较研究中抽象出来一个一般模式，认为城市的发展总是从城市的中心出发，沿着主要的交通干线或沿着阻碍最少的路线向外放射，沿交通线向外伸展的地区又有不同的特点；（3）多核心模式于1945年由芝加哥大学著名地理学家C. D. 哈里斯和E. L. 乌尔曼提出，大部分人口50万以上的美国大都市都可分为中心商业区、批发商业和轻工业区、重工业区、住宅区和近郊区，还有一些相对独立的卫星城镇。多核心说考虑了城市地域发展的多元结构，触及地域分化中各种职能的结节作用。

从城市发展演化的中宏观角度上看，德国城市地理学家克里斯塔勒（W. Christaller），通过对德国南部城镇的调查，于1933年出版了《德国南部的中心地》，系统地阐明了中心地的数量、规模和分布模式，从而创建了中心地理论。1940年，德国经济学家廖什（A. L&oum losch）引入生产者和消费者都属于经济行为合理的人的新古典经济学的假设条件，进一步完善了"中心地理论"。1957年，法国地理学家戈特曼（Jean Gottmann）系统考察了美国东北部海岸的城市发展，发现未来支配空间经济形式的不再是单一城市而是多中心的城市群（City Groups or City Clusters），或"巨大的多中心城市区域"（Megalopolis），并于1961年出版《大都市带：美国都市化的东北部海岸》，明确了"城市群""都市带""都市圈"等概念。在同一时期，美国经济学家齐普夫（Zipf's Law）也考察研究认为，由于规模效应完全补偿了边际成本递增，现代大城市的增长速度并不会慢于小城市的这一基本事实，揭示了区域城市体系的规模分布特征，从而形成了著名的齐普夫法则（Zipf's Law），并强调了"首位城市"的重要作用。

城市群的兴起，把一个较小的区域内各类"社会经济文化要素的规模化、集聚式发展演绎到了一个崭新的水平"。随着经济与社会的发展，城市群内逐步形成了阶梯状的城市网络，以一个综合实力超强的特大城市为核心，通过产业分工等经济活动、文化旅游等社会交流活动，融合周边多个大城市以及中小城市，呈现出高度一体化的趋势。人们已经达成共识，城市群已经成为推动一个国家或地区经济发展的主要动力和增长极，基于空间的经济活动分析日益广泛和深入。

区域科学创始人艾萨德教授（Walter Isard）1956出版的标志性著作《区位与空间经济：关于产业区位、市场区、土地利用、贸易和城市结构的一般理论》，从区域发展演化的一般过程出发，将投入和产出的地理分布以及价格和成本的地理变化纳入一般均衡框架，提出了一个区位和空间经济（展布在空间中的所有经济活动）的一般理论，其将传统的一般均衡理论、产业区位理论、市场区理论、土地利用理论、贸易理论和城市结构理论有机统一起来，从而奠定了区域空间经济学的基石，基于此，保罗·克鲁格曼（Paul Krugman）及藤田（Fujita）等学者，开展进一步的模型化研究，形成了红极当今的"空间经济学"。美国哈佛大学教授、知名区域科学专家威廉·阿朗索（William Alonso）教授将冯·杜能（Van Thunen）的关于孤立国农业土地利用的分析引申到城市，于1967年出版《区位和土地利用：地租的一般理论》以解释城市内部的地用与地价的分布，论述了城市活动的租地竞价曲线的构建和在土地供求平衡中地价和地用的决定机制。

城市群或城市密集区（包括都市圈及都市绵延区）作为一个特殊的研究对象范畴，其方法论不同于微观经济学和宏观经济学：微观经济学研究家庭、厂商和市场合理配置经济资源，其基本假定是市场出清、完全理性、充分信息，以单个经济单位的经济行为为对象，以资源的合理配置为解决的主要问题，以价格理论为中心理论，以个量分析为方法；宏观经济学研究国民经济的整体运行中经济资源的合理配置，其基本假定为市场失灵、政府有效，以国民经济整体的运行为对象，以资源的充分利用为解决的主要问题，以国民收入决定理论为中心理论，以总量分析为方法。所以，城市与城市之间抱团发展，远比单个城市单独发展要快得多。更重要的是，城市群的发展会带动一大批相邻城市的发展，从根本上盘活一个地区的经济。涉及经济区位理论的研究，区域/城市经济学与产业经济学有机结合，充分考虑了地理学上的"空间维度"，形成方法论意义上的"中观经济学"（Media-economics）。从认识论看，如果微观经济学"点"状经济，宏观经济学为"面"状经济，区域/城市及其产业的经济学研究则属于"块"状经济。因此，尝试将经典的经济学思想（包括新制度经济学）与迈克尔·波特（Michael E. Porter）战略管理思想有机结合，或实现城市群、都市圈、都市绵延区空间经济优化布局的"方法论上的创新"。

改革开放以来，我国经历了世界历史上规模最大、速度最快的城镇化进程，城市发展波澜壮阔，取得了举世瞩目的成就；城市发展带动了整个经济社会发展，城市建设成为现代化建设的重要引擎。城市是我国经济、政治、文化、社会等方面活动的中心，在党和国家工作全局中具有举足轻重的地位。我们要深刻认识城市土地在我国经济社会发展、民生改善中的重要作用。

古典经济学鼻祖亚当·斯密（Adam Smith），把土地作为一个基本要素，与劳动力、资本一起构成研究的"三要素"，大卫·李嘉图（David Ricardo）系统分析了级差地租产生的条件及原因，马克思继承借鉴《资本论》（第三卷），揭示土地价格的机制。新古典经济学创建人马歇尔（Alfred Marshall）对土地的定义"经济学上所说的土地（包括内陆水域），是指大自然无偿赐予人类的天然物品"，认为土地是有价的，可以通过市场机制进行配置。事实上，土地作为一个特殊商品，具有空间性、资源性、不动性、极其稀缺性，在其利用中体现出显著的区位性和外部性。土地是国土空间中最主要的基础性物质构成，它不仅是一个经济要素而且是其他要素组合的载体，具有匹配承载其他要素组合的"容量"（Capacity）。按照经典土地经济理论的观点，土地是"资源""资产""资本""财产"的"综合体"，特别是对于产业用地，土地突出"资产"特性并具有其他属性的附带特征，在城市群区域资源配置中有特别重要的作用。2020年5月11日，中共中央和国务院颁布《关于新时代加快完善社会主义市场经济体制的意见》，强调了土地、劳动力（外延至人口）、资本、技术、数据等的市场化配置要求及相应支持政策体系，足见土地要素的重要功能。

因此，本研究从土地配置与利用的视角，构建起"城市—土地—产业"系统；从空间角度构建起城市群（京津冀）单核心多层次中心城市群空间架构，以"空间均衡"为优化目标，其基本假设是"城市群的一体化"，是一个充分合作的整体；并遵循经济学的分工原理，按照比较优势原则，拟定充分协作方案。如此一个逻辑框架科学合理，体现了明显的创新，而具体的学术成果则表现在：

首先，科学厘定研究对象及其边界，完善城市群架构。依据中心地理论、非均质空间下要素禀赋和聚集经济等相关理论，从城市的经济发展水平、经济结构、投资水平、收入水平和消费水平、对外联系强度等方面选择17个指标，采用主成分分析和聚类分析方法，将京津冀城市群内各市县划分为：主核心城市—副核心城市—区域副中心城市—地方骨干城市—地方次级骨干城市—地方潜在骨干县市——一般县市七个层级，将县级行政区纳入城市群等级划分的体系中，将城镇等级体系由地级市向城市群腹地延伸，并提出七级划分的思路，提升了县级市和县在城市群等级体系中的地位，充分体现了国家加强中小城市和小城镇发展的战略思路。

其次，研究了城市群多中心区域中工业地价空间分布的一般规律。阐述了地价形成的一般机制及相关理论，结合阿朗索城市厂商竞价理论，采用京津冀城市群2009—2018年17165余宗工业样点地价资料，应用GIS和EXCEL软件，运用空间差值分析和长期趋势分析等方法，对京津冀城市群范围内工业地价的衰减规律进行了空间模拟；运用SPSS相关分析方法，对工业地价与开发程度、容积率等因素的相关关系进行了数据检验，得出结论：与住宅、商业等其他用途用地相比，在市场竞价机制不完善的前提下，工业地价受开发程度、容积率等价格影响因素较小，呈极弱相关性，这一结论预见到工业用地的潜力。

再次，借鉴生命科学的基本理论，构建了地价梯度与产业高度的"双螺旋"模型。DNA具有稳定性、传承性、可辨识性，是生命永续演化的物质基础，产业集群中产业链上的具体产业"业节点"与城市群地价链条上"佳位点"，形成相应的一系列"碱基对"，固化区域城市群空间结构与区域产业集群的产业结构，从而形成一个纯粹的耦合的"产业空间优化结构"。基于这样一个城市群"地用—地价"双优化机理，演绎构建二者互动耦合的四象限模型；采用相关关系分合和回归分析的方法，对地价—产业高度的相关关系进行了实证检验，并结合容量耦合模型，评价京津冀城市群内不同等级城市、不同产业的耦合度。

最后，揭示了城市群内不同等级中心地产业高度的变化趋势及特征。结合产业结构演进的一般规律，基于改进后的产业梯度系数，提出产业高度计算办法，特别是利用占地比例计算增量用地上的加权产业高度值；对城市群范围内不同等级中心地、不同技术水平的产业之产业高度值进行全面计算与比较，进而绘制出产业高度随城市等级升高而变化的趋势线。

以上研究成果，可以在国家关于具体城市群的总体框架之下，对城市群空间结构进行丰富和完善，并可以分类引导城市产业布局：以提升城市产业竞争力和人口吸引力为导向，健全有利于区域间制造业协同发展的体制机制，引导城市政府科学确定产业定位和城际经济合作模式，避免同质化竞争；引导大城市产业高端化发展，发挥在产业选择和人才引进上的优势，提升经济密度、强化创新驱动、做优产业集群，形成以高端制造业、生产性服务业为主的产业结构；引导中小城市夯实制造业基础，发挥要素成本低的优势，增强承接产业转移能力，推动制造业特色化差异化发展，形成以先进制造业为主的产业结构。提升国家新型工业化产业示范基地发展质量，推动向先进制造业集群转型升级。鼓励城市政府全面优化营商环境,加强指导、优化服务、精简审批、开放资源、严格监管。

按照马克思主义政治经济学的观点,城市群的产业用地是个基本的生产力要素,必然演绎发达的生产力必须有先进的生产关系与之相适应的根本命题,这也是中国特色社会主义理论必须突出马克思主义政治经济学的中国创新性拓展。当前,面临全球性的新冠疫情威胁、国际经济衰退及地缘政治的不利影响,党和政府提出了"新基建"的经济刺激方略以及"构建国内经济大循环"辅之以积极的"国际经济循环"的"双循环"的战略部署,城市群的地方政府也需要在产业结构升级调整及优化空间布局,节约集约利用城市土地资源的"内循环"。建立城乡统一的建设用地市场,创新集体建设用地集约集中和转型升级利用机制。建立深度土地一级开发模式,改革现有土地一级开发成本核算方法,将公共空间建设纳入土地一级开发范围。按照区域统筹、综合平衡的原则,建立以区为主体、以乡镇(街道)为基本单元的统筹规划实施机制。

党的十九大明确了"中国特色社会主义进入了新时代"。根据历史唯物主义的观点,当一个国家进入了工业化的中后期阶段,或者是城市化进程已经发展到高速增长的中后期,其实城市的产业已经在发生悄然的更替,服务业逐渐地又回归到城市的主导产业,完成了历史在更高阶段的复归。其实问题并不复杂,因为随着城市的发展,人口的聚集,城市基础设施的改善和公共服务水准的提高,人们对城市的要求也越来越苛刻。毋庸置疑,作为高质量发展的主要载体,我国城市发展已经进入新的发展时期,"以城市群为主体构建大中小城市和小城镇协调发展的城镇格局",用好土地价格这个重要杠杆,具有十分重要的意义。

"新时代我国社会主要矛盾是人民日益增长的美好生活需要和不平衡不充分的发展之间的矛盾",面对"人民对美好生活的向往"的总需求侧特征,城市群必须进行供给侧改革,需要以"提升城市品质"为切入点,满足人力资本集聚的高质量需求并同时普通居民的生活改善需要,这必然会引发中国特色的"新空间经济学"的学科诞生。战略实践中,我国也已制定了典型城市群区域发展的战略并突出了重点,主要包括:《京津冀协同发展规划纲要》（2015年3月）的"协同"，《粤港澳大湾区发展规划纲要》（2019年2月）的"合作创新"（Co-operative Creativity），《长江三角洲区域一体化发展规划纲要》（2019年12月）的"一体化"（Integration），其中"协同"具有"普遍性的"意义。推动京津冀协同发展是一个重大国家战略，核心是有序疏解北京非首都功能，将其作为引领京津冀协同发展"牛鼻子"，并要在京津冀交通一体化、生态环境保护、产业升级转移等重点领域率先取得突破，最终建成"以首都为核心的世界级城市群、区域整体协同发展改革引领区、全国创新驱动经济增长新引擎、生态修复环境改善示范区"，而将大国首都——北京建设成"国际一流的和谐宜居之都"，在战略实施过程中，经济密度高的地区往往也是生态和环境问题最突出的区域，地球表层的土地"关键带"寓居着几乎所有的生物，因此也是"生态文明建设"的"关键空间"，体现最大的民生。党的十九大强调"以人民为中心"的"人本管理"价值观念，满足民生对土地的需求；同时，"改善营商环境""筑巢引凤"，改善城市群空间集聚的空间条件，达成城市群、都市绵延区，继而全国的经济和社会的持续健康发展，这需要城市和区域科学的学者和实践工作者付出更多的努力。

有感于此，欣然命笔，为该专著作序！

中国社会科学院研究员
北京大学教授　博士生导师
中国区域科学协会会长
杨开忠

前　言

经过改革开放以来40余年的快速发展，我国主要城市群已进入工业化和城市化进程的中后期，各种资源的约束性凸显，特别是土地的稀缺性更加突出，严重制约着区域经济的持续健康发展。党的十八大报告明确指出，以"改善需求结构、优化产业结构、促进区域协调发展、推进城镇化为重点"，推进经济结构战略性调整，是加快转变经济发展方式的主攻方向。在这一"转方式、调结构"的战略实施中，工业用地作为一项重要的资源性资产和生产要素，不仅是作用对象而且是调控手段。目前，我国工业用地不同程度地存在低价低效利用状态，市场机制失范与中央政府的价格监管失灵并存。同时，产业结构，特别是工业产业结构，存在明显的"虚高度化"、产业同构、产能过剩等问题。为此，本书试图以集聚经济背景下城市群的整体优化而非某宗土地、某个企业或某座城市的单独优化作为逻辑前提，采用理论分析与典型案例的实证分析相结合、归纳与演绎相结合等方法，以地价梯度和产业高度的空间演变规律为切入点，探索二者互动耦合的一般规律。这对于加快调整区域经济结构和国土开发空间结构，实现区域经济协调发展具有重要理论和现实意义。

关于地价与产业之间关系的研究，影响深远者当属杜能关于农业用地的"孤立国"理论。在级差地租基础上，他提出农业用地由内向外呈带状同心圆分布模式。韦伯（1909）在《工业区位论》中对工业区位选择问题进行了综合分析。1903年，赫德在《城市土地价值原理》中奠定了用生产理论来分析选址行为的理论基础。之后，阿隆索（1964）用经典的供需均衡分析方法构建了租地竞价曲线，得出竞价曲线斜率越大的土地使用者，其位置越接近城市中心。藤田和小川（1982）结合企业间的集聚经济，进一步发展了地价地用决定机制。国内的相关研究近年来则侧重于通过产业用地集约利用评价、调整土地政策为区域内产业结构调整提出建议，以及土地城市化、土地利用与产业集群化等方面的协调发展关系。综合来看，随着政府区域经济一体化战略的实施，以城市群为单元，由土地配置决定产业选择进而实现区域土地—产业双优化的研究正逐步成为热点。但是对城市群内地价与产业结构高级化二者之间的互动关系尚缺少理论探索和直接的实证证据。

基于中心地理论、要素禀赋理论、土地价格理论与竞价曲线、区域产业结构演进理论等相关理论，结合空间插值分析、回归分析等地统计和数量统计分析方法，本书以京津冀城市群作为典型案例，采用该城市群内2009—2017年土地一级市场万余宗工业用地交易样点及相关经济发展数据，对城市群发展规律及其产业演化与地价分布变化的特征进行了深入研究。由城市群空间层级结构的演经、工业地价级差分化、产业结构高级化等规律的分析和实证可知：集聚经济规模的差异性客观存在并决定着特定区域上形成多层次的城镇体系；地价在城市群体系中由小到大以及在单体城市中从边缘到中心次第升高；产业高度总体上呈现随城市群中心地等级的升高而次第升高的趋势，但是在中级和中下级城市级别上可能出现逆向升高的现象。在上述假设前提下，城市群工业地价与产业高度将以"双螺旋"的最稳态交互攀升。从非均质空间下的要素流动、产业集聚等理论基础出发，由土地价格梯度差影响企业生产成本梯度差，进而形成合理、有序的城际间产业布局梯度，并由产业高度差反作用于土地价格，是促进城市群内产业结构和土地利用结构不断优化的有效路径。

目　录

第1章　绪论 ……………………………………………………（1）
　1.1　问题的提出 …………………………………………………（1）
　1.2　本书研究的理论和实践意义 ………………………………（7）
　1.3　相关概念界定 ………………………………………………（9）
　1.4　研究目标、内容、技术路线和研究方法 …………………（18）
　1.5　本书创新点 …………………………………………………（23）

第2章　文献综述 ………………………………………………（25）
　2.1　工业用地及地价分布的相关研究 …………………………（25）
　2.2　产业结构高级化的相关研究 ………………………………（39）
　2.3　产业用地地用—地价关系的相关研究 ……………………（47）

第3章　城市群形成及发展中土地增值与产业演化机理分析 …（51）
　3.1　城市群空间层级结构的形成与演化 ………………………（51）
　3.2　城市群工业地价的累积增值与级差分化 …………………（56）
　3.3　城市群产业分化及产业结构高级化 ………………………（70）
　3.4　城市群工业地价与产业结构互动演进的一般趋势 ………（83）

第4章　京津冀城市群城镇体系及等级划分 …………………（88）
　4.1　城市群内城镇等级划分的一般方法 ………………………（88）
　4.2　京津冀城市群内城市等级划分的实证研究 ………………（96）
　4.3　城市群内七等级中心地体系 ………………………………（101）

第5章 京津冀城市群工业地价空间分布研究 …………………… (109)
- 5.1 京津冀城市群工业用地市场价格概况 …………………… (109)
- 5.2 研究数据 ……………………………………………………… (111)
- 5.3 工业地价空间结构的插值分析 …………………………… (119)
- 5.4 城市群内不同等级中心地地价水平的对比 ……………… (129)

第6章 京津冀城市群产业高度的空间分布规律 ……………… (132)
- 6.1 城市群产业高度评价方法和指标的选择 ………………… (132)
- 6.2 京津冀内产业高度空间分布的实证检验 ………………… (140)

第7章 城市群地价—产业耦合演进的互动机理 ……………… (154)
- 7.1 土地价格增值与产业高级化耦合演进的机理分析 ……… (154)
- 7.2 地价—产业"四象限"互动机理分析 …………………… (163)
- 7.3 地价—产业高度耦合度评价 ……………………………… (171)

第8章 促进京津冀地用—地价双优化的对策建议 …………… (181)
- 8.1 完善工业用地市场机制，提升土地要素配置效率 ……… (181)
- 8.2 科学实施差异化政策，实现产业空间布局的优化 ……… (194)
- 8.3 培育城际产业链和产业集群，促进产业园区协同发展 … (201)

第9章 本书主要结论、不足与展望 …………………………… (208)
- 9.1 主要结论 …………………………………………………… (208)
- 9.2 本书研究中的不足 ………………………………………… (210)
- 9.3 展望 ………………………………………………………… (211)

附表 …………………………………………………………………… (214)

参考文献 ……………………………………………………………… (249)

后记 …………………………………………………………………… (273)

第1章 绪论

1.1 问题的提出

城市群是城市发展到比较成熟阶段的最高空间组织形式，土地配置与利用及相应的区域产业结构是其发展最基本也最主要的支撑。近年来，生态文明建设和高质量发展不仅迫切要求集约节约利用土地，而且要求统一所有国土空间用途管制，统一保护和修复"山水林田湖"这一生命共同体。由于工业生产对生态环境的较大影响，工业用地结构和布局优化对节约集约目标的实现尤为重要。

至 2019 年末，我国城镇化率已达到 60.6%，工业对经济增长的贡献率达到 49.3%[①]。据有关部门推算预测，2035 年我国城镇化率将达到 70% 左右，并且将实现全面工业化的目标。快速的工业化和城市化不仅带来了经济的持续快速增长，同时也进一步加剧了我国人地关系紧张的局面。建设用地缺口已成为我国经济发展最严重的资源约束之一。土地供求的严重失衡的同时，由于我国土地市场制度体系不完善、政府调控管理经验不足等原因，土地市场存在违法违规形势严峻、征地矛盾突出、土地集约利用水平低等诸多问题，土地要素在经济发展中的潜力受到了极大抑制。在各类土地问题中，尤以工业用地最为突出。

尽管自 2008 年以来各类工矿仓储用地在国有建设用地供给中的占比呈

---

① 数据来源：国家统计局网站。

下降趋势，如图1-1所示，但是至2019年工矿仓储用地占全国国有建设用地的比例仍然高达24%。从城市中心区的用地比例看，我国的工业用地占城市面积比例达到21.79%，上海、苏州等发达城市甚至高达25.77%和31.79%，而国外一般不超过10%。[1][2] 从数量上看，工业用地占据了城市建设用地较大的份额，同时也是各类违法违规现象最为严重、竞价机制市场化程度较低的领域。

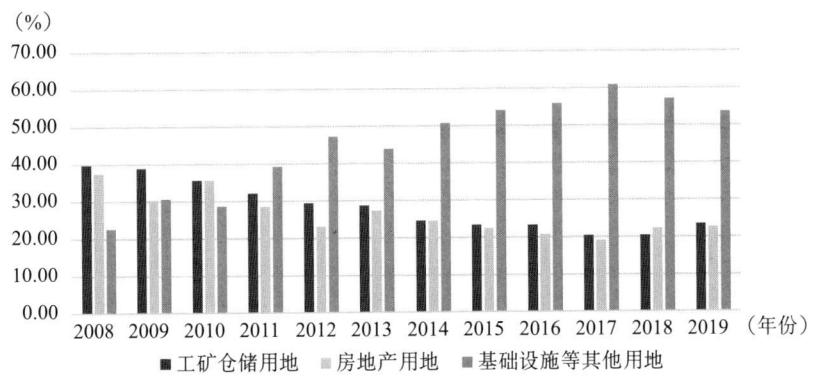

图1-1 全国建设用地供应比较

事实上，我国土地使用制度的改革最早始于工业用地。正是在工业用地利用中，我国开展了将"无偿、无限期、无流转"的土地使用制度转向"有偿、有限期、有流转"的开创性的尝试。但是在之后的改革进程中，土地市场化的重点转向了居住和商业用地，出于对基础尚薄弱的工业生产的保护和加快引进外资步伐的需要，工业用地的供给长期实行低价协议出让。直至2006年底，国土资源部要求工业用地也必须采用招标、拍卖、挂牌方式出让，工业用地市场才真正开始与居住和商业用地市场接轨。由图1-2可知，在我国土地市场最繁荣快速发展的十年里，除2007年、2014年工业用地价格增长率曾反超居住、商业和综合用地外，工业地价增长率

---

[1] 贾宏俊，黄贤金，于术桐，王广洪，郑泽庆. 中国工业用地集约利用的发展及对策[J]. 中国土地科学，2010，9：52—56.
[2] 曹建海. 我国工业性土地利用与土地政策[J]. 中国发展观察，2006，5：10—12.

一直明显低于其他各类用地。可以说，在过去相当长的时间里，我国工业地价的增长幅度显然与其他各类地价的涨幅，以及同期工业化和城镇化的发展速度不相适应。尽管中央政府出台了公开竞价①、工业用地基准地价②、工业用地最低出让金制度③、建设用地指标控制等一系列制度、政策以规范工业用地价格，但是出于政绩考核、权力寻租等动因，地方政府在招商引资中仍频繁采用工业用地低价供给的竞争策略，通过"以租代征"等途径绕过政策监管，甚至出现"零地价""负地价"。

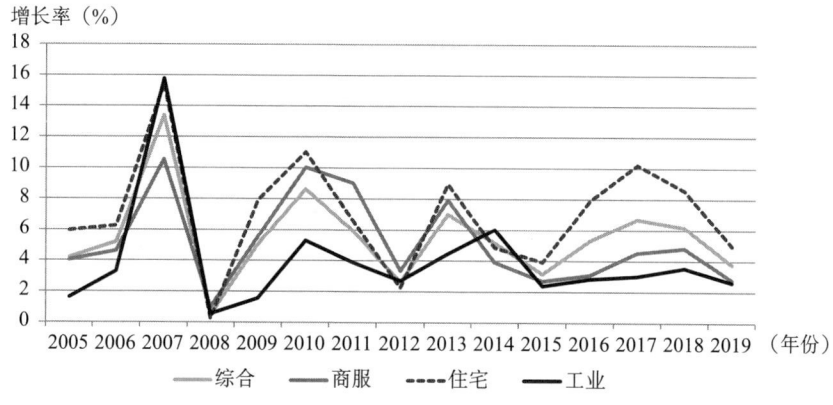

图1-2 全国不同用途地价增长率的对比

国内外市场经济体制建设的经验表明，公开、公平、合理的竞价机制是区域土地资源优化配置的有效途径。扭曲的工业地价、过低的土地成本，不仅推助了各类违法违规用地行为，激化了社会矛盾，而且直接导致企业缺少节约集约利用土地的动力。

根据2007年开展的全国土地执法"百日行动"清查结果显示，全国"以租代征"涉及用地2.20万公顷（33万亩），违规新设和扩大各类开发区涉及用地6.07万公顷（91万亩），未批先用涉及土地面积15万公顷

---

① 《国务院关于深化改革严格土地管理的决定》（国发〔2004〕28号）、《国土资源部、监察部关于落实工业用地招标拍卖挂牌出让制度有关问题的通知》（国土资发〔2007〕78号）。
② 《国务院关于加强国有土地资产管理的通知》（国发〔2001〕15号）。
③ 《国务院关于深化改革严格土地管理的决定》（国发〔2004〕28号文）。

(225万亩)。拿地后未按规定容积率进行开发或者私自改变土地用途的行为较为普遍,以北京中关村科技园区为例,出让的工业项目用地中,大约有1/3的现状用途与出让用途不符①。个别地方政府也出现了失范行为。为了弥补因不计征收和开发成本低价出让工业用地带来的财政损失,地方政府一方面提高居住和商业等其他各类用地价格以获取更多的土地财政收入,另一方面压低土地征收标准以降低成本价进而导致地方政府、开发商和失地居民之间征收补偿矛盾突出。此外,土地利用粗放、浪费极为严重。1980—2005年,与日本的快速发展时期相比较,我国的用地系数(单位GDP增长对土地的占用量)是日本的8倍②;据调查,全国城镇规划范围内共有闲置、空闲和批而未供的土地近26.67万公顷(400万亩)。全国工业项目用地平均容积率仅为0.3—0.6,工业用地平均产出率不仅远低于发达国家水平,也远低于同期其他类型用地效率③。依据自然资源部2019年度国家级开发区土地集约利用评估结果,531个国家级开发区工业用地容积率为0.91,仍明显低于发达国家水平,如日本城市工业用地容积率平均为1.2。10%的国家级开发区工业用地固定资资投入低于29万美元/亩,较法国开发区60万美元/亩、新加坡和马来西亚100万美元/亩左右的投资密度相去甚远④。此外,7.72%的国家级开发区存在土地闲置。工业用地中普遍存在"园区规划不科学""供地行为不规范""批后监管不到位"等现象。⑤

由此,作为工业企业生产经营最重要的物质载体和空间约束,土地资源的稀缺性并未在工业用地价格中得到充分显化。在这一价格机制引导下,经过近30年的非市场化、大规模、低价利用,工业用地呈现较为严重的不集约、低效利用状态,工业用地市场机制失范与政府的价格监管失灵

---

① 洪亚敏. 城市工业用地非集约化严重 [J]. 北京观察,2007,9:14—15.
② http://intl.ce.cn/zgysj/201102/17/t20110217_22222221.shtml.
③ 资料来源:《全国土地利用总体规划纲要(2006—2020年)》.
④ 晓林. 海外资本博弈工业地产市场 [J]. 中国经济信息,2005,14:38—39.
⑤ 贾宏俊,黄贤金,于术桐,王广洪,郑泽庆. 中国工业用地集约利用的发展及对策 [J]. 中国土地科学,2010,9:52—56.

并存。进一步地，土地市场的交易规模与结构、交易方式与价格合理与否，对区域经济体系内各产业的发展产生鼓励或抑制作用，从而工业用地这一低效、低价利用状态传导至产业领域，导致区域产业缺乏自主创新的动力和压力，进而影响区域产业结构的升级。

改革开放前，我国产业结构已经基本实现了由"一、二、三"向"二、一、三"的转变。改革开放以来，产业结构逐步向"二、三、一"演进。自20世纪90年代中期开始，在以纺织工业为中心的劳动密集型产业基础上，第二产业结构开始升级，一般加工工业的比重逐步下降，技术密集型产业比重开始上升。近年来，第三产业特别是生产服务业的比重明显上升。①② 自"九五"时期起，我国中央政府即已将产业结构优化升级作为经济政策的主要目标之一。"十五"期间，我国进一步将产业结构升级确定为经济结构战略性调整的重点。"十一五"时期，中央明确提出，我国经济增长由主要依靠工业带动和数量扩张带动向三次产业协同带动和结构优化升级带动转移。"十二五"时期，产业结构调整稳步推进。"十三五"时期，我国面对要素结构的转移，通过市场手段、创新动力和消费助力，加快引导产业优化升级。应当说，经过数十年的发展，我国产业结构升级成果显著，但是仍然存在第一产业基础不稳、第二产业比重过大、第三产业发展不足、产业间协调性较差、名义高度化较快而实际高度化不足，特别是"过度集中于生产和加工制造环节的中低端，研发、设计、供应链管理、营销、品牌等关键环节滞后或缺失"等诸多问题。尤其是第二产业，存在明显的高能耗、高污染、产能过剩、高加工度产业发展不足等问题。③ 此外，城市群区域内还存在不同程度的产业同构现象。以京津冀城市群为例，北京与天津、河北的产业结构同构系数分别高达

---

① 李贤珠［韩］. 中韩产业结构高度化的比较分析——以两国制造业为例［J］. 世界经济研究，2010，10：81—86.

② 郭志勇，顾乃华. 制度变迁、土地财政与外延式城市扩张——一个解释我国城市化和产业结构虚高现象的新视角［J］. 社会科学研究，2013，1：8—14.

③ 国家发改委宏观经济研究院课题组."十二五"时期我国产业结构调整［J］. 经济研究参考，2010，10：28—61.

0.85 和 0.90①。

基于技术进步的现代经济增长的结构性特征几乎构成了经济成长的核心内容②。国内外先进城市和城市群的建设经验表明,"一定的经济结构和产业结构必须通过相应的用地结构得到映射"③。区域产业的分布特征和生产效率改变着区域土地利用结构,土地的利用亦反作用于产业结构,对区域产业的设计规划和长远发展产生明显影响。可以说,城市和城市群的发展过程,就是产业结构和土地利用结构不断优化的过程,土地的合理利用和产业结构的不断演进是一个问题的两个方面④。

城市群的兴起,把一个较小的区域内各类"社会经济文化要素的规模化、集聚式发展演绎到了一个崭新的水平"⑤。随着全球经济与社会的发展,城市群内逐步形成了阶梯状的城市网络,以一至两个综合实力超强的特大城市为核心,通过产业分工等经济活动、文化旅游等社会交流活动,融合周边多个大城市、中小城市,呈现出高度一体化的趋势。在不同等级的城市中,存在明显的要素禀赋和资源稀缺程度上的差异。从比较成熟的城市群发展建设的经验看,通过对要素市场的调控管理,以阶梯等级体系内更真实、更科学、更灵敏的要素价格信号反映土地市场供求规律,是引导区域内产业结构合理高级化的关键因素之一。对于土地这一非流动性要素,相比其他要素,其价格分布梯度难以通过城际间流动完全消除。这使得由土地价格梯度差影响企业生产成本梯度差,进而形成合理、有序的城际间产业分工高度差,实现城市群经济体协调发展成为可能。同样的,产

---

① 邢子政,马云泽. 京津冀区域产业结构趋同倾向与协同调整之策 [J]. 现代财经:天津财经学院学报,2009,9:50—56.

② 孟昌. 产业结构研究进展述评——兼论资源环境约束下的区域产业结构研究取向 [J]. 现代财经(天津大学学报),2012,1:97—103.

③ 张颖,王群,王万茂. 中国产业结构与用地结构相互关系的实证研究 [J]. 中国土地科学,2007,4:4—11.

④ 孟媛,张凤荣,姜广辉,陈铁森. 北京市产业结构与土地利用结构的关系研究 [J]. 地域研究与开发,2011,6:108—111.

⑤ 鞠立新. 由国外经验看我国城市群一体化协调机制的创建——以长三角城市群跨区域一体化协调机制建设为视角 [J]. 经济研究参考,2010,52:20—28.

业分工高度差的扩大或缩小反过来亦会通过影响土地所处区位条件，促使土地价格梯度差的进一步显化或缩小。

由此，在当前各类产业用地特别是工业用地的利用不尽合理、产业结构亟待内涵式升级的背景下，以城市群内工业地价分布梯度和产业分工高度为突破口，深入探寻城市群内的产业结构和土地利用结构双优化的有效途径，成为破解发展瓶颈的关键所在，对于改变这一经济相对较发达区域的经济增长方式，促进区域经济协调、可持续的发展具有重要意义。

1.2 本书研究的理论和实践意义

1.2.1 理论意义

如前述分析，决定区域土地利用结构的土地价格结构与产业结构客观上存在着内在的必然联系或规律。国内外以往对区域产业结构和土地利用结构优化的相关研究以二者优化程度的评价与对比居多，缺少对促进双优化的有效途径的探讨。有个别学者从土地要素投入数量对经济增长的影响程度的角度[1]展开了研究，但是从土地价格对产业结构高级化乃至经济增长的影响程度的角度展开的研究尚属空白，而后者恰恰是形成不同区位上土地成本差更为重要的因素。

城市产业结构的调整对城市及城市群外部形态和内部结构的影响，主要表现在区域空间的价值定位上。在经济和市场力量作用下，区域空间的优化、重组过程就是追求空间价值最大化的过程。在各类要素中，土地要素的价格是空间价值最直接的体现。由于土地级差的客观存在，其他各类经济资源要素的集聚与分散均受到土地成本—收益约束的影响，进而不同附加值的产业用地呈现规律性的区位布局特征。[2]

---

[1] 张孝宇，张安录，蔡银莺. 土地要素投入对二、三产业经济增长的计量分析——我国35个大中城市的实证[J]. 生产力研究，2011，9：154—156.

[2] 李程骅. 城市空间重组与新产业价值链[J]. 江海学刊，2008，4：219—224.

本文拟以抽象的逻辑思维，依据经济学、区域经济学的基本原理及方法论，借鉴其他学科经验，在一定假设前提下，剖析城市群这一特定区域内工业地价增值及级差分化、产业结构高级化的一般规律，通过对地价与产业选择、土地利用方式及强度之间关联机制的研究，演绎构建城市群地价梯度与产业高度互动耦合以实现土地利用结构与产业结构"双优化"的机理，探索科学的产业地价—地用耦合的具体模式，从而实现理论上的创新。

1.2.2 实践意义

我国经济较发达地区已经进入工业化和城市化进程的中后期阶段，土地的稀缺性及资源的约束性凸显，城市群区域经济社会发展及其土地利用已经进入结构以及生态主导型时期，我国政府正是遵循这一规律科学决策，将城市群一体化发展作为一个战略单元，提出"两型"社会建设模式，将节约集约利用土地及最严格的土地管理制度上升至国家战略层面，同时将转变增长方式、调整经济结构作为政府的长期战略重点任务。产业用地作为一项重要的资源性资产（基本要素），在"转方式、调结构"的战略实施中，不仅是作用对象而且是调控手段。

如前述分析，作为全国第三大城市群和我国北方最大的经济增长极，京津冀城镇群存在较为严重的产业同构问题，区域内城际产业链的构造和培育也较为滞后，存在明显的断环、掉环，产业的传递梯度落差大，甚至形成了产业"悬崖"。据对北京市400多家研发机构的调查，近年来北京市科技成果的80%转让到京津冀以外地区，其中以长三角、珠三角为主。[①]因而深入到城市群内部，以产业用地价格梯度和产业高度为依托，对各城市之间产业的合理分工与土地利用布局进行深入研究，对于区域内形成优势互补、层次分明的产业分工与合作体系，促进区域经济的良性联动、加快一体化进程有重要现实意义。

此外，以往的地价梯度研究多局限于单体城市。在大量的实证数据分

---

① 李冰. 京津冀区域产业链构建的实证研究 [J]. 消费导刊, 2010, 1: 31—32.

析基础上，本书拟将地价梯度研究范围拓展延伸至整个城市群，对城市群不同等级城市间的地价衰减规律进行深入研究。

综上所述，本书拟在城市群内不同等级城市间地价与产业高度的变化规律研究基础上，进行地价与产业高度相关关系的检验，并通过可操作性强的产业高度—地价耦合度评价模型，对京津冀城市群内产业地价—地用耦合度进行定量化评价，为政府、相关企业乃至社会公众便捷快速、准确科学决策提供直接依据，具有重要的实践意义和较高的应用及推广价值。

1.3　相关概念界定

1.3.1　京津冀城市群

在城市化的进程中，各类生产要素加快向城市的聚集，城市的规模和数量迅速增加，城市空间形态亦逐步由单体城市向各具特征的组合形态演变，由此产生了多种与城市群有关的概念。法国地理学家戈特曼首先提出"大都市带（Megalopolis）"[1] 的提法，其他国外学者相继提出"全球城市—区域（global city–gion）"[2] "多中心巨型城市区域（mega–city region）[3]"等多个提法。国内学者周一星在都市区基础上提出都市连绵区（metropolitan interlocking region）的概念，其空间范围与大都市带近似[4]。姚士谋（2006）等用城市群（urban agglomeration）来描述城市密集地区的空间形态，他指出，城市群是在"特定区域范围内云集相当数量的不同性质、类型和等级规模的城市，以一个或两个特大城市为中心，依托一定的自然环境和交通条件，城市间内在联系不断加强，构成一个相对完整的城

---

[1]　Gottmann J. Megalopolis or the urbanization of the northeastern seaboard [J]. Economic Geography, 1957, 33 (3): 189—200.

[2]　Scott A J. Regional motors of the global economy [J]. Future, 1996, 28 (5): 391—411.

[3]　彼得·霍尔，凯西·佩因. 多中心大都市——来自欧洲巨型城市区域的经验 [M]. 罗震东译. 北京：中国建筑工业出版社，2010.

[4]　周一星. 城市地理学 [M]. 北京：商务印书馆，1995.

市集合体或一体化的有机系统"①。此外，还出现了经济区（圈）、都市圈等相关提法。戴宾（2004）则认为，"构成城市群的基本空间构架既可能是以一两个超大或特大城市为核心的若干城市组成，也可能是由多个规模相近的大中城市组成"，并进一步指出，"都市圈""城市带""多中心城市群""都市连绵区（带）"是呈现不同空间特征的城市群的各种典型形态②。

我国政府在《"十一五"规划纲要》中采用了"城市群"的提法，强调"城市群的发展将作为中国推进城市化的主体形态"，《"十二五"规划纲要》明确指出，未来要"形成以大城市为依托，中小城市为重点，逐步形成辐射作用大的城市群"。《"十三五"规划纲要》中着重强调"优化提升东部地区城市群，建设京津冀、长三角、珠三角世界级城市群，提升山东半岛、海峡西岸城市群开放竞争水平。"与国家发展规划相一致，本文研究中亦采用了"城市群"这一更为宽泛的概念，并以京津冀城市群作为实证研究的典型案例。

经过改革开放后40余年的工业化和城市化进程，我国已经形成的十大城市群"是我国最有发展潜力的地区，是支撑我国国民经济健康发展的十大支柱"。③《"十三五规划"纲要》中，国务院进一步提出了包括京津冀在内的19个城市群建设规划，形成了更多支撑区域发展的增长极。其中，京津冀城市群处于环渤海地区和东北亚核心重要区域的地理位置，成为继珠三角、长三角之后，我国东部地区又一个人口规模大、经济总量大、城镇密集、发展速度快的国家级经济增长先导区域。从地区生产总值看，京津冀2019年的GDP占全国的8.5%，明显低于长三角的23.9%，略低于珠三角的8.8%。④ 在快速发展中，京津冀城市群暴露出较多问题，如：区域整体经济实力落后于长三角和珠三角地区；核心城市与周边联系薄弱，京津之间、京冀之间、津冀之间存在明显的失衡现象；区域生态环境问题

---

① 姚士谋，陈振光，朱英明. 中国城市群 [M]. 合肥：中国科学技术大学出版社，2006.
② 戴宾. 城市群及其相关概念辨析 [J]. 财经科学，2004，6：101—103.
③ 国家发改委国地所课题组. 我国城市群的发展阶段与十大城市群的功能定位 [J]. 改革，2009，9：5—23.
④ 数据来源：国家统计局网站。

严峻；城市各自为政缺乏合理协调分工；城际交通基础设施条件仍显薄弱等。故，深入研究该城市群内地价由核心城市向低级城市扩散的规律及其与产业高度的耦合关系，探索实现该区域产业地价—地用双优化的有效路径，对于解决京津冀城市群中的现存问题，以京津冀作为增长极推动区域经济乃至国民经济的协调发展具有重要意义。

与城市群空间聚合形态的多样化相适应，在京津冀的发展历程中，亦产生了"京津冀地区""首都圈""环京经济协作区""首都经济圈""大北京地区""京津唐城市群""京津冀都市圈""京津冀城市群"等多种提法与称谓。

1982年，《北京市建设总体规划方案》中首次提出了"首都圈"的概念。"首都圈"包括两个圈层："内圈由北京、天津和河北的唐山、廊坊和秦皇岛组成，外圈包括承德、张家口、保定和沧州四市"[①]。

1988年，北京与河北环京地区的保定、廊坊、唐山、秦皇岛、张家口、承德6地市组建了"环京经济协作区"。20世纪90年代，由于缺少区域协调机构等种种原因，环京经济协作区逐步销声匿迹。

1996年《北京市经济发展战略研究报告》中提出"首都经济圈"的经济发展规划，该经济圈以京津为核心，包括河北省的唐山、秦皇岛、承德、张家口、保定、廊坊、沧州。

2001年，吴良镛院士在《面向新世纪建设"大北京"》中提出了大北京地区规划的思路。所谓大北京地区，"主要是由北京、天津、唐山、保定、廊坊等城市所统辖的京津唐和京津保两个三角形地区"[②]。

2004年2月12日，国家发展改革委员会召集北京、天津、河北省暨秦皇岛、承德、张家口、保定、廊坊、沧州、唐山等市召开了京津冀区域经济发展战略研讨会，最后达成了加强区域合作的"廊坊共识"。在此基础上，发改委进一步推动京津冀都市圈区域规划的编制。由该规

---

① 马海龙. 历史、现状与未来：谈京津冀区域合作 [J]. 经济师，2009，5：16—19.
② 清华大学人居环境研究中心《京津冀北（大北京地区）城乡空间发展规划研究》项目组. 规划"大北京地区"建设"世界城市"——京津冀北（大北京地区）城乡空间发展规划研究》基本要点 [J]. 城市，2002，1：13—17.

划，京津冀都市圈的范围包括北京、天津两个直辖市和河北省的石家庄、秦皇岛、唐山、廊坊、保定、沧州、张家口、承德8地市，即"2+8"。

杨开忠（2010）、李国平（2010）等学者对"京津冀地区（或区域）"进行了研究，其范围包括北京、天津和河北省行政区划内全部市县，即，包括北京、天津两个直辖市下辖的各区县（北京16区2县、天津16区3县）和河北省的唐山、保定、廊坊、秦皇岛、张家口、承德、沧州、石家庄、邯郸、邢台、衡水11个地级市及其下辖各县市。[①②]

据住房与城乡建设部《京津冀城镇群协调发展规划2008—2020》的界定，京津冀城镇群的空间范围涵盖北京、天津和河北省完整的行政辖区，总面积21.36万平方公里，由2个直辖市、11个地级市组成，下辖67区、22个县级市和119个县。

2004年6月，京、津、冀、鲁、辽、晋、内蒙古等省、市、自治区正式建立环渤海合作机制，以推动环渤海区域内经济社会资源的整合。

综上，以京、津为核心，京津冀的空间发展呈现下述三个层次[③]：

第一层次：环渤海地区，包括京、津、冀、晋、蒙、鲁、辽七个省、直辖市、自治区；

第二层次：京津冀地区或京津冀城市群[④]，包括京、津两个直辖市及河北省行政范围内全部市县；

第三层次：京津及其相邻外围地区，包括京、津及与二者相邻的河北省廊坊、唐山、保定、张家口、石家庄、衡水等地级市。这一层次又可根据发展成熟度、经济联系强度及范围大小分为京津冀都市圈、首都经济圈、京津唐城市群、京津保城市群、京津廊城市群等。

为更好地发挥京、津、冀不同产业特色，充分利用京、津西南方向面

---

① 吴群刚，杨开忠．关于京津冀区域一体化发展的思考［J］．城市问题，2010，1：11—16.
② 陈红霞，李国平．京津冀区域经济协调发展的时空差异分析［J］．城市发展研究，2010，5：7—11.
③ 吴良镛等．京津冀地区城乡空间发展规划研究二期报告［M］．清华大学出版社，2006.
④ 有部分学者，如刘纯彬、张晨，在波士华城市群与京津冀城市群的比较研究中，以京津冀都市圈"2+8"的范围界定京津冀城市群的空间范围。

向华北、中原腹地的交通区位优势，并与城镇发展规划保持一致，本书中的"京津冀城市群"与上述第二层次的覆盖范围相同。如图1-3所示。

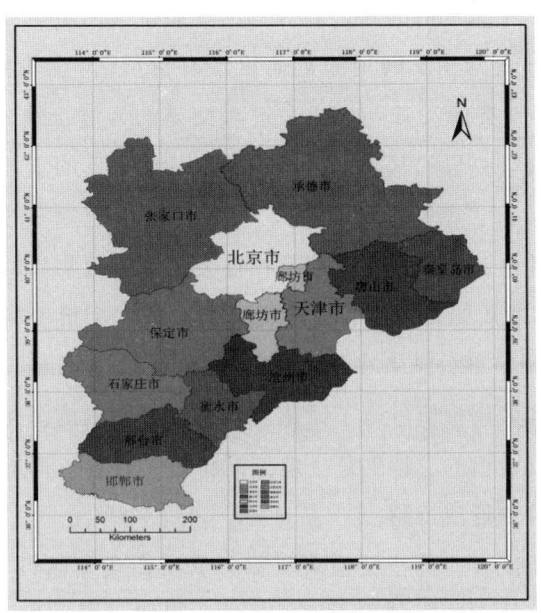

图1-3 京津冀行政区划图

1.3.2 工业地价

在经济学中，广义的价值分为使用价值和交换价值。使用价值是物品能满足人们某种使用需要的效用；而交换价值则是商品交换的量的比例关系。虽然使用价值是交换价值的前提，但是经济活动中所指的价值，通常是指交换价值。马克思主义政治经济学中，将价值表述为"凝结在商品中的一般的无差别的人类劳动或抽象的人类劳动"。[1]

对土地这一特殊的自然资源，马克思将"土地物质和土地资本区别开来"[2]。他认为，未开垦的土地即土地物质，纯粹是自然的恩赐，"没有价值，因为没有人类劳动物化在里面"[3]"土地不是劳动产品，从而没有任何

---

[1] 许涤新. 政治经济学辞典（上册）[M]. 北京：人民出版社，1980.
[2][3] 马克思，恩格斯. 马克思恩格斯全集第23卷 [M]. 北京：人民出版社，1972.

价值"① 而土地资本,则包含了人类的物化劳动,"资本能够固定在土地上,即投入土地"②。

马克思关于土地价值的观点曾引发广泛而持久的争论。土地无价值论者认为即便经过人类开发利用的土地也没有价值③。全价值论者则认为,"即使完全未经人类劳动参与,尚未进入交易的天然土地,都有价值"④。二元价值论者在马克思的基础上,将不具有劳动价值的土地物质产生的经济收益地租归结为"零基垄断收益",即以劳动价值为零的物品为基础而索取劳动价值的垄断收益,这一垄断收益会随着土地物质的供求状况而变动⑤,而"土地物质的无价值和土地资本的虚假社会价值构成了土地价值的二元性"⑥。另有部分学者在西方效用价值论、收益价值论的基础上,对土地收益价值和效用价值进行了讨论。随着改革开放的深化,越来越多的人认可土地是有价值的,特别是土地二元价值的存在。而效用和价值更多地用于揭示地价的形成机制。

从经济学角度看,价格泛指买卖双方就所买卖商品订立的兑换比率,是商品的交换价值在流通过程中取得的转化形式,即,"商品价值的货币表现"⑦。依据我国《城镇土地估价规程》(GB/T18508—2014)中的相关规定,土地价格是指"在市场条件下形成的土地权利价格,包括在公开市场条件下形成的客观合理价格和在特定市场条件下形成的市场关联各方可接受的价格"。

从不同的形成基础看,土地价格有成交价格、市场价格和理论价格之分。其中,成交价格即"房地产交易双方实际达成交易的价格",根据市场层次的不同,又可进一步分为一级市场(土地出让市场)成交价格和二

---

①② 马克思,恩格斯. 马克思恩格斯全集第23卷 [M]. 北京:人民出版社,1972.
③ 于俊文,孙翔. 土地价值概念质疑 [A]. 中国土地问题研究——中国土地学会第三次会员代表大会暨庆祝学会成立十周年学术讨论会论文集,1990.
④ 王万茂,高波. 试论土地价值 [J]. 不动产纵横,1993,1.
⑤ 王德起. 土地资产管理论 [M]. 北京:首都经济贸易大学出版社,2009.
⑥ 黄贤金. 自然资源二元价值论及其稀缺价格研究 [J]. 中国人口、资源与环境,1994,12:40—42.
⑦ 许涤新. 政治经济学辞典(上册)[M]. 北京:人民出版社,1980.

级市场（土地转让市场）成交价格；市场价格是指某种房地产在市场上的一般、平均水平价格，是"该类房地产大量成交价格的抽象结果"，对应短期均衡价格；而理论价格则对应"正常市场条件下的长期均衡价格"。①

从不同的土地用途来看，城市居住用地、商业用地、工业用地、综合用地之间存在明显的竞价梯度。其中，对工业用地而言，广义的工业用地，包括工矿仓储等"用于工业生产、物资存放场所的土地"，狭义的工业用地专指"工业生产及直接为工业生产服务的附属设施用地"。②

本书所研究的工业地价则指上述狭义工业用地中制造业用地一级市场成交价格。

1.3.3 产业结构高级化

产业结构是指国民经济各产业部门之间以及各产业部门内部的构成关系。当旧的产业由成熟走向衰落时，新的产业形成并逐步扩张。一国或地区的经济系统往往由多种这样处于不同成长阶段的产业组成，各产业之间的比例关系、地位关系和技术经济数量关系（产业关联关系）即构成了该国或该地区的产业结构。在经济学理论发展的过程中，产业结构的内涵不断丰富。广义的产业结构不仅包括横向水平上各产业部门之间的产业间结构，也包括纵向产业链条上各产业部门所处的地位及其相互联系。③ 工业化国家的发展经验表明，在经济总量和人均量增长的同时，产业结构"不仅存在静态上的结构性特征，更会呈现动态上由低级向高级状态逐渐演进的特征"④，即产业结构高级化或产业结构高度化。在一定的经济发展总量条件下，通过产业结构的这一高素质化过程，不断提高经济技术水平，优化资源在各产业间的分布状况及配置比例，对经济总体效益的提高极为有利。

---

① 中国房地产估价师与经纪人学会. 房地产估价理论与方法 [M]. 北京：中国建筑工业出版社，2011.
② 《中华人民共和国国家标准土地利用现状分类》GB/T21010—2007.
③ 伦蕊. 工业产业结构高度化水平的区域比较研究 [J]. 经济前沿，2005，3：66—69.
④ 孟昌. 产业结构研究进展述评——兼论资源环境约束下的区域产业结构研究取向 [J]. 现代财经（天津大学学报），2012，1：97—103.

传统意义上的产业结构高级化，更侧重产业间的结构升级，即，产业结构重心由第一产业向第二产业和第三产业逐次转移、要素密集度由劳动密集型产业占优势向资金密集型、技术知识密集型占优势逐级演进、产品形态由初级产品向中间产品和最终产品的依次转移的过程①。随着工业、商业等各种产业和新奇技艺的出现，产业收益的差异导致劳动者收入的差异，进而推动劳动力由低收入产业向高收入产业转移，从而使农业份额下降②。在社会需求有序变动的导向作用下，社会的先进资本投向将按照"斯密顺序"，沿着农业—工业—贸易业的顺序变更，产业结构也因此沿着经济发展的历史和逻辑序列顺向演进。③ 克拉克和库兹涅茨的实证研究以及后来的经济发展历程均验证了这一产业间结构高级化的规律。

20世纪60年代以后，随着全球价值链分工体系的形成与深化，产业内结构升级逐步成为提升一国产业高度的主要方式。产业内结构升级，主要是指同一产业部门内部的企业在全球产品价值创造的分工体系中，由非战略环节向战略控制环节、由低附加值环节向高附加值环节的提升④。相比之下，产业内结构高度更能体现一国企业的盈利能力和价值创造能力，更能反映一国在该产业的全球价值链中的控制能力⑤。

值得注意的是，产业结构高级化应以产业结构合理化为基础，脱离合理化的高度化只能是一种"虚高度化"。超越经济发展客观条件的约束，采用有悖于经济成长逻辑的方式，以严重损害资源配置效率为代价，强行提升所谓产业结构高度，也许会带来短期内经济产值的上升，但是可能严重影响经济的长期持续发展动力，并不能真正达到提升产业素质的目标。⑥

---

① ⑥ 刘伟，张辉，黄泽华. 中国产业结构高度与工业化进程和地区差异的考察 [J]. 经济学动态，2008，10：4—8.
② 威廉·配第. 政治算术 [M]. 北京：商务印书馆，1978.
③ 亚当·斯密. 国民财富的性质和原因的研究（上卷）[M]. 郭大力、王亚南译. 北京：商务印书馆，1972.
④ 卢福财，罗瑞荣. 全球价值链分工条件下产业高度与人力资源的关系 [J]. 中国工业经济，2010，8：77—79.
⑤ 曹明福，李树民. 全球价值链分工的利益来源：比较优势、规模优势和价格倾斜优势 [J]. 中国工业经济，2005，10：20—26.

此外，随着生产力和科学技术的发展，"各种生产要素的数量和效能不断提高，产业部门之间以及产业内部各环节的对比关系、结合状况，也在不断地调整、优化"，由此，在不同社会生产条件下，不仅存在升级重心的转移，而且存在评判标准的不断提升。①

当然，不论是产业内，还是产业外的结构高级化，或是产业结构评判标准的提升，其本质都是产业高度的提升，都是一国或地区经济取得实质性进展的重要体现。对于当前正处于经济体制和经济发展发展方式转型关键期的我国来讲，通过产业结构的高级化，改善经济发展质量、谋求长期的可持续发展显得尤为重要。孟昌（2012）指出，"产业（主要是第二产业内部各子产业的结构性变动、产业的空间结构）演化与自然资源禀赋的关系"是未来一段时期内我国产业结构研究的重点问题之一②。在第二产业内部，加快工业制造业产业结构素质的全面提高，是我国产业结构高级化的关键。

首先，从与发达国家经济起飞初期阶段的比较中可以看出，对尚未走完工业化进程的发展中国家而言，"经济增长的主要动力在于工业制造业"，工业制造业的结构性扩张对于促进经济增长、科技进步以及资本效率及劳动生产率的提升，均有重要意义③。刘伟和李绍荣（2002）的实证研究发现，"中国经济的增长主要是由第二产业拉动"④。我国当前正处于从工业化中期向后期的过渡期，仍处在工业化、城市化加快推进的时期。制造业产业结构的高级化仍然是经济增长方式转变的关键。就京津冀城市群而言，京津冀三地在发展阶段上呈现不同步性，北京已迈向后工业化社会，天津正处于工业化后期，河北则处于工业化中期⑤。虽然主核心城市

---

① 姜泽华，白艳. 产业升级的内涵与影响因素分析 [J]. 当代经济研究，2006，10：53—56.
② 孟昌. 产业结构研究进展述评 [J]. 现代财经（天津大学学报），2012，1：97—103.
③ 刘伟. 工业化进程中的产业结构研究 [M]. 北京：中国人民大学出版社，1995.
④ 刘伟. 李绍荣. 产业结构与经济增长 [J]. 中国工业经济，2002，5：14—21.
⑤ 叶堂林. "十二五"期间京津冀都市圈区域产业合作研究 [J]. "十二五"时期京津冀发展研究（2009），中国经济出版社，2010，10：201—211.

中传统的工业制造业已逐渐失去主导产业的优势地位,但是该城市群的大部分城镇中,工业制造业仍然是主导产业,而"主导产业升级是区域整体产业结构升级的主要动力"[①]。应当注意到,尽管北京市第三产业对GDP的贡献率已经接近80%,但是其第二产业仍然保持与第三产业接近的增长率(7.5%),且医药制造业、计算机、通信和其他电子设备制造业等高端制造业正在成长为潜导产业。传统制造业的扩散转移、高端制造业的培育发展,成为京津冀城市群内产业集聚、产业链接和产业升级的重要驱动力。可见,制造业的优化升级及其产业用地结构的优化,对于京津冀城市群一体化发展至关重要。

其次,在快速工业化的进程中,以制造业为主的第二产业是我国进入全球价值链分工体系的主要切入点。自2008年金融危机之后,"工业4.0"逐渐掀起了发达国家"再工业化"浪潮。将先进的产业要素与"工业4.0"相结合,大力推进制造业的改革升级是我国经济参与世界竞争、实现"弯道超车"的重要驱动力。相比其他产业,制造业经历了更长期的演变和发展,其内部各细分产业及其产品所处的生命周期阶段更为多样化,产业结构高度提升的空间也较大。

由此,本书选取工业制造业为研究对象进行地价与产业高度的耦合互动关系的研究。

1.4 研究目标、内容、技术路线和研究方法

1.4.1 研究目标

1.4.1.1 总体目标

分析评价城市群这一相对完整、独立的区域经济体系单元内产业高度与地价空间梯度分布的规律及其耦合互动关系,并以京津冀城市群为研究

---

① 孟昌.产业结构研究进展述评[J].现代财经(天津大学学报).2012,1:97—103.

对象及范围，探寻促进用地结构与产业结构双优化的内在机制，为政府的科学决策提供参考依据。

1.4.1.2　具体任务

（1）探寻城市群内产业用地地价空间分布规律；（2）描述城市群内产业高度分布特征；（3）产业—地价"双梯度"耦合机理分析；（4）探索城市群内以产业用地增效为手段促进"双优化"的可能性及作用路径。

1.4.2　研究内容

本书拟选取京津冀城市群工业制造业产业用地作为实证研究对象，以该城市群内不同层次的城镇体系为研究重点，在产业用地价格和产业高度分布规律研究的基础上，深入探讨地价与产业高度有机耦合机制，构建产业高度—地价耦合度评价模型，并以耦合度研究为切入点，探索城市群产业用地地用与地价的双优化路径。

（1）城市群内重点产业用地价格空间分布规律的理论和实证研究。基于地租地价、区位等土地经济理论，综合分析城市群内各制造业产业用地地价空间变化的影响因素及一般演变规律；建立京津冀城市群内制造业产业用地的市场交易数据库，研究该区域内特定产业用地价格空间变化的特征及现存主要问题，并对比一般规律，预测地价演变趋势；依托 GIS 等空间分析技术、因子分析和回归分析及时间序列模型等统计分析技术，绘制该区域内制造业产业用地地价等值线、梯度图、三维立体图和变化趋势图；

（2）城市群内产业高度空间分布规律的理论和实证研究。基于要素禀赋、创新、集聚、价值链等产业布局的基本理论，分析城市群内产业结构演进的驱动力及一般演变规律；建立京津冀城市群内制造业产业分布数据库，研究其产业高度分布特征及现存主要问题；

（3）城市群内"双梯度"耦合规律及耦合度评价模型研究。基于城市群土地要素价格变化与产业发展之间的互动机理分析，研究产业等级差异与地用地价的耦合互动规律；构建耦合度评价模型，对京津冀城市群内不同等级的城市、不同类别的产业进行耦合度测算。

（4）京津冀城市群产业地价—地用双优化的对策建议。结合上述分析，提出促进双优化的具体对策建议。

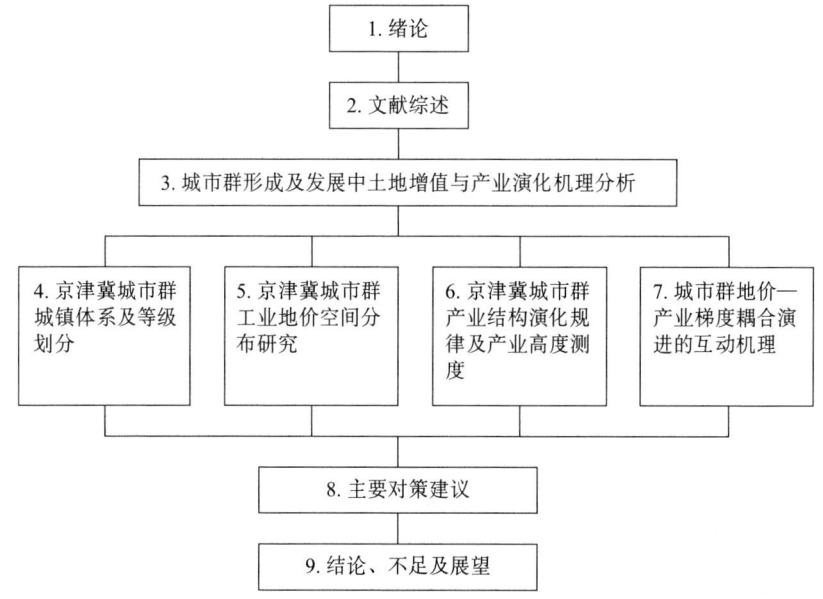

图 1-4　研究内容体系及结构框架

1.4.3　技术路线

（1）本项目的研究主线：①利用相关经济学分析方法，分别研究城市群地价空间分布与产业分布及其相互的空间关系，构建二者交互作用的双螺旋模型；②借鉴相关研究方法，构建耦合度评价模型；③提升耦合度的具体对策。

（2）本研究的两条副线：两条副线的研究分别是地价梯度和产业高度空间分布特征的研究。①充分利用 GE（Google Earth，谷歌地球）地图，选取地价样本点并建立地价空间数据库，采用 GIS 空间分析方法、空间差值法对地价数据进行了空间局部估计，并利用 ARCGIS 软件实现地价梯度的空间表述。②根据前期所做的文献研究，参照已有的计算方法如区位商、比较劳动生产率和梯度系数等产业梯度计算方法，测度产业梯度。本研究的总体思路及技术路线如图 1-5 所示。

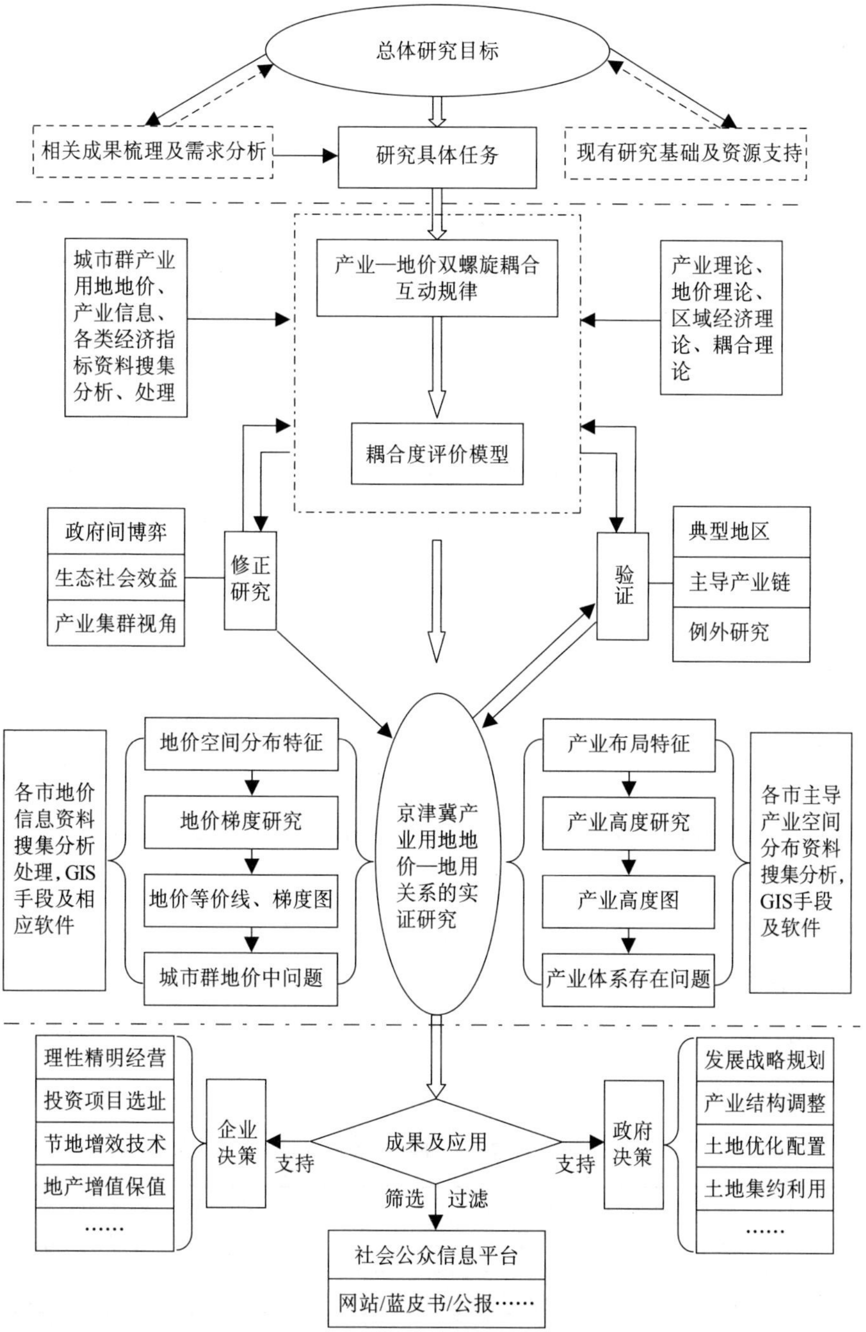
总体研究目标
相关成果梳理及需求分析
研究具体任务
现有研究基础及资源支持
城市群产业用地地价、产业信息、各类经济指标资料搜集分析、处理
产业—地价双螺旋耦合互动规律
耦合度评价模型
产业理论、地价理论、区域经济理论、耦合理论
政府间博弈
生态社会效益
产业集群视角
修正研究
验证
典型地区
主导产业链
例外研究
各市地价信息资料搜集分析处理，GIS手段及相应软件
地价空间分布特征
地价梯度研究
地价等价线、梯度图
城市群地价中问题
京津冀产业用地地价—地用关系的实证研究
产业布局特征
产业高度研究
产业高度图
产业体系存在问题
各市主导产业空间分布资料搜集分析，GIS手段及软件
理性精明经营
投资项目选址
节地增效技术
地产增值保值
……
企业决策
支持
成果及应用
支持
政府决策
发展战略规划
产业结构调整
土地优化配置
土地集约利用
……
筛选
过滤
社会公众信息平台
网站/蓝皮书/公报……

图 1－5 技术路线图

1.4.4 研究方法

（1）文献归纳法。充分利用高校电子图书馆、首都及国家图书馆资源，全面、系统地研究相关文献，归纳相应的研究结论，分析不同研究成果的优势及缺陷，适当借鉴并不断修正研究方案。

（2）调查研究法。采用访谈、专家咨询等方式获取相关管理部门、企业部门和专家对地价—地用—产业等相关问题、课题研究内容和阶段性成果的意见；调查国内外城市群的产业—地用—地价信息，并从中提炼规律性经验；将京津冀城市群内土地价格和产业链按照一定标准划分不同档，设立样本点并获取地价数据和产业分布数据。

（3）模型分析法。选用 Alonso 模型、竞价曲线及土地市场均衡模型研究地价变化规律并进行实证；运用产业高度计算模型研究产业高度分布规律并进行实证；运用四象限模型研究"双梯度"耦合规律；运用容量耦合模型进行耦合度测算。

（4）GIS 空间分析。采用地统计分析中普通克里金法对研究区域内地价数据、产业分布数据进行空间估计，并利用 ARCGIS 软件做出等值线图、梯度图、三维立体图和变化趋势图，实现地价梯度和产业梯度的空间表述。

（5）数量分析。运用聚类分析、主成分分析、相关分析、回归分析等统计分析技术进行土地利用和产业高度影响因素分析；运用耦合模型进行产业—地价耦合度评价。

（6）案例研究法。以京津冀城市群为例，进行地价—产业"双梯度"及其耦合度验证。

表 1-1　　　　　研究内容的途径与方法一览表

研究方法 具体任务		文献归纳	调查研究	模型分析	GIS空间分析	数量分析	案例研究
任务Ⅰ 地价空间 分布规律	一般规律	√					
	地价数据库		√	√		√	
	现状及趋势		√		√	√	√

续表

具体任务	研究方法	文献归纳	调查研究	模型分析	GIS空间分析	数量分析	案例研究
任务Ⅱ产业高度分布规律	一般规律	√					
	产业数据库		√	√		√	
	现状及趋势		√		√	√	√
任务Ⅲ耦合规律及耦合度评价模型	耦合规律	√		√			
	耦合度评价工具			√		√	
	耦合图及现状评价		√		√	√	√

1.5 本书创新点

（1）基于中心地理论、非均质空间下要素禀赋和聚集经济等相关理论，从城市的经济发展水平、经济结构、投资水平、收入水平和消费水平、对外联系强度等方面选择17个指标，采用主成分分析和聚类分析方法，将京津冀城市群内各市县划分为：主核心城市——次核心城市——区域副中心城市——地方骨干城市——地方次级骨干城市——潜在骨市——一般市七个层级，将县级行政区纳入城市群等级划分的体系中，将城镇等级体系由地级市向城市群腹地延伸，并提出七级划分的思路，从等级划分的角度，提升了县级市和县在城市群等级体系中的地位，一定程度上体现了国家加强中小城市和小城镇发展的战略思路。

（2）总结、梳理了地价形成的一般机制及相关理论，结合阿朗索城市厂商竞价理论，阐述了城市群多中心区域中工业地价空间分布的一般规律；依据京津冀城市群2009—2018年17165余宗工业样点地价资料，采用GIS和EXCEL软件，运用空间差值分析和长期趋势分析等方法，对京津冀城市群范围内工业地价的衰减规律进行了空间模拟；运用SPSS相关分析方法，对工业地价与开发程度、容积率等因素的相关关系进行了数据检验，得出：与住宅、商业等其他用途用地相比，在市场竞价机制不完善的前提下，工业地价受开发程度、容积率等价格影响因素较小，呈极弱相关性。

（3）结合产业结构演进的一般规律，总结、阐述了城市群内不同等级中心地产业高度变化的一般趋势；基于改进后的产业梯度系数，提出产业高度计算办法，特别是利用占地比例计算增量用地上的加权产业高度值；对城市群范围内不同等级中心地、不同类型产业和产业高度值进行全面计算与比较，并绘制出产业高度随城市等级升高而变化的趋势线。

（4）深入剖析了城市群地用—地价双优化机理，基于地价梯度与产业高度的"双螺旋"模型，演绎构建二者互动耦合的四象限模型；采用相关关系分析和回归分析的方法，对地价—产业高度的相关关系进行了实证检验，并结合容量耦合模型，评价京津冀城市群内不同等级城市、不同产业的耦合度。

第 2 章 文献综述

2.1 工业用地及地价分布的相关研究

2.1.1 地价梯度及时空分布规律

2.1.1.1 地价梯度

国内外专家学者将等高线的原理引入地价空间分布研究中,提出等价线的概念,并在等价线的基础上,进一步提出地价梯度的概念。一般将城市地价的空间分布定义为地价场,其中地价相等点的连线称为等价线。城市土地价格随空间距离的变化形成地价梯度,其方向垂直于等价线,由高价区指向低价区,其数值等于等价线间的地价差除以其间的垂直距离。可用公式表达:$PL = \Delta P / \Delta L$。其中,PL 为地价梯度;ΔP 为等价线间的地价差;ΔL 为等价线间的垂直距离。一般情况下,"地价梯度由城市中心指向城市外围,由街道两侧指向街区内部,且在这两个方向上梯度越来越小,但在一些特殊区域也会出现逆转或反向"。[①]

袁旭亚(1994)指出,从空间角度看,"资本增益推动着城市边缘的土地价格上升,而租金则是已开发区域土地的价格关键性决定因素",这就引导人们直接区分跨越空间的土地价值以及距中心商业区不同距离的土

---

① 吴跃民. 城市地价空间分布的流场理论研究 [J]. 湘潮(下半月), 2008, 7: 76.

地价值的变化，由此而引出土地价格梯度的含义①。世界银行认为，在市场型激励体制下，世界各地的城市开发中都存在"英格拉姆范例"。即，在满足一系列假设前提下，$Vx = Vo * e^{-bx}$。其中，Vx—在离经济中心区的距离为 X 时，开发活动或价格水平；Vo—经济中心的开发活动或价格水平；b—梯度值，表示"X"每变化一个单位引起的 V 的比例变化。由此，"土地价格具有明显的梯次性"。②

朱道林、董玛力（2005）在分析地价与房价关系时引入价格梯度的概念，指出价格梯度就是价格随着距离的增加而降低的速度，可用公式 $G = \frac{\Delta P/P}{\Delta D}$。其中，G 表示价格梯度，ΔD 表示距离的变化，ΔP 表示随着距离的变化价格的变化水平。朱道林等进一步指出，"土地价格梯度取决于房屋价格梯度的高低和土地开发成本在房屋开发过程中所占的比重"。由此，地价梯度与房价梯度的关系可表示为：$LG = \frac{1}{f} \times HG$。其中 LG 表示地价梯度，HG 表示房价梯度，f 表示地价在房价中的比例。③

2.1.1.2 地价时空分布规律

要提高城市土地利用和管理效率，必须掌握城市地价的空间分布规律。在进行特定区域的地价空间规律实证研究时，许多学者通过 GIS 空间分析技术、地统计学理论与方法、数字地形模型（DTM）等，绘制地价专题图、地价等值图、地价向量图、地价立体图等，用于地价空间结构的分析。从地价等值图和地价向量图中可以较清晰地反映研究区域的地价梯度，进而反映其地价随距离变化的情况。掌握这种空间分布规律，不仅是房地产估价的需要，同时也是房地产投资、开发和制定、部署发展规划的需要④。

---

①② 袁绪亚. 中国土地市场价格的地域梯度［J］. 社会科学，1994，12：20—22.
③ 朱道林，董玛力. 地价和房价的经济学分析［J］. 中国土地，2005，7：20—21.
④ 宗跃光，鼓萍，郭瑞华，刘超. 空间插值法在地价梯度场分析中的应用［J］. 城市开发，2004，39—41.

在竞租函数的基础上，Alonso（1964）① 提出单中心城市模型（即 AMM 模型），Muth（1969）② 和 Mills（1967）③ 对该模型进行了进一步完善。该模型描述了在一个简单的静态城市空间结构中，"地价随着到 CBD 距离的增加而减小"的变动趋势。该模型对单中心城市地价分布具有较强解释力。随着城市的演进，McMillen（1996）④、Atack & Margo（1998）⑤ 的研究均显示地价梯度逐渐平缓，AMM 模型对地价的解释能力降低。

标准的城市模型支持城市区域内地价梯度不变的观点。但是有不少学者认为从 CBD 开始沿着不同方向地价梯度可能有所变化。尽管沿交通路线辐射方向的地价梯度较其他方向更为平缓的观点被广为接受，但是尚缺少严谨的实证研究的证明。为此，Peter F. Colwell & Henry J. Munneke（2009）将地价梯度视作不同方向的分段线性函数，并由此构造了地价模型，对芝加哥及其外围地区 3374 宗未开发的居住、商业和工业用地地价在不同方向上随距离变化的情况进行了实证研究，结果显示自 CBD 向外不同方向的地价梯度有显著变化⑥。Colwell and Munneke（1997）曾在以往研究中发现，如果限定所有方向的梯度是均匀的，则梯度值较小。但是在新的研究中他们发现，如果允许方向梯度有变化，则梯度值从小到中等大小不一。值得注意的是，即使方向梯度允许发生变化，价格非线性假定下的梯度比单位价格模型下的梯度也更为平缓⑦。由此可见，梯度函数和价格模型的构造在地价梯度分析中极为重要。

---

① Alonso W. Location and Land Use [M]. Harvard University Press, 1964.
② Muth R F. Cities and Housing [M]. Chicago: University of Chicago Press, 1969.
③ Mills E S. An aggregative model of resource allocation in a metropolitan area [J]. American Economics Review, 1967, 2: 197—210.
④ McMillen D P. One hundred fifty years of land values in Chicago: A nonparametric approach [J]. Journal of Urban Economics, 1996, 40 (1): 100—124.
⑤ Aatack J, Margo R A. "Location, location, location!" The price gradient for vacant urban land: New York, 1835 to 1900. Journal of Real Estate Finance and Economics, 1998, 16 (2): 151–172.
⑥ Peter F. Colwell, Henry J. Munneke. Directional Land Value Gradients [J]. J Real Estate Finanancial Economics, 2009, 39: 1—23.
⑦ Colwell, P. F., Munneke, H. J. The structure of urban land prices [J]. Journal of Urban Economics, 1997, 41: 321—336.

传统的城市经济学理论通常预测土地价值会以 CBD 为中心形成一个平滑的曲面①②。城市中心区的土地价值最高是 CBD 的通勤成本和集聚效应的正外部性共同作用的结果。实证研究中，通常采用参数回归的方式估计地价曲面的形状。尽管这种方法比较简单，但是在用于研究地价下降的速度时有明显的缺陷，非参数估计或半参数估计在解释多核心城市地价数据时更有力。Kevin A. Bryan and Pierre - Daniel G. Sarte（2009）采用半参数方法对 2002—2006 年间弗吉尼亚州 Richmond 及其他三个相邻县的房屋交易数据进行了地价梯度的实证研究，研究发现，尽管近年来美国城市发展呈现多中心趋势，但是 Richmond 仍以单中心为主，其地价从 CBD 的每平方英尺 100 美元下降到郊区的每平方英尺低于 1 美元。虽然 CBD 是其价格曲面上的显著特征点，但是大一些的郊区城镇在价格曲面上也很明显。而且，这些点的存在造成了价格曲面的变形。③总体来看，由于难以获得宗地的微观数据，国外对地价时空变化规律的实证落后于理论研究。④

王茂春（1997）利用地价平台、地价陡坡等新概念，分析了城市地价空间分布在时间序列上的演变规律及动因理论。⑤

丁成日（2005）利用 1993—2000 年上半年北京城市建设区土地使用权出让数据，实证分析显示土地价格及土地开发密度都随着距城市中心区的距离增加呈下降趋势，且"地价曲线的斜率和土地—资本替代弹性系数都随着时间的推移而变化"。⑥

杜国明等（2005）绘制了呼和浩特城市土地等价线图，并结合该图进

---

① Mills, Edwin S. Studies in the Structure of the Urban Economy［M］. Johns Hopkins University Press, 1973.

② Fujita, Masahisa. Urban Economic Theory［M］. Cambridge University Press, 1989, 8：125—135.

③ Kevin A. Bryan, Pierre - Daniel G. Sarte. Semiparametric Estimation of Land Price Gradients Using Large Data Sets［J］. Economic Quarterly, 2009, 95 (1)：53—74.

④ 任荣荣, 刘洪玉. 城市土地价格的时空变化规律：来自新兴市场的证据［J］. 第六届全国土木工程研究生学术论坛. 清华大学, 2008：1—6.

⑤ 王茂春. 论城市地价空间演化规律及其动因［J］. 热带地理, 1997, 12：347—353.

⑥ 丁成日. 土地价值与城市增长［J］. 城市发展研究, 2002, 6：48—53.

一步分析了呼和浩特市地价分布规律。其中地价梯度呈现出梯度变率差异明显的特点。"商业用地地价由市中心向外围先急剧降低，而后降低的梯度逐渐减小"，地价曲线符合指数衰减模型；工业用地等价线均匀分布，地价梯度小且平稳。而住宅用地的地价梯度和变率都介于商业用地和工业用地之间。[①]

任荣荣、郑思齐（2008）探索了办公与居住用地开发的空间演变机理。从用地价格的时空分布来看，办公与居住用地均表现出"价格随到城市中心距离的增加而减小的趋势"，办公用地的价格梯度大于居住用地。办公和居住用地价格的空间分布方程分析结果显示，"办公用地的价格梯度明显高于居住用地，并且办公用地的开发区位更靠近市中心"。该研究结果验证了 AMM 模型对城市空间结构的预测。[②]

蒋芳、朱道林（2005）利用北京市 1998—2003 年间的住宅出让地价数据，对北京市住宅地价的空间分布规律进行了探讨。从地价向量图可看出，市区地价的梯度比较大，衰减较快，郊区地价梯度比较小，衰减较慢；从整体上看，"地价指向大都是由市区指向外围，在一些特殊区域会出现逆转或反向"。另外，除了地价本身具有南北差异之外，地价的衰减变化也同样具有明显的南北城差异。[③]

任荣荣、刘洪玉（2008）利用北京市 1993—2007 年土地交易的微观数据，基于 Hedonic 模型的思想建立了地价决定模型，以检验城市经济学理论对地价影响因素及中国新兴土地市场是否符合地价时空变化的基本预测。在价格梯度变化规律方面，在所研究的 1993—1997 年、1998—2002 年、2003—2007 年三个时间段内，住宅用地的价格梯度先增加后减小，该结果与已有文献以芝加哥市和纽约市为例发现的价格梯度随时间变缓的结

---

① 杜明国，张裕凤，张树文. 城市土地等价线图研究——以呼和浩特市为例 [J]. 中国科学院研究生院学报，2005，12：721.
② 任荣荣，郑思齐. 办公与居住用地开发的空间结构研究——价格梯度、开发数量与开发区位 [J]. 地理科学进展，2008，5：119—126.
③ 蒋芳，朱道林. 基于 GIS 的地价空间分布规律研究——以北京市住宅地价为例 [J]. 经济地理，2005，3：199—202.

论不同。①

在《北京市基准地价课题组》收集的居住用地样本资料的基础上，宗跃光等（2004）对地理信息系统常用的 4 种空间差值方法的优缺点进行了讨论，根据已有的空间分布数据特征，选择克里金插值法作为住宅用地地价梯度场研究的主要方法。结果表明：北京市住宅用地梯度场主要是在城市主、副中心产生的点效应和主要交通干线产生的廊道效应的距离衰减律作用下形成的。在市中心和环线作用下，各个地价梯度等级自内向外呈梯度递减变化。在各个副中心和放射性交通廊道效应的作用下，地价梯度等级的形状被拉伸、变形和分割。由于北四环内外的几个副中心的极化作用，形成 2000 年北京市整个住宅地价梯度场北高南低的不均衡结构。②

李玲等（2011）运用传统统计和空间分析相结合的方法，揭示了大城市住宅地价的时空变化规律。通过对北京市城区住宅地价的研究发现，五环外地区因充足的地地供给，交通状况的改善而逐渐成为住宅开发的重点。北京的居住功能已经由老城区转至新城区，环线地价的空间布局呈明显的波浪推移状态。③ 另有国内学者对呼和浩特④、南京⑤、重庆⑥、昆明⑦、杭州⑧、

---

① 任荣荣，刘洪玉. 城市土地价格的时空变化规律：来自新兴市场的证据 [J]. 第六届全国土木工程研究生学术论坛. 清华大学，2008：1—6.
② 宗跃光，鼓萍，郭瑞华，刘超. 空间插值法在地价梯度场分析中的应用 [J]. 城市开发，2004，39—41.
③ 李玲，朱道林，胡克林. 北京市城区住宅地价的时空变化规律 [J]. 经济地理，2011，31 (04)：655-659.
④ 庄元. 呼和浩特城市地价空间结构研究 [D]. 内蒙古师范大学，2007，6：47—59.
⑤ 刘娟，傅兆君. 南京市城市地价分布特征与区位影响因素研究 [J]. 南京审计学院学报，2009，1：19—26.
⑥ 马智利，程正伟. 基于 GIS 的地价空间分布特征与影响因素分析——以 2003—2007 年重庆土地出让中商住综合用地为例 [J]. 农村经济与科技 2010，4：47—49.
⑦ 张洪，金杰. 中国省会城市地价空间变化实证研究——以昆明市为例 [J]. 中国土地科学，2007，2：24—30.
⑧ 郑颖，徐高峰. 城市增长过程中杭州市地价空间分布规律研究 [J]. 新西部（理论版），2008，9：46—47.

福建德化①等城镇地价以及内蒙古乌利亚斯太镇牧区居住用地②等地价空间分布规律展开了研究。在研究方法上，部分学者尝试采用流场理论③、GWR模型④等理论或模型对非特定区域内的城市地价时空分布规律进行了探讨。此外，有学者对市场力和行政力⑤、城市轨道交通⑥、城市增长⑦等某一特殊因素作用下城市地价分布规律进行了研究。

2.1.2 工业地价影响因素

国外学者对工业地价的影响因素展开了较多定量的实证研究。Ambrose (1990) 对美国北亚特兰大轻工业（仓储业）不动产咨询价格数据的分析显示，工业不动产的面积、可供办公用面积、坞高入口数、铁路等因素对工业地价的影响大于自动喷水系统、建筑物的年龄及天花板高度等因素⑧。这一结论在对美国达拉斯/沃斯堡地区1987—1991年⑨、1978—1991年⑩工业不动产市场交易数据及其他二手数据的研究中得到进一步证实。Saz-Salazar (2005) 对西班牙巴伦西亚自治区工业用地市场成交价格的研究进一步验证了包括"距高速公路的距离、离城市商业中的距离、距政务中心

---

① 徐勋光，周晓艳，关兴良. 基于Surfer软件与GIS空间分析方法的中小城镇住宅地价空间分布规律的研究——以福建省德化县为例 [J]. 华中农业大学学报（社会科学版），2008，5：34—39.

② 付鑫，王红梅，杜国明，苏根成. 牧区城镇居住用地地价空间分布特征研究——以内蒙古乌里雅斯太镇为例 [J]. 干旱区资源与环境，2011，1：86—90.

③ 吴跃民. 城市地价空间分布的流场理论研究 [J]. 湘潮（下半月），2008，7：76—112.

④ 罗亚辉. 基于GWR模型的城市住宅地价空间结构研究 [J]. 浙江大学，2007，5：76.

⑤ 刘芳. 市场力和行政力驱动的城市住区空间区位演化 [D]. 同济大学，2006：85—130.

⑥ 杨鸿. 城市轨道交通对住房价格影响的理论与实证研究 [D]. 浙江大学，2010.

⑦ 顾杰. 城市增长与城市土地、住房价格空间结构演变——基于杭州市的实证研究 [D]. 浙江大学，2006.

⑧ Ambrose. B. An Analysis of the Factors Affecting Light Industrial Property Valuation [J]. Real Estate Researeh，1990，(5)：355—370.

⑨ Fehrrbach. F, Rutherford. R., Eakin. M. An Analysis of the Determinants of Industrial property Valuation [J]. Real Estate Research，1993 (8)：365—376.

⑩ Lockwood. L. J, Rutherford. R. Determinants of Industrial Property Value [J]. Real Estate Economics，1996，24 (5)：257—272.

的距离"等区位因素对地价的重要影响①。

总体来看,国外的实证研究较多采用特征价格模型,辅以多元回归方法进行参数检验。也有部分学者尝试采用多元因素分析型线性结构关系模型②、多元格兰杰因果方法③、网络层次分析法(ANP)④等方法进行定量分析。⑤

国内较早的研究显示,一般情况下,工业用地价格受到工业用地地质地形条件、基础设施条件、集聚条件、交通条件等因素的影响⑥⑦。对北京工业园区的研究显示,"园区区位、工业园区产业性质、产业集聚度、协议出让土地所占比重和各工业园区的政策"等因素对园区内的工业地价产生重要影响⑧。深圳蛇口工业区1990年和1995年数据的回归分析显示,新兴工业区的行业均质度(描述工业地域专业化和产业联系)与工业区地价的显著正相关⑨。

高菠阳等(2020)以工业用地出让价格为研究对象,采用分层模型,结合宏观和微观尺度,实证分析了中国工业用地出让价格的空间格局及关键影响因素。此研究首次将分层模型引入实证计量方法,同时验证了影响工业用地出让价格的宏观与微观因素,是对现有工业用地出让价格研究文

---

① Del Saz – Salazar, S., Garcia – Menedez. L. Public Provision versus Private Provision of Industrial Land. a Hedonic Price [J]. Land Use Policy, 2005 (22): 215—223.
② Lockwood. L. J, Rutherford. R. Determinants of Industrial Property Value [J]. Real Estate Economics, 1996, 24 (5): 257—272.
③ William L. Atteberry, Ronald C. Rutherford. Industrial Real Estate Prices and Market Efficiency [J]. Journal of Real Estate Research, 1993, 8 (3): 377—386.
④ P. Aragones – Beltran, J. Aznar, J. Ferrs – Onatea, M. Garcia – Melon. Valuation of Urban Industrial Land: an Analytic Network Process Approach [J]. European Journal of Operational Research, 2008 (185): 322—339.
⑤ 谢媛媛,骆正清. 工业用地价格研究:国内外文献综述 [J]. 生产力研究,2011,3:212—213.
⑥ 严星,林增杰. 城市地产评估第二版 [M]. 北京:中国人民大学出版社,1999,7:1—38.
⑦ 吴次芳,周开建,许红卫. 小城市土地定级估价的理论与实践 [M]. 北京:中国建筑工业出版社,1994,4.
⑧ 徐跃红,吕萍,袁文麟. 北京市工业园区地价形成机理分析 [J]. 商业研究,2009,1:57—61.
⑨ 倪晋仁,张洋,李天宏. 行业均质度对新兴工业区地价的影响分析 [J]. 应用基础与工程科学学报,2004,3:259—267.

献的补充与延伸①。

对全国数据的研究显示，相比人口、经济等因素，大区位因素（包括卫生经费支出、医务人数等在内）、政府行为因素（房产税额、耕地占用税额、本年购置的土地面积）与城市工业地价相关性较强②。对全国32个大中城市基准地价数据的回归分析则显示，"工业用地效益（工业总产值）和政府工业政策作用效果指标（地方财政预算支出、货运量、全年供水总量）"与工业基准地价的相关性最强③。

2.1.3 工业地价水平的对比研究

曹子剑、赵松、徐更新（2012）对日本47个都道府县的工业地价和我国102个城市工业用地的动态监测数据进行对比分析，结果显示："无论从整体还是分区域比较而言，我国工业地价水平都明显低于日本"，这种差异的形成与各自所处的工业化阶段和产业发展策略的不同密切相关④。

胡波波（2007）从工业用地供应方式、空间区位、发展时段、经济指标、供应量、其他用途土地等六个方面对我国与日本、韩国、中国台湾等周边相邻国家和地区进行了比较分析⑤。

2.1.4 工业用地集约利用、用地效率及适宜性评价

土地集约利用的概念最早源于李嘉图等古典经济学家对农用地的研

---

① 高菠阳，罗会琳，黄志基，徐凡雅，刘伯宏. 中国工业用地出让价格空间格局及影响因素［J］. 地球信息科学学报，2020，22（06）：1189-1201.

② 肖更生，李贞玉. 我国城市工业地价影响因素及力度的计量分析［J］. 中南林业科技大学学报（社会科学版），2008，1：78—81.

③ 强真，朱道林，毕继业. 城市基准地价合理性判别方法研究［J］. 中国土地科学，2005，19（1）：56—61.

④ 曹子剑，赵松，徐更新. 中日两国工业地价比较研究［J］. 中国房地产，2012，9：49—57.

⑤ 胡波波. 我国与周边若干国家和地区工业用地价格的比较和实施策略［D］. 浙江大学硕士论文，2007，25—99.

究①。随着土地生态学、经济区位学、社会行为学等学派对城市土地利用的驱动力研究的深入，城市土地利用效率内涵从"土地利用中达到社会最佳经济效益"②拓展至"不应该只是经济方面，还应包括社会政治等内涵"③。国外学者从土地价值与价格、规划、人口密度与人口增长等诸多方面对土地集约利用的影响因素进行了研究④。

近年来，在经济增长方式转变的大背景下，我国土地利用方式也经历着由以往低效、粗放式利用转向高效、内涵式的集约利用上来。相应地，国内学者们围绕着各类用地的集约利用展开了大量的研究，积累了较为丰富的研究成果。随着城市化和工业化的发展，工业用地数量剧增，"工业用地约占土地供应总量的60%—80%"⑤。由于长期采用低价、优惠供地的政策，工业用地的廉价与稀缺并存，不仅造成城市工业用地处于较为严重的非集约化利用状态，而且诱使企业通过多种渠道低价拿地后，私自改换其他用途，获取非法收益，扰乱了土地市场秩序，给国家造成了严重损失。工业用地这一非集约利用状态引起了政府、学者们的高度重视，近年来，围绕着工业用地的集约利用，从指标体系的构建、实证，到用地效率的测评及潜力评价等多个方面，从宏观层面（某个特定区域整体）、中观层面（基于不同地类或行业类别）和微观层面（企业或具体宗地）等多个层次，进行了较深入的研究。蒋贵国（2007）以成都市工业用地土地利用现状数据为依据，从土地利用强度、投入状况和经济效益等三方面，选择"综合容积率、土地利用率、单位土地面积固定资产总额、基础设施完备

---

① 邵晓梅，刘庆，张衍毓.土地集约利用的研究进展及展望［J］.地理科学进展，2006，25（2）：85—95.

② Stull W J. Land zoning in urban economy. The American Economic Review，1974，64：337—347.

③ Eric Kades. The Dark Side of Efficiency：Johnson v. M'Intosh and the expropriation of American Indian lands. University of Pennsylvania Law Review，2000，148（4）：1065—1190.

④ 黄大全，洪丽璇，梁进社.福建省工业用地效率分析与集约利用评价［J］.地理学报，2009，4：479—486.

⑤ 丁林可，田燕.工业用地集约利用评价指标体系初探［J］.国土资源科技管理，2007，5：18—21.

度、单位土地工业总产值、单位土地面积工业利税"等 6 个指标,结合特尔菲法确定指标权重,并运用极限条件评价法和综合评价法,对市域内 13 个工业功能区、26 个工业样本片区的土地集约利用潜力进行评价,结果显示,"成都市城市工业用地土地集约利用程度中等,低度利用土地占了功能区土地总量的 60.39%",工业用地还有相当的发展潜力[①]。黄大全、洪丽璇、梁进社(2009)[②] 采用全要素生产率方法,对福建省 9 个地市单位进行用地效率与集约利用评价,结果显示:全要素生产率法既能测算土地集约度,也能说明要素的利用效率;随着与厦门和福州距离的增加,福建其他地区工业用地的投入和产出呈现下降趋势。谭丹、黄贤金、胡初枝、姚丽、周峰、王黎明(2008)选取了江苏省苏南、苏中、苏北地区 3 市 8 县(市)2 区 30 多个行业的 800 多个工业企业进行了问卷调查,从土地利用水平、土地利用效益、土地利用效率等三个方面选择 7 个评价指标,采用层次分析法确定权重并进行集约利用水平评价。结果显示:"不同行业工业用地集约利用水平存在显著差异,其中交通运输设备制造业、纺织服装、鞋、帽制造业、通信设备、计算机及其他电子设备制造业的用地集约水平最高,而医药制造业、专用设备制造业用地集约水平较低。"谭丹、黄贤金、周峰、王黎明、姚丽(2009)[③] 结合企业问卷调查,采用多目标综合评价模型,对江苏省苏南、苏中、苏北三大地区典型城市的电气机械及器材制造业用地集约利用水平进行了评价,在此基础上,分析工业行业用地集约利用水平影响因素。结果显示:"城市的经济及城市发展阶段、产业特征、人口密度和技术进步等因素对工业行业用地集约利用水平有着重要影响。"史洪盛、牛德利、谷达华(2010)等结合层次分析法和特尔菲法,从土地利用效率、土地利用投入、土地利用效益选择生产用地比

[①] 蒋贵国. 成都市工业用地土地集约利用潜力评价研究 [J]. 四川师范大学学报(自然科学版),2007,9:652—656.

[②] 黄大全,洪丽璇,梁进社. 福建省工业用地效率分析与集约利用评价 [J]. 地理学报,2009,4:479—486.

[③] 谭丹,黄贤金,周峰,王黎明,姚丽. 工业用地集约水平影响因素实证研究——以常州、南通、盐城为例 [J]. 城市问题,2009,2:41—44.

率、单位面积基础设施投入、单位面积产值等12个指标构建了工业用地集约利用评价体系。① 赵小风、黄贤金、严长清、李衡、张兴榆（2011）② 采用加速遗传算法与层次分析法，对江苏省134个开发区土地集约利用评价，结果显示："江苏省开发区土地集约利用水平存在较大的区域差异性，高新技术开发区比其他类型开发区的土地集约利用水平高；国家级开发区的土地集约利用水平按开发区类型出现较大分异。"林坚等（2010）基于简单指数模型、多元线性回归模型、柯布—道格拉斯（C-D）生产函数模型，结合国家级开发区典型企业调查数据和年鉴数据，进行工业用地级差收益价格的测算。结果显示，C-D函数模型的理论意义和统计检验状况均优于简单指数模型和多元线性模型，"依据级差收益法计算的土地要素价格明显高于基于成本法的工业用地出让最低价，且土地级别越高，其市场交易价格越接近土地要素价格"③。王飞等（2018）基于DEA方法，构建开发区用地效率评价的基本模型，以临沂市4个典型开发区为例，对研究区工业用地效率进行测算。此项研究通过工业用地效率评价揭示出开发区工业用地与其他生产要素配比失衡、产业格局不利于土地资源的高效利用、提升用地效率的主动性和前瞻性不足、对低效用地缺乏有效的动态监管等问题④。

2.1.5 工业用地空间布局与结构的演变

李嘉图比较早地以土地竞租模型解释了包括工业用地在内的不同用途土地的分布规律。丹尼斯·迪帕斯奎尔指出，工业用地在城市发展中将经

---

① 史洪盛，牛德利，谷达华．工业用地集约利用中观评价研究［J］．西南农业大学学报（社会科学版），2010，4：1-5．

② 赵小风，黄贤金，严长清，李衡，张兴榆．基于RAGA——AHP的工业用地集约利用评价——以江苏省开发区为例［J］．长江流域资源与环境，2011，11：19-20．

③ 林坚，张沛，刘诗毅，肖丹．基于生产函数的工业用地级差收益研究——以国家级开发区典型企业数据为例［J］．城市发展研究，2010，6：80-85．

④ 王飞，徐芳勤．开发区工业用地效率评价与提升策略——以临沂市典型开发区为例［J］．山东国土资源，2018，34（06）：90-96．

历由集聚走向分散再重新集聚的演变过程①。

吴兵、王铮、邓悦（2002）采用 GIS 空间分析技术，以上海市中心商务区核心人民广场为中心，引入环形系统，对 1949—1996 年期间上海城市中心区工业用地的时空变化进行空间分割和历史形态分析，结果显示：上海城市中心区内工业用地比例过大，工业的行业分布不合理；随着城市化进程的加快，工业的最佳区位应离市中心 10 千米，城市中心区工业用地比例应控制在 10% 左右②。吕萍、徐跃红、沈佳庆（2008）以北京市为例，从产业结构变化、工业产值比重变化和工业用地报酬变化等方面分析和探讨了工业用地集散的趋势和原因，结果显示：工业用地必然会随着经济的发展"从中心城区向郊区转移，并在郊区形成新的聚集"；工业产业结构的升级是北京市工业用地从中心城区向郊区分散和集聚的主要推动力③。运用地理信息系统的缓冲区分析和计量统计分析方法，赵伟伟、李广志（2009）对西安市工业用地时空演变特征进行了分析，发现西安市工业在先扩散后聚集的演进过程中，用地分布呈现明显的空间圈层和扇区特征以及郊区化趋势，在聚集过程中，表现出对铁路依赖的减少和对城市快速路的青睐④。在工业用地由中心向外围转移的过程中，受到多种因素影响。在城市发展的不同阶段，工业用地布局的影响因素会发生变化。以青岛为例，在工业化早期，铁路和港口是最重要的影响因子；近十年来，产业发展、地价、劳动就业、交通运输、城市生态环境等成为重要的影响因子；未来，综合服务业的发展、土地资源和地价、就业岗位、交通运输、生态环境等因素将成为主要影响因素⑤。许多城市采用"退二进三"等方式进

---

① 丹尼斯·迪帕斯奎尔，威廉·C·惠顿. 城市经济学与房地产市场 [M]. 北京：经济科学出版社，2002.

② 吴兵，王铮，邓悦. 基于 GIS 的上海城市中心区工业用地空间解构 [J]. 东北测绘，2002，1：20—23.

③ 吕萍，徐跃红，沈佳庆. 工业用地空间集散特征及其内在动因研究——以北京市为例 [J]. 地域研究与开发，2008，10：76—80.

④ 赵伟伟，李广志. 快速城市化背景下的西安市工业用地时空演变分析 [J]. 中国人口、资源与环境，2009，1：64—69.

⑤ 周楠，宋军. 青岛市工业用地布局影响因子分析 [J]. 规划师. 2006，46—48.

行中心城区工业用地调整置换。钮心毅、李时锦、宋小冬、钟家晖、谭迎辉（2011）依托 GIS 技术和空间决策支持方法，以城市用地的空间布局优化为出发点，通过潜力评价、政策约束、方案一致性比较，提出了广州工业用地调整方案[①]。

申庆喜（2017）从用地空间、人口空间、服务空间、产业空间四个方面采用多种定量化的模型分析方法，分别讨论了新城市空间范围内各子功能空间的基本格局、演化特征、成长效应等问题。最后通过构建城市功能空间的耦合模型，定量地评价了各功能空间的耦合关系与耦合状态[②]。祖建（2017）采用定性分析和定量分析相结合的方法，构建都市区工业空间演变与重构的理论框架。运用区域空间结构、城市功能地域与城市空间结构理论，对国内外工业空间的演变的地理事实进行梳理与比较分析，对相关概念进行论证与科学界定，归纳工业空间演变的过程及动力机制，总结工业空间演变的模式，建立了逻辑关系体系，进而构建我国都市区工业空间演变与重组的理论模型[③]。

此外，不少学者对我国工业用地的供给制度[④]、政府在工业用地配置中角色失效原因[⑤]进行了反思，提出采用年租制[⑥]等方式推动工业用地供给方式的转变。

综上，国内对地价分布规律的研究，或者以住宅、商业和工业等不同用途土地的对比研究为主，或者以住宅、商业地价的研究为主，专门对某一特定区域内工业地价分布规律的研究甚少，对京津冀城市群内工业地价

---

① 钮心毅，李时锦，宋小冬，钟家晖，谭迎辉. 城市工业用地调整的空间决策支持——以广州为例［J］. 城市规划，2011，7：24—29.
② 申庆喜. 老工业基地转型背景下新城市空间研究［D］. 东北师范大学，2017.
③ 祖健. 长春都市区工业空间的演变与重构［D］. 东北师范大学，2017.
④ 唐焱，高明媚. 工业用地供给制度及其绩效评价研究综述［J］. 地域研究与开发，2012，8：113—117.
⑤ 杨遴杰，饶富杰. 政府在工业用地配置中角色失效原因分析［J］. 中国土地科学，2012，8：36—41.
⑥ 张利平. 工业用地年租制模式探讨——借土地二次开发之机推进工业用地供给方式的转变［J］. 上海国土资源，2011，2：51—56.

分布规律的研究尚属空白；对地价影响因素的研究较多地涉及交通、基础设施、距离市场区距离等区位因素以及宗地自身因素，对工业产业高度对地价影响程度的定性分析与定量检验尚属空白。

2.2 产业结构高级化的相关研究

2.2.1 动因（影响因素）与一般规律

早在17世纪，威廉·配第就已经在其著作《政治算术》中就收入差异引起的产业结构由低级向高级动态发展的过程进行了剖析。库兹涅茨、钱纳里、赛尔奎因等人在大量实证研究基础上，对工业化进程的不同阶段中产业结构高度的典型特征进行了归纳总结。一般来说，产业结构高度化主要体现在三大转移上，即："三大产业重心的转移（第一产业→第二产业、第三产业），要素密集度的转移（劳动密集型→资本密集型、技术密集型），产品形态的转移（初级产品→中间产品、最终产品）"[①]。

刘鹤、杨伟民（1994）对我国改革开放以来新的发展现象进行了概括、总结，认为，"中国经济发展和产业结构演变将沿着城市化、国际化和产业结构高度化三个主流趋势前进"，并进一步指出，在大部分中等收入以上的国家中，"只有当工业化和城市化进行到一定阶段，城市化任务已经基本完成之后，才能集中精力解决产业结构高加工度化"，由此，"三化"之间存在一定的矛盾、制约、转化关系，协调、引导并处理好三者之间的关系，是我国政府要面对的中心议题。[②]

管怀鑫（1997）将产业结构高级化的表现形式归结为"三次产业结构水平的优化""工业结构水平的优化""资源密集型类型的优化"；将产业

---

① 刘伟，张辉，黄泽华. 中国产业结构高度与工业化进程和地区差异的考察[J]. 经济学动态，2008，11：4—8.
② 刘鹤，杨伟民. 城市化、国际化和产业结构的高度化——未来二十年中国经济发展基调的判断[J]. 经济改革与发展，1994，5：2—11.

结构高级化的本质归结为"结构规模逐步扩大""结构水平渐次提高""结构联系愈益有序"[1]。

产业结构高度受到多种因素的影响。从现有研究来看，部分学者研究了某一单因素对产业结构高度的影响，结果显示，产业结构高度化受到经济发展水平[2][3][4]、技术进步和知识创新[5][6]、城市化[7]、国际贸易[8]、FDI[9][10]和汇率考量[11][12]、产业政策和制度安排[13]等因素的显著影响。部分学者从多因素角度，对产业结构高度化的影响因素进行了研究。

有学者从产业结构高级化对经济发展水平或某一方面的反作用角度进行了研究，如，陈兆荣（2011）以我国1978—2010年三次产业数据，采用格兰杰检验、脉冲响应函数及方差分解等方法对我国产业结构高级化变动与碳排放量波动的动态关系进行了实证研究，结果显示："产业结构高级化对碳排放量波动的影响稳定，并有较强的滞后效应"[14]。从区域经济发

---

[1] 管怀鑫. 产业结构高度化：表现形式与本质内容之理论分析［J］. 唯实, 1997, 5：6—9.

[2] 范艳丽, 张爱国, 张贤付. 产业结构高度化水平的定量测定［J］. 安徽师范大学学报, 2008, 1：79—84.

[3] 付凌晖. 我国产业结构高级化与经济增长关系的实证研究［J］. 统计研究, 2010, 8：79—81.

[4] 谢植雄. 关于产业结构高度的一些理论思考［J］. 现代经济探讨, 2005, 12：70—73.

[5] 王云平. 技术升级促进产业结构高度化［J］. 经济研究参考, 2006, 67：14—19.

[6] 刘俊杰. 论技术进步与产业结构高度化［J］. 西北师范大学学报, 1994, 2：71—77.

[7] 包佳迪. 城市化与产业结构高级化——基于浙江省的协整分析［J］. 黑龙江对外经贸, 2011, 10：59—61.

[8] 王桤伦. 对外贸易与中国产业结构高度化进程实证研究［J］. 技术经济, 2006, 2：24—27.

[9] 吴勤学. 国际贸易、海外直接投资与产业结构高度化［J］. 国际商务, 1996, 4：28—30.

[10] 姚风雷. 将利用外资纳入我国产业结构高度化轨道［J］. 经济纵横, 1997, 12：30—33.

[11] 匡远配, 唐文婷. 产业结构高度化评价和地区差异考察：以湖南省为例［J］. 湘湖论坛, 2015, 28（06）：48—54.

[12] 程宏. 利用外资促进我国产业结构升级的新思路——外资技术溢出对我国产业结构高度化作用的思考［J］. 南方经济, 2001, 4：28—30.

[13] 韩永辉, 董亮雄, 王贤彬. 产业政策推动地方产业结构升级了吗？——基于发展型地方政府的理论解释与实证检验［J］. 经济研究, 2017, 52（08）：33—48.

[14] 陈兆荣. 我国产业结构高级化与碳排放量关系的实证研究［J］. 经济学研究, 2011, 7：77—81.

展看,"区域产业结构的升级是区域经济发展和提高地区经济增长质量的关键"①。

孙韩钧（2012）采用误差修正模型和 Chow 检验,对 1978—2005 年全国 GDP、社会消费品零售总额等数据进行了分析,结果显示："产业结构高度与经济总量水平、技术进步程度、投资需求、消费需求、国际贸易结构和利用外资情况等影响因素之间存在着长期均衡关系,其中经济总量、技术进步和投资需求在短期内的影响更为明显。"②

胡立君等（2019）研究了产业结构升级与经济发展水平的协调关系。结果发现我国大部分的产业结构升级与经济发展水平存在着不协调问题,主要表现为越是总体发展水平相对落后的地区,越容易产生"早熟"的产业结构高级化,但其工业结构升级的水平却比较低③。

李虹等（2020）对产业结构升级的技术创新与制度创新驱动效应进行了面板回归分析。结果表明：技术创新和制度创新不利于产业结构合理化,而技术创新和制度创新对产业结构高级化有积极促进作用。同时技术创新与制度创新匹配程度较低,对产业结构高级化产生了阻碍作用④。

2.2.2 某特定区域、产业部类或某行业的实证研究

李源、贾士义、路紫（2007）从时间维、空间维和结构维三个维度产业结构形态动态变化规律、四大经济区的区域产业结构的差异及特征进行了分析,指出,我国产业结构演变进程基本符合产业结构演变的一般规律,但是仍存在发展相对滞后等问题⑤。

---

① 卢中原.产业结构对地区经济发展影响分析［J］.经济研究,1996,7：14—19.
② 孙韩钧.我国产业结构高度的影响因素和变化探析［J］.人口与经济,2012,3：39—44.
③ 胡立君,许振凌,石军传.我国产业结构升级与经济发展水平的协调性研究［J］.统计与决策,2019,35（24）：124—128.
④ 李虹,贺宁,汪在华,杨茂.产业结构升级的创新驱动效应研究——基于中国省际面板数据的实证分析［J/OL］.科技进步与对策：1—8［2020.07.28］.
⑤ 李源,贾士义,路紫.我国产业结构的演进、区域差异及特征解析［J］.山东师范大学学报（自然科学版）,2007,12：93—96.

何天祥、朱翔、王月红（2012）基于 TOPSIS 法确定了理想结构向量，计算了中部五大城市群的产业结构与理想结构的相对熵距离和各目标层高度化水平的差异度，结果显示，中部城市群产业结构高度较低，内部差异明显，呈二级梯度分布[①]。

周晶（2008）采用劳动集约度、资金装备率等 6 个指标对江苏省产业结构高度进行了测度，结果显示：江苏省产业结构高度调整效果显著，"农业内部结构稳步调整""工业内部结构持续优化""新兴行业迅速兴起"[②]。

李贤珠（2010）结合 OECD 技术分类标准，以制造业为中心，基于增加值数据，对中、韩两国的产业结构进行了比较分析，结果显示：两国都呈现出比较明显的产业高度化态势，"韩国高端技术产业比重的增长快于中国，中国在中端技术产业与低端技术产业的比重大于韩国"[③]。

朱炜（2008）采用多指标方法，对我国中部六省的产业结构高度化进行了定量测度，结果显示：中部六省产业高度化较低，产业高度化水平较接近，工业化程度比较低，软化度不高，整个产业结构处在转化过程中[④]。

采用类似的研究方法，部分学者对江西省[⑤]、江苏沿海区域[⑥]、上海市[⑦]、新疆[⑧]等不同区域的产业高度进行了实证分析。

---

① 何天祥，朱翔，王月红. 中部城市群产业结构高度化的比较 [J]. 经济地理，2012，5：54—58.
② 周晶. 江苏省产业结构高级化及实证研究 [D]. 南京航空航天大学，2008，1：39—46.
③ 李贤珠 [韩]. 中韩产业结构高度化的比较分析——以两国制造业为例 [J]. 世界经济研究，2010，10：81—86.
④ 朱炜. 中部六省产业结构高度化比较研究 [J]. 消费导刊，2008，3：22.
⑤ 许华斌. 江西省产业结构高度化分析 [D]. 江西财经大学，2010，12：29—36.
⑥ 曹林峰，孙鑫. 江苏沿海区域产业结构合理化和高度化分析 [J]. 企业家天地，2010，8：8—9.
⑦ 何凯，常青丽. 上海市产业结构高度化研究 [J]. 现代商贸工业，2009，10：86—87.
⑧ 李芳，龚新蜀，张磊. 新疆产业结构升级测度与产业结构优化研究 [J]. 特区经济，2012，3：212—214.

2.2.3 产业结构高度水平的测度

国内外学者尝试采用多种方法进行产业结构高度水平的测度。如，霍夫曼采用霍夫曼系数测算巴西、智利、日本、加拿大、英国、美国等多个国家产业高度；周昌林等（2007）将各产业劳动生产率的平方根的加权平均值作为测度产业结构水平的指标；李贤珠（2010）采用制造业各细分行业的工业增加值在制造业总增加值中所占比重计算分行业产业高度；刘伟等（2008）将产值比例关系和劳动生产率的乘积作为产业结构高度值的测度指标[1]；朱炜（2008）从产业结构工业化、高加工度化、高附加值化和软化等4个方面选择了工业化结构比重数等7个指标进行产业高度测度[2]；在投入产出矩阵分析基础上，潘之卿、陈水源（1994）提出以产业结构关联经济技术矩阵最大特征值的倒数作为测度产业结构高度化水平的衡量指标[3]；卢福财、罗瑞荣（2010）"以人均GDP增值指数用于反映一国在全球价值链分工中所占据的地位[4]；胡大洋、吕珊珊（2005）设计了包括三次产业结构比例、霍夫曼系数、区域工业加工度、区域技术密集型和智力信息型产业比例、各产业部门技术构成、区域基础产业超前系数、区域生态环保指标、产业水平满足度指标等8类指标反映区域产业结构高度化程度[5]；何天祥、朱翔、王月红（2012）从"系统—目标—准则—指标"四个层次，构建了包括6大目标层、13个准则层和38个评价指标的产业高度水平的测度指标体系[6]。

---

[1] 刘伟，张辉，黄泽华. 中国产业结构高度与工业化进程和地区差异的考察 [J]. 经济学动态. 2008, 10: 4—8.

[2] 朱炜. 中部六省产业结构高度化比较研究 [J]. 消费导刊, 2008, 3: 22.

[3] 潘文卿, 陈水源. 产业结构高度化与合理化水平定量测算：兼评甘肃产业结构优化程度 [J]. 开发研究, 1994, 1: 42.

[4] 卢福财, 罗瑞荣. 全球价值链分工条件下产业高度与人力资源的关系 [J]. 中国工业经济, 2010, 8: 77—79.

[5] 胡大洋, 吕珊珊. 论区域产业结构优化升级的测度 [J]. 区域经济, 2005, 10: 35—37.

[6] 何天祥, 朱翔, 王月红. 中部城市群产业结构高度化的比较 [J]. 经济地理, 2012, 5: 54—58.

区域经济学家引入产业梯度系数对区域产业梯度进行测度。产业梯度的概念来源于区域经济学中的梯度概念。从区域经济学的角度来看，"梯度是区域间经济发展差距在地图上的表示"①。与对地价梯度的存在性和适用性的高度认同有所区别的是，在区域产业梯度研究中，一直存在"梯度"与"反梯度"之争。Marshall（1920）提出了外部规模经济思想，认为众多的企业集聚会形成高梯度区。② 20 世纪 60—70 年代，Krumme、Hayor 等人创立了区域发展梯度理论，Perroux（1950）提出了增长级理论③、Myrdal（1957）④、Hirschman（1958）⑤ 则详尽地阐述了经济不平衡发展理论。Myrdal（1957）倡导把不平衡增长战略看作经济发展的最佳方式，提出循环累积因果论。有关反梯度理论可以追溯到 Janos Kornai（1988）在《突进与和谐的增长》书中的观点：突进（即突变）式的增长是一种不和谐的增长，往往发生在落后的发展中地区⑥。

自梯度与反梯度理论被引入我国以来，国内学者运用产业梯度理论对特定城市、城市群或特定产业内部的产业梯度展开了大量研究，以探寻优化产业结构的路径。在城市群方面，主要围绕长三角、珠三角、京津冀三大城市群及长株潭、中原城市群等新兴城市群。在京津冀城市群方面，纪良纲等（2004）对京津冀地区产业梯度转移过程中的问题进行了定性分析，并提出河北承接产业转移的路径⑦。基于河北省哲学社会科学规划课题"京津冀产业梯度转移与河北产业结构优化研究"研究报告，戴宏伟（2002）对三次产业进行了分析，指出无论是在三次产业比重上还是在三

---

① 陈秀山，张可云. 区域经济理论 [M]. 北京：商务印书馆. 2009.
② Alfred Marshall. Principles of Economics [M]. London：Macmillian，1920.
③ Perroux F. Note on the concept of growth poles,（trans. Livingstone, I. from Note sur la notion de croissance）. In：Livingstone I，1971：Economic Policy for Development：Selected Readings，Harmondsworth：Pengiun，1955.
④ Myrdal G. Economic Theory and Underdeveloped Regions [M]. London：Duckworth，1957.
⑤ Albert O Hirschman. The Strategy of Economic Development [M]. New Haven：Yale University Press，1958.
⑥ Janos. Kornai（张晓光译）. 突进与和谐的增长：对经济增长理论和政策的思考 [M]. 经济科学出版社，1988.
⑦ 纪良纲. 京津冀产业梯度转移与错位发展 [J]. 河北学刊，2004，6：198—201.

次产业对 GDP 的贡献上，京津冀之间都存在明显的产业梯度①②。京津冀应根据自身的产业基础和比较优势，遵循产业梯度转移规律进行产业结构的跨地区调整与转移。之后，陈永国（2003）对京津冀第三产业的产值等数据进行了比较研究，得出京津冀第三产业的发展速度和结构的不同，对国民经济的贡献有较大差异，由高到低呈北京—天津—河北的格局，故京津冀第三产业整体上存在梯度，但具体到第三产业内部各行业，则各有优劣，通过京津冀之间取长补短、优势互补的合作，将会产生"1+1+1＞3"的整体区域第三产业发展效应③。陈永国、马丽慧（2004）用区位商（LQ）和比较劳动生产率（CPOR）的乘积来衡量区域产业梯度水平，并称之为产业梯度系数（IGC），基于产业梯度系数分析了京津冀产业的发展取向④。孙翠兰等（2008）测算了北京市 2005 年各工业行业的区位商、比较劳动生产率、产业梯度系数，分别选择出北京市应全部转移的工业产业、部分转移的工业产业和应保留发展的工业产业类型。进一步地，孙翠兰等（2008）将研究范围拓展到京津冀地区，通过测算京津冀三地工业分行业梯度差异后，指出三地的优势与劣势产业，并为三地工业产业的整合提出建设性建议。⑤ 其他城市群方面，陈来卿、杨再高（2008）运用比较劳动生产率和区位商等方法分析广佛都市圈与其外围区域工业行业的产业梯度，计算两者的产业梯度系数，反映二者的产业差距和优势产业，并分析评价广佛都市圈的产业竞争力，指出：以市场为导向的工业结构调整和优化、区域产业竞争力提高，产业区域转移是今后广佛都市圈与其外围区

---

① 戴宏伟. 京津冀产业梯度与经济一体化的形成 [J]. 经济与管理，2002，6：12—13.

② 戴宏伟，陈永国. 京津冀三次产业对经济增长的贡献与产业梯度分析 [J]. 河北经贸大学学报，2002，4：68—74.

③ 陈永国. 京津冀第三产业的梯度比较与优化建议 [J]. 中国经贸导刊，2003，1：22—23.

④ 陈永国，马丽慧. 基于产业梯度系数分析的京津冀工业分行业的发展取向 [J]. 生产力研究，2004，1：111—113.

⑤ 孙翠兰，王军，贾兰军，张亨明. 产业梯度测算方法及京津冀产业梯度现状分析 [J]. 铜陵学院学报，2008，5：8—15.

域产业优化调控的方向,是广佛都市圈产业地域分工和形成产业集群的基础。① 李慧、刘志迎、周彬(2009)测算了泛长三角区域四省一市的产业梯度系数,分析其产业差别,指出,皖赣和沪苏浙存在发展差距和产业层次上的等级差别,双方存在产业转移的必要性和可行性。② 李湛、施金亮(1996)运用灰色系统理论的灰色聚类方法以长江三角洲12个城市为例对区域经济技术梯度进行判断③。潘若愚、陈蕊(2007)对产业梯度系数进行了改进,引入了比较资本产出率,并测算了全国各省区农副食品加工业、食品制造业等20个行业改进前后产业梯度系数并进行了对比研究④。熊必琳等(2007)基于改进后的产业梯度系数对全国26个产业四大区域的梯度系数进行了对比研究,总结出中国区域产业转移的区域特征:四大区域的产业梯度势差明显,已经具备了转移的基础条件,东部地区除采掘业外其他类型的产业占有相当优势,是产业转出的活跃区位;中西部地区原材料加工业和轻工纺织业具有一定的发展基础,是产业转入的活跃区位。嘉蓉梅(2020)通过产业结构高度的国际比较发现:一国的经济发展水平与产业结构高度密切相关,但并不是严格的正相关关系,影响经济发展的因素除了产业结构外,还有其他因素⑤。

综合来看,国内进行的产业梯度研究主要以一、二、三产业的比例构成、三大产业内部的产业选择、分工和转移等问题为主,近年来侧重基于产业梯度系数的实证研究⑥。

---

① 陈来卿,杨再高. 广佛都市圈与其外围区域产业梯度比较及优化研究[J]. 城市发展研究,2008,1:I0022-I0025.
② 李慧,刘志迎,周彬. 泛长三角区域产业差异及产业梯度系数比较分析[J]. 江淮论坛,2009,6:23—27.
③ 李湛,施金亮. 区域经济技术梯度的判断模型[J]. 上海交通大学学报,1996,8:44—47.
④ 潘若愚,陈蕊. 产业梯度系数的改进及其实证[J]. 中国软科学(增刊),2007,107—111.
⑤ 嘉蓉梅. 产业结构水平测度模型及对地区的实证考察[J]. 云南社会科学,2012(04):102—105.
⑥ 熊必琳,陈蕊,杨善林. 基于改进梯度系数的区域产业转移特征分析[J]. 经济理论与经济管理,2007,7:45—49.

2.3 产业用地地用—地价关系的相关研究

2.3.1 国外相关研究

国外关于地价与地用关系的研究，影响深远者当属德国经济学家杜能（Van. Tǔunen）关于农业用地的"孤立国"理论。屠能通过系统地研究围绕农产品消费中心（城市）的农业地经营种类、经营强度，以及应当如何安排土地利用结构问题，把区位因素引到土地利用的研究中，初步阐明了位置级差地租的概念①。这一概念揭示了市场吸引范围内不同位置的土地地租与利用类、强度以及运输费用的关系和土地纯收益空间差异产生的原因③。继而，德国经济学家韦伯（1909）运用屠能的研究方法，在《工业区位论》中对德国1861年以来的工业区位、人口集聚和其他工业区位问题进行了综合分析。④ 1903年R. M. Hurd在《城市土地价值原理》中将城市土地纳入生产理论，得出具有同等生产力土地的地租理论，对于用生产理论来分析选址行为和对城市土地利用进行经济分析奠定了理论基础。1949年R. V. RatCliffe又提出了一个更完整地城市土地利用经济模型⑤。之后，美国区域科学著名学者阿郎索（1964）提出单中心城市模型（AMM模型），用经典的供需均衡分析方法构建了租地竞价曲线，以解释城市内部的地用与地价分布规律⑥。Fujita和Ogawa（1982）结合企业间的集聚经济，对AMM模型进行了发展和完善⑦。

---

① ③ 约翰·冯·杜能. 孤立国同农业和国民经济的关系 [M]. 北京：商务印书馆，1986，6.
④ Alfred Weber. Alfred Weber's theory of the location of industries [M]. The University of Chicago Press, 1929.
⑤ R. V. RatCliffe (1949)（腾维藻译）. 土地经济原理 [M]. 北京：商务印书馆，1998.
⑥ Alonso W. Location and Land Use [M]. Cambridge：Harvard University Press, 1964.
⑦ FujitaM, OgawaH. Multiple Equilibrium and Structural Transition of Non-Monocentric Urban configurations [J]. Regional Science and Urban Economics, 1982, 12 (2): 161-196.

2.3.2 国内相关研究

国内在土地利用与产业结构的相关关系研究方面,主要侧重城市土地区位与土地收益的关系[1]、特定区域内产业用地集约利用评价[2][3]、土地利用比较优势[4]等方面的研究,以土地利用中发现的问题、提炼的经验,为产业结构调整提出建议。另外,也有学者研究土地城市化规律及地产开发与区域经济及社会发展的关系[5](吕萍,2008),吴次芳、靳相木等(2009)基于 DEA 模型的用地效益问题,得出北京、天津等 26 个城市都存在输入盈余或输出亏空,表明城市土地利用投入产出结构不合理[6]。有学者尝试采用 GIS 手段研究单个城市的土地利用结构与产业结构,但研究尚有待进一步深入,特别是在土地利用现状与产业结构的比对分析上[7]。刘阳(2010)通过 1997—2006 年武汉土地利用现状调查汇总相关数据和有关经济发展统计资料,对基于产业的土地利用数据、土地利用结构以及产业产值、产业结构的相关性进行了分析[8]。

在物理学中,"耦合"是指"两个或两个以上的系统或两种运动方式之间,通过各种相互作用而彼此联系起来,产生一种一定功能或功用的现象",其实质是"系统之间及其运动方式之间的共生互动"[9]。这一共生互

---

[1] 刘彦随. 城市土地区位与土地收益相关分析 [J]. 陕西师范大学学报(自然科学版), 1995, 1: 95—100.

[2] 王梅, 刘琼, 曲福田. 工业土地利用与行业结构调整研究——基于昆山 1400 多家工业企业有效问卷的调查 [J]. 中国人口资源与环境, 2005, 2: 80—84.

[3] 顾湘, 姜海, 王铁成, 曲福田. 工业用地集约利用评价与产业结构调整——以江苏省为例 [J]. 资源科学, 2009, 4: 612—618.

[4] 顾湘, 曲福田, 付光辉. 中国土地利用比较优势与区域产业结构调整 [J]. 中国土地科学, 2009, 7: 61—65.

[5] 吕萍. 土地城市化与价格机制研究 [M]. 北京: 中国人民大学出版社, 2008.

[6] 杨志荣, 吴次芳, 靳相木, 姚秋萍. 基于 DEA 模型的城市用地经济效益比较研究 [J]. 长江流域资源与环境, 2009, 1: 14—18.

[7] 刘琼峰. 基于 GIS 和投入产出模型的土地利用与产业结构研究 [D]. 湖南农业大学, 2006.

[8] 刘阳, 董捷. 武汉城市圈土地利用结构与产业结构特点分析 [J]. 国土资源科技管理, 2010, 3: 23—27.

[9] 林敏. 产业群与城市群的耦合机制初探 [J]. 商场现代化 2009, 18: 125.

动关系的研究方法逐渐延伸至机械工程、力学、光学、电信工程等各类工科领域，并进一步拓展至经济社科领域的研究中。近年来，运用耦合关系的研究经验对地用地价关系的研究成为国内相关研究领域中新的研究热点，主要集中在对土地利用结构与产业结构之间、城市群与产业结构之间的耦合关系的研究探讨。林敏（2009）对产业群与城市群的耦合机制进行了初步的以定性为主的研究，指出产业群与城市群之间存在耦合关系，其耦合度与区域经济发展存在正相关性[3]。鲁春阳（2011）剖析了城市用地结构与产业结构的一般演变规律和空间布局特征，并建立了城市用地结构和产业结构之间的耦合函数，对城市用地结构与产业结构之间的互动关系进行解析，指出从长期来看，二者的耦合将经历"低级共生发展、耦合协调发展、极限发展、再生发展"4个模式。但是在其建立耦合度及耦合协调度函数过程中，缺少对 W_i、d、I 的进一步解释和计算说明，对这一函数关系的确定过程亦缺少相应的分析或者解释说明[1]。郭凤城（2008）从定性、定量两方面对产业群与城市群的耦合规律和机制进行了深入剖析、探讨。从定性上，他认为在一定区域内二者存在着耦合关系，且"耦合程度与所在区域的发展呈明显的正相关性"；这一耦合机制是由"产业链与城市链的融合机制""产业空间组织与城市空间组织的联动机制""传导机制""叠加放大机制"和"政府推动机制"构成的；定量上，深入分析并量化耦合影响因素，构建了产业群绩效评价体系和城市群发展评价指标体系、功效函数及耦合度评价模型，对吉林等中部五省进行了实证研究[2]。徐馨裔等（2020）通过定性与相关分析的方法深入讨论产业结构与土地利用之间的相互关系及影响，并针对土地利用的产业格局和分布特征结合新的规划期指出：在新的规划体系和制度下，应促进区域内土地利用和产业用地合理规划和分布，使土地利用结构向着科学、合理与可持续的方向发

---

① 鲁春阳. 城市用地结构演变与产业结构演变的关联研究［D］. 西南大学，2011.
② 郭凤城. 产业群、城市群的耦合与区域经济发展［D］. 吉林大学，2008.

展,从而有效推进国家新规划体系的实施[①]。

总体来看,随着我国土地市场的不断完善,政府"转方式、调结构"战略的日益强化,关于地价空间分布、产业结构高级化与产业高度测度以及土地利用决定产业选择进而优化调整产业结构的研究正逐步成为热点。但是依托 GIS 和统计回归分析等技术,对地价和产业结构高度的互动耦合机理进行深入探讨,并以之为切入点,探索京津冀城市群产业结构及土地利用双优化途径的研究尚属空白。

[①] 徐馨裔,刘志有,董露,李慧,党海涛,宁静.国土空间规划视角下产业结构与土地利用结构相互关系研究——以新疆乌鲁木齐市为例[J].生态经济.2020.36(04):69—74.

第 3 章 城市群形成及发展中土地增值与产业演化机理分析

3.1 城市群空间层级结构的形成与演化

3.1.1 均质空间下不同等级中心地体系的形成

"为什么城市有大有小？人们相信，城市一定有什么安排它的原则在支配着，仅仅是人们仍然不知道而已！"带着这样的疑问，德国经济学家克里斯塔勒从德国南部的中心地入手，对均质平原上的特定区域与其中心地及各中心地之间的相互关系进行了研究。中心地是指向居住在其周围地域（特别是农村地域）的居民提供各种货物和服务的地方，一般是城镇所在地。他指出，在自然资源均质分布，居民收入消费方式、交通运输条件以及商品和服务价格均相同且经济人理性的前提下，对于一个孤立的市场区而言，圆形是最合理的市场区图形，但是当竞争导致多个中心地并存时，圆形市场区之间的"空白地"被相邻中心地争夺，出现重叠、分割，最终形成符合仿生学原理的蜂窝状的正六边形市场区。由于不同中心地所提供的商品和服务具有不同等级，相应地，中心地也可以划分为若干等级。克里斯塔勒进一步按照市场最优原则、交通最优原则和行政最优原则提出三类中心地等级体系构成，即 K3 系统（次级市场区的数量以 3 倍的速度递增）、K4 系统（次级市场区的数量以 4 倍的速度递增）和 K7 系统（次级市场区的数量以 7 倍的速度递增）。一般而言，在经济开放、交通方便的地区，市场最优原则起主导作用；而在山间盆地等相对较为封闭的地区，行政原则起主导作用；新开发地区和发展中的年轻国家，交通原则最为重要。不同等级的中心地按一定的数量关系和功能控制关系构成一个相互嵌套的等级网络体系，即，低级中心地和市场区被高一级的市场区包括，高一级中心地和市场区又被更高一级的市场区包括，如图 3-1 所示。在该等级网络体系中，相同级别的中心地和市场区是彼此独立和排斥的，低级中心地市场区范围内的人口可能需要到高级中心地寻求更高级的专门商品和服务[①]。

克里斯塔勒的中心地理论首次将非生产性的服务业引入人类社会聚落结构的研究中，采用六边形图式以完美的数学图形和严谨的数学推导对特定区域内的城镇等级、规模关系及其空间结构加以概括，搭构了人文地理学尤其是城市地理学理论基础之一。值得注意的是，该理论自20世纪30年代初步确立至今，理论和应用上的创新不足，与全球化、网络化、信息化背景下城市空间格局与主体功能的重构趋势不相适应，主要体现在：延承自杜能农业区位论和韦伯工业区位论的均质平原等严格的假设条件导致普适性的缺失；某个时间剖面上的静态均衡分析未能体现聚落体系的动态发展变化[②]，垂直单向的等级联系忽视了低级中心地向高级中心地的负向反馈，以及不同等级中心地之间和同级中心地之间的横向交流；主要考虑经济要素的作用，缺乏对人的行为因素及自然资源要素的考虑[③]。

特别是，中心地理论同其他从均质空间出发的经济理论一样，对最初的聚集在哪里发生、城市究竟在哪里形成等问题未能给出相应的解释。尽管，以克鲁格曼为代表的新经济地理学家在抽象的均质空间中将最初的聚集归结为"历史"和"偶然"，并结合"空间经济的正反馈机制一旦锁定这种偶然"后可能形成的累积性优势，对"在哪里"进行了有效的解释[④]，

[①] T. R. 威利姆斯，张文合. 中心地理论 [J]. 地理译报，1988, 3.

[②] Margaret J, Daniels. Central place theory and sport tour-ism impacts. Annals of Tourism Research. Annals of Tourism Research, 2007, 34 (2): 332-347.

[③] 王士君，冯章献，刘大平. 中心地理论创新与发展的基本视角和框架 [J]. 地理科学进展, 2012, 10: 1256—1263.

[④] 郝寿义. 区域经济学原理 [M]. 上海：上海人民出版社，2007.

第 3 章 城市群形成及发展中土地增值与产业演化机理分析 | 53

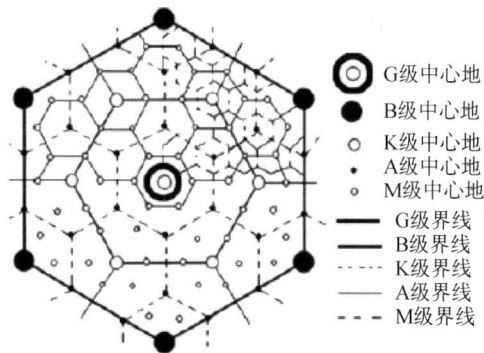

图 3-1 克里斯塔勒的中心地理想体系①

但是必须注意到，现实的经济生活中，非均质区域更加常见；历史上的偶然事件确实可能在正反馈机制作用下进行自我演化，然而，更大量的空间集聚无法用这种偶然来解释。由此，将相关问题的研究拓展至非均质空间是极为必要的。

3.1.2 非均质空间下城市群空间层级结构的分化

非均质空间的假设，一方面强调要素在不平坦空间上的非均匀分布，这种要素禀赋的空间差异必然造成不完全的要素市场结构，另一方面，强调初始条件的非均质，而不仅仅是经济活动累积而成的非均质。

要素是生产活动必须具备的主要因素或者在生产中必须投入的主要手段，是区域形成、发展和演化的客观基础。从区域或空间角度，要素可以分为区域性要素与非区域性要素。相比非区域性要素，区域性要素具有非流动性、不可复制性、不可替代性、排他性和动态性。要素具有时间和空间的动态累积性，当要素在某些时候表现出相对稳定的状态时，就内化为要素禀赋。经济学正是在既定的要素禀赋条件下追求目标的最大化。在现实的经济生活中，不同区域的要素禀赋不可能完全相同。初期要素禀赋的

---

① 陆玉麒，袁林旺，钟业喜. 中心地等级体系的演化模型 [J]. 中国科学，2011，8：1160—1171.

差异引发了经济行为主体在特定空间上的区位选择行为，导致经济活动的非均质聚集，进而促成了"能性""能级"和"能位"[①]各不相同的经济功能区的出现。这一不同，在往后的发展中，受到惯性力的影响仍将持续存在，甚至可能由于要素的动态累积进一步加大要素禀赋的差异，从而经济功能区的差别更大。

经济活动在地理空间上的集中，形成了聚集经济。聚集是指"资源、要素和部分经济活动等在地理空间上的集中取向与过程"[②]。经济活动的区位指向、内在联系导致了企业对聚集经济的追求。其一旦出现必伴随乘数效应，使城市群的极核的规模不断扩大，产生"马太效应"；扩散则是与聚集相反的过程[③]。聚集经济具有累积经济性，即，要素在特定空间上的高度聚集，带来该特定区域的经济增长。聚集经济不是简单的、无序的集中，聚集要素具有一定的层次性，不同层次的要素组合也具有一定的结构性。随着聚集度的提高，聚集经济对周边空间的辐射力越来越大，当然，周边空间的反作用力也越来越大。当聚集到一定程度，可能出现空间上的裂变，并在新的区位实现"再聚集"。聚集经济的累积经济性、结构性、空间性，加上其内在报酬递增效应以及累积循环效应，促使最初的要素聚集向企业聚集、产业聚集，再向城市聚集演进。每一层次的聚集经济对应着不同层级和"能性"的经济功能区的出现，并最终促使特定区域内经济功能区体系的形成。在这样一个聚集的过程中，要素聚集是本质和基础，城市聚集是区域聚集的最高层次，而城市群则是区域内聚集的最高级表现形式[④]。梁兴辉等（2018）采用改进后的柯布—道格拉斯生产函数，分析中国城市级别底端但数量最多的县级市经济的聚集效应。研究表明：各要素聚集对我国县级市经济增长影响显著；相同要素在不同区位聚集对经济

[①] 能性，指经济功能区的性质和种类；能级指经济功能区自身的量能及对外作用的强度和广度；能位指经济功能区发挥作用的空间区位，是其在地理上的分布结构。（郝寿义．区域经济学原理［M］．上海：上海人民出版社．2007）．

[②][③] 李小建．经济地理学［M］．北京：高等教育出版社，1999．

[④] 郝寿义．区域经济学原理［M］．上海：上海人民出版社，2007．

增长的贡献效率存在较大差异①。

由城市群内涵的界定可知,从产生之初,城市群这一区域城市共同体的空间形态既已表现出明显的层级结构。由少数特大、大型以上核心城市—区域中心城市—次级中心城市—小城镇等不同规模等级的城镇相互串连,形成与中心地体系较为相似的层次分明的金字塔结构的城市群体。

在企业集聚、产业集聚的作用下,受城市群内企业集群和产业集群的影响,以及交通轴线的吸引,城市群内同一层级的城镇之间、下级城镇对上级城镇之间,甚至不同层级的城镇之间,可能存在日益频繁的网络状的要素流,进而在原有的由上至下的垂直分层基础上,形成城市网络。又由于空间的非均质性,各城市的要素禀赋、历史文化渊源各不相同,发展潜力和发展速度差别较大,在城市群内部逐渐形成了不均衡的圈层带状空间分布。郝寿义(2007)指出,通常情况下,这一圈层带状空间可能由"核心首位城市带、城市组群发育带、城市个体分布带、城市群腹地带"四级圈层组成。其中,核心首位城市带由首位城市及其卫星城组成,是城市群内经济最为发达、聚集和扩散功能最强的经济功能区域,该区域通常以二、三产业为主,非农用地比重较大,交通非常便捷;城市组群发育带,由城市群内发育程度较高的次级中心城市及其相邻城镇组成,具有一定的系统性和结构性,一方面作为城市群内的子城市群,在整个城市群内承担特定的功能,另一方面,以该次级中心城市为子城市群的核心城市为中心,与周边城镇保持更为密切的经济联系;城市个体分布带,由城市群内有一定发育度但是尚未形成更大的集聚功能的城市个体组成,这些城市个体仅对本级市场区有辐射作用,与前两个带状分布圈层有一定的联系,散布在城市群内,农业用地所占比重加大。这一层相当于城市群的末级中心地;城市群腹地带,由以农业为主、尚未形成有效的要素聚集地的农村腹地组成。② 曾刚等(2020)以开发区为研究视角,从时空两个维度刻画了

---

① 梁兴辉,熊荡,姜明雪.中国县级市聚集经济效应分析[J].地域研究与开发,2018,37(01):1—5.
② 郝寿义.区域经济学原理[M].上海:上海人民出版社,2007.

长江经济带的产业结构特征及空间集聚状态。结果发现：从演变特征看，开发区的产业结构高级度与其设立时间正向相关，且存在上中下游间的差异性，下游地区的开发区产业结构更加高级化；同时，技术密集型、资本密集型和劳动密集型产业之间的空间关联性逐渐增强[①]。由此，在非均质空间中，以一个或多个核心城市作为城市群的中心和增长极点向外推移，城市群内城镇的规模、密度及等级依次降低。

值得注意的是，这样的空间结构并非一成不变的，在一定条件下，下一级城市可能凭借新兴产业的发展优势，形成与上一级城市抗衡的局面，从而提高自身在城市群体系中的地位。当城市化程度和经济发展水平达到一定程度，从城市个体分布带中可能分化出区域骨干城市—潜在骨干城市，其中区域骨干城市可能逐步成长为新的区域中心，进而形成新的城市组群发育带。

3.2 城市群工业地价的累积增值与级差分化

3.2.1 地价形成的一般机制

3.2.1.1 基于多种价值理论的价格形成途径

基于不同的价值理论，国内外学者提出了若干土地价格形成的理论途径。

（1）从土地价值二元论出发，对应土地物质的资源价值和土地资本的劳动价值，产生土地资源价格（即真正的地租）和土地资本价格。由于土地是人类生产、生活不可或缺的物质载体，具有特殊的使用价值，所以在自然供给稀缺的条件下，产生土地私有权的垄断，进而产生真正的地租（纯地租）。"地租的占有是土地所有权借以实现的经济形式，而地租又是以土地所有权，

---

① 胡森林，曾刚，腾堂伟，庄良，刘海猛，孙蓉. 长江经济带产业的集聚与演化——基于开发区的视角[J]. 地理研究. 2020, 39（03）：611—626.

以某些个人对某些地块的所有权为前提"①。因为有了地租,才产生了土地价格。"资本化的地租表现为土地价格"②,土地的购买价格实际上是土地所提供的地租的购买价格。于是,"土地资本的利息、折旧和真正的地租一样,都构成了土地所有者的收入,从而都决定土地价格"③。

(2) 从土地收益价值理论出发,土地所能带来的收益是确定其价值的基础,"把预期的土地年收益系列资本化而成为一笔价值基金,这在经济学上就称为土地的资本价值,在流行词汇中则称为土地的售价"④。设现在的地价为 V,预期的年利用收益为 A,t 年后预期的资产市场转售价格为 V_t,r 为土地在资产市场上的收益率,则:

$$V = \sum_{i=1}^{t} \frac{A_i}{(1+r)^i} + \frac{V_t}{(1+r)^t} \tag{3.1}$$

实际上,按照马克思的地租决定价格的观点,也体现了收益价格的思想。即,

$$地价 = \frac{地租}{土地还原利率} \tag{3.2}$$

(3) 从土地效用价值出发,土地价格由土地所提供的各部分效用的货币表现之和构成,而各部分效用的货币表现,又可由为形成该效用投入的资金来代替。

$$U = U_1 + U_2 + U_3 + U_4 \tag{3.3}$$

式 (3.3) 中,U_1 是基本物质环境所提供的效用;U_2 是集聚效应所提供的效用;U_3 是满足人类精神生活需要的效用;U_4 是潜在的效用。

相应地,土地价格可以表示为:

$$P = PU_1 + PU_2 + PU_3 + PU_4 \tag{3.4}$$

王德起⑤以宗地的征地拆迁费用、配套费(宗地内外)、维护管理费用、土地开发经营税金、土地开发经营货币利息、开发经营企业的合理利

---

①② 郝寿义. 区域经济学原理 [M]. 上海:上海人民出版社,2007.
③ 毕宝德. 土地经济学(第八版)[M]. 北京:中国人民大学出版社,2020.
④ 伊利. 土地经济学原理 [M]. 北京:商务印书馆,1982.
⑤ 王德起. 土地资产管理论 [M]. 北京:首都经济贸易大学出版社,2009.

润等方面的资金投入之和来估算 PU_1；以 PU_1 为基础，估算 PU_2、PU_3、PU_4。其中，PU_2 的影响系数为各种级差效益影响系数的乘积；PU_3 的影响系数用不同级别和不同职能的城镇不同区段提供人类精神满足程度的差别系数代替；PU_4 的影响系数用时间 t 的函数 f（t）来表示。则：

$$土地效用价格\ P = P_{u_1} \times K_2 \times K_3 \times f(t) \quad (3.5)①$$

（4）从生产费用价值出发，商品价格依据其生产所必需的费用决定。土地价格由成本加利润构成，具体来看，成本包括征地或购地成本与开发费用之和。则，土地价格可表述为：

$$P = A + B + T + R_1 + R_2 \quad (3.6)②$$

其中，A 为土地取得费，指征地或购地费用；B 为土地开发费，主要包括土地平整、道路修建、水电等土地改良投入费用；T 为耕地占用税等征地税费；R_1 为投入资金的利息，相当于机会成本；R_2 为按照市场平均收益率计算的合理利润。③

应注意到，该生产费用价格相比土地评估中采用成本逼近法得到的积算价格而言，未计算土地增值收益。因土地评估中不论采用何种方法，均需评估出市场价格，而此处，主要反映基于成本价值的价格形成模式下的土地价格，各种原因造成的土地增值收益均需在市场交易环节得到体现，市场交易中形成的价格将在下文表述，此处应当有所区别。

（5）从市场价值出发，土地价格由土地市场的供求关系决定。土地的稀缺性导致土地的自然供给无弹性，但是在一段时间内或者通过用途调整等方式可能使得土地的经济供给具有一定弹性，即在土地持有者为"自由经济人"假设条件下，当某种用途的土地收益增加时，该用途的土地数量有可能会增加。在某一时期某一市场中，土地供给不变的前提下，土地的有效需求与价格呈负相关变化趋势。与一般商品不同的是，由于土地供给缺乏弹性，同时，受生产周期较长、建设生产计划的变更不灵活等条件制

---

① 对王德起效用价格公式简化整理得到。
② 根据邹晓云成本逼近法公式简化得到。
③ 邹晓云. 土地估价基础 [M]. 北京：地质出版社，2010.

约，土地供给对市场价格的变化反应迟钝。相比之下，市场需求者对市场更为敏锐，所以均衡地价的形成主要取决于土地需求，即土地市场价格的变化更多地受需求引致。假设市场需求取决于现实价格，而供给则取决于上一期价格，即，土地市场的均衡方程为：

$$D(P_E, t) = S(P_{E-1}, t-1) \tag{3.7}$$

其中 P_E 表示当期价格，P_{E-1} 表示上一期均衡价格。在供给弹性小于需求弹性的情况下，当由前一期价格决定的供给超过了现实需求，则价格出现下降。如图 3-2 所示，由上一期的价格 P_1 决定的供给量 $Q_{S1} > Q_{D1}$（本期均衡价格），则供大于求，引发价格下降，若价格下降至 P_2，$Q_{D2} - Q_{S2} > 0$，供小于求，则价格回升，如此反复波动，直至达到均衡状态（Q_E，P_E）。上述波动过程是由需求量和供给量发生变化引起的。假定在需求不变的情况下，如果政府采取措施增大土地供给，则，供给曲线向右移动至 S'S'，并与 DD 重新均衡至 E'（Q_E'，P_E'）点，$P_E' < P_E$。如果政府同时采取刺激需求的政策，需求曲线 DD 向右移动至 D'D'，并与 S'S' 相交于 E''（Q_E''，P_E''），此时，$P_E'' > P_E$。需求、供给变动后，每一次新均衡的实现过程与上述过程相似。

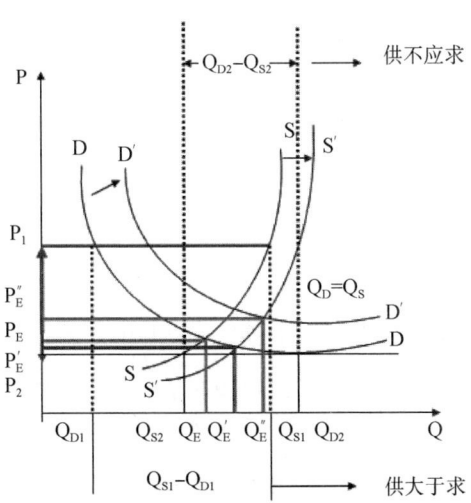

图 3-2 土地市场价格的形成

3.2.1.2 工业地价影响因素

土地价格影响因素众多而复杂，从不同的角度，可以将之进行不同的归纳和分类。按影响因素的作用范围可以分为一般因素、区域因素和个别因素；按影响因素的作用对象可以分为自身因素和外部因素，自身因素又可进一步细分为区位因素、实物因素和权益因素，外部因素又可再分为人口因素、制度政策因素、经济因素、社会因素、国际因素、心理因素和其他因素①。

就工业用地而言，其土地使用对象、地上建筑物建筑形式与使用用途等与商业和住宅用地有较大区别。据美国 50 个大都市统计区数据显示，75% 的工业房地产被制造业和商业批发企业使用。其中，制造业使用了约 53% 的工业房地产，主要用于进行工业生产；商业批发企业使用了约 22% 的工业房地产，主要用于存放货物。② 由于各类工业产业行业特点、生产要求、生产工艺和流程各不相同，对厂房和用地的要求也有较大区别。除电子装配、成衣加工等轻工业多采用标准厂房外，大部分工业产业需根据生产需要设计建造不同规格的厂房，其柱间距、跨度、层高、（行车）轨顶标高、墙体与屋顶材料、外墙围护、楼面载荷等可能存在较大差异。由此，工业用地的价格影响因素的侧重点与商业和住宅用地明显不同，特别是下列因素对工业用地价格的影响较大：

交通条件（X_1）。工业企业通常需要运进大量原材料及动力燃料，运出产成品，必须有便捷的交通条件。一般来说，越邻近交通干线，或与符合运输条件的公路、铁路、水运、空运相连接，与相关交通站、场的距离越近，地价越高。

基础设施（X_2）。主要指工业生产必须的供水、供电、供热、供气、通信、排水等基础设施的配备和保障情况。此外，当地的排污及污染治理

---

① 中国房地产估价师与经纪人学会. 房地产估价理论与方法［M］. 北京：中国建筑工业出版社，2009.

② 丹尼斯·迪帕斯奎尔，威廉·C·惠顿. 城市经济学和房地产市场［M］. 北京：经济管理出版社，2002.

的可能性等条件也对工业用地价格有一定的影响。一般来说,基础设施越完备,地价越高。

工业产业集聚度（X_3）。一般来说,相关产业集聚度越高,前向、后向和旁侧关联企业越多,越易于优化企业间资源配置、组织生产协作,地价也越高。

产业方向（X_4）。用地企业的产业方向是否与区域内相关产业政策、产业结构升级的方向一致。如果一致,则易于得到当地政府的支持,不仅有利于企业生产经营的正常开展,而且可能享受各种优惠政策,地价相应也更高。

宗地所属产业园区的性质和政策（X_5）。不同性质的产业园区对于企业的吸引能力有明显差别,从而,普通工业园区的工业地价最主要的影响因素是由工业园区的优惠政策引发的工业园区之间的博弈;而对于国家级工业园区来说,则主要取决于工业园区区位、产业性质以及自身的成本效益。[①]

其他因素如地理位置（特别是与原材料产地或销售地距离）、地质和水文条件、用地面积、容积率与地形地势等状况是否符合工业生产的要求,对工业地价也有较大影响。

如果将上述工业地价影响因素综合到数学模型中,可表示如下：

$$V = \sum_{i=1}^{n} k_i X_i (i = 1,2,3,\cdots,n) \tag{3.8}$$

其中,V 代表某工业用地价格；k_i 代表第 i 个价格影响因素影响地价的程度系数；X_i 代表影响地价的第 i 个因素值。

当然,由于价格影响因素数量众多,相当一部分因素难以量化,且因素之间可能相互影响、相互作用,存在一定的多重共线性,故式 3.8 的理论意义大于实践意义。

3.2.1.3 基于多种价值来源的市场主导机制

上述资源价值 + 资本价值、收益价值、成本价值、效用价值都是价格

[①] 徐跃红. 北京市工业园区地价形成机理分析 [J]. 商业研究, 2009, 1: 58—63.

形成的重要来源或基础,而资源+资本价格、收益价格、成本价格、效用价格都是同一宗地地价内涵的不同侧面。在市场机制中,不论是租金收益、成本,或是效用,都不能简单地被看作地价的全部。估算收益价格、成本价格或效用价格时,也存在长期收益能力难以准确量化、土地开发利润率与社会平均利润率不相当的条件下成本与价格的背离、多层次效用难以显化等问题。对土地这样一种兼具资源和资本双重属性的特殊商品,不通过市场,其交换价值难以显化。作为商品价值的货币表现,土地价格最终仍然是由市场供给和需求共同决定。故而,基于多种价值来源,在一定的形成条件下,市场机制才是地价形成过程中的核心主导机制。如图3-3所示。

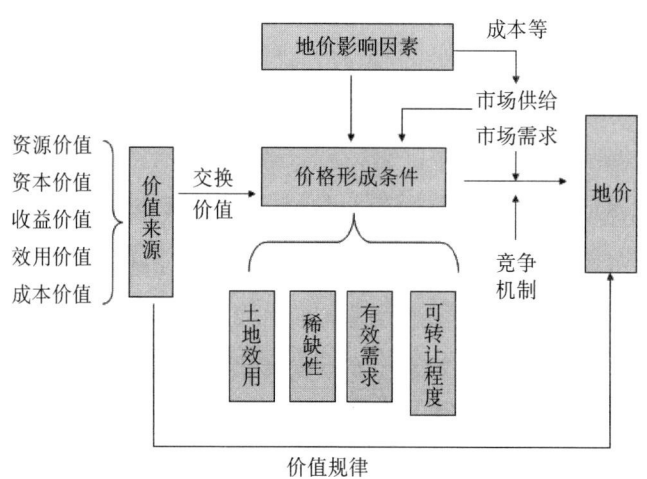

图3-3 地价形成的一般机制

从上述地价形成机制来看,在市场经济中,土地价格的高低来自于人们对土地权利占有和使用的认可程度,而这种认可程度以土地效用、稀缺程度、有效需求以及可转让程度为必要条件。其中,土地的可转让性受到土地制度、土地再转让等相关约定、能限制土地流转的重大社会事件等因素的影响①。在我国土地公有制制度下,这一条件对于土地价格的形成较

---

① 邹晓云.土地估价基础[M].北京:地质出版社,2010.

为重要,相比之下,在土地私有化的自由市场经济体中,这一条件则相对弱化。

土地市场中不同用途的土地,均受到这一价格形成机制的作用。但是由于使用要求各不相同,地价影响因素也各不相同,加上市场竞价机制的不同,呈现出各自不同的价格形成过程。

3.2.2 土地要素在城市群中的累积增值与级差分化

相对农地而言,城市土地具有更高的集约性、稀缺性、积累性和投资效应的扩散性。宋启林(1992)指出,城市土地在基础设施、集聚效益、精神生活、潜在效益等效用上,具有自然土地或农地无法比拟的优势[①]。随着"土地稀缺度的不断提高和对土地投资的不断增加",城市土地价格呈现不可逆转的波浪式增长的总趋势,并且这一增长通常表现为剔除通货膨胀因素后的价格"纯上涨"[②]。进一步地,城市土地增值可能表现为:土地利用过程中因土地规划用途差异(绝对地租)和利用强度的不同(级差地租Ⅱ)而产生的土地增值、聚集效益引发区位差异产生的土地增值(级差地租Ⅰ)、社会经济发展产生的土地增值以及时间价值产生的土地增值[③]。

这一增值过程,可能在投资、供求关系、用途转换等动因下产生,并受到循环累积因果关系的作用而不断集聚、显化。其中,投资引发的增值主要由对宗地的开发建设带来的直接增值和宗地外相邻地带基本建设投资带来的辐射性间接增值组成;供求性增值主要是指由土地供不应求带来的土地物质稀缺性增值;用途增值是指在投资水平和供求状况保持不变的情况下,宗地用途实际发生或预测可能发生转换产生的收益,进而带来的地价的提高[④⑤]。

在非均质的城市群空间中,由于原始禀赋的不同,加上历史偶然因素的影响,城市土地的投资强度、供求状况、不同用途下的收益能力等存在明显差异,进而产生土地级差分化。这一级差分化主要表现为"城市之间

[①] 宋启林. 中国现代城市土地利用学 [M]. 北京:中国建筑工业出版社,1992.
[②④] 周诚. 论土地增值及其政策取向 [J]. 经济研究,1994,11:50—57.
[③⑤] 王德起. 城市化进程中土地增值机制的理论探析 [J]. 城市发展研究,2010,4:102—110.

土地级差分化、城市内部不同地段间的级差分化、同一地段不同产业的效益级差分化、时间级差和特殊情况级差分化"[1]。如图3-4、图3-5所示,从京津冀城市群、长三角城市群中分别选取不同级别的代表性城市进行同一用途(工业)地价比较,结果显示,两大城市群中不同城市间土地级差明显分化。从全国地价指数看,不同产业用地效益级差与时间级差亦呈现较大差异。

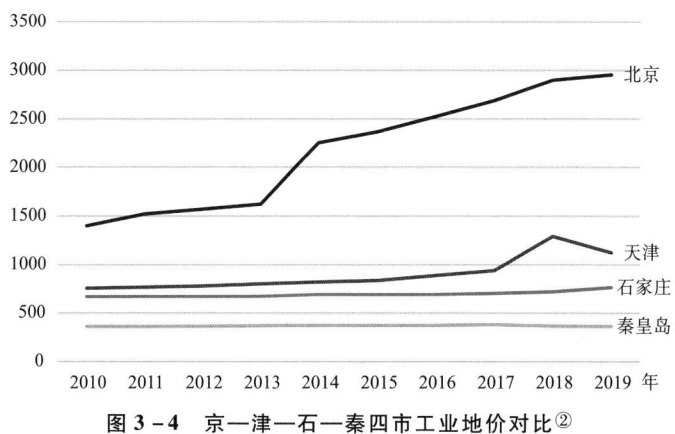

图3-4 京—津—石—秦四市工业地价对比[2]

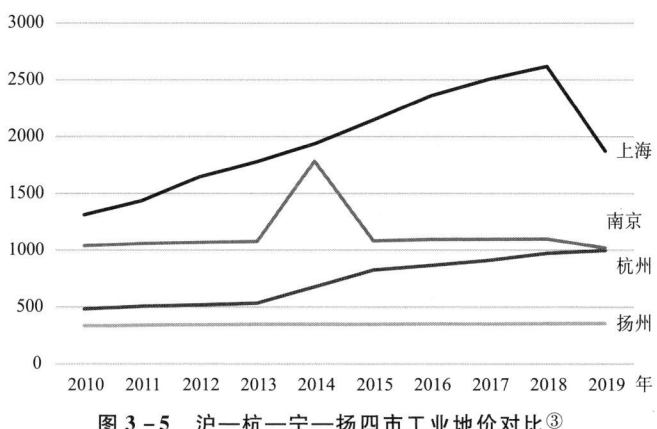

图3-5 沪—杭—宁—扬四市工业地价对比[3]

---

[1] 王德起. 土地资产管理论 [M]. 北京: 首都经济贸易大学出版社, 2009.
[2] 选取京津冀城市群中不同级别的代表性城市,根据中国地价监测网数据整理得到。
[3] 选取长三角城市群中不同级别的代表性城市,根据中国地价监测网数据整理得到。

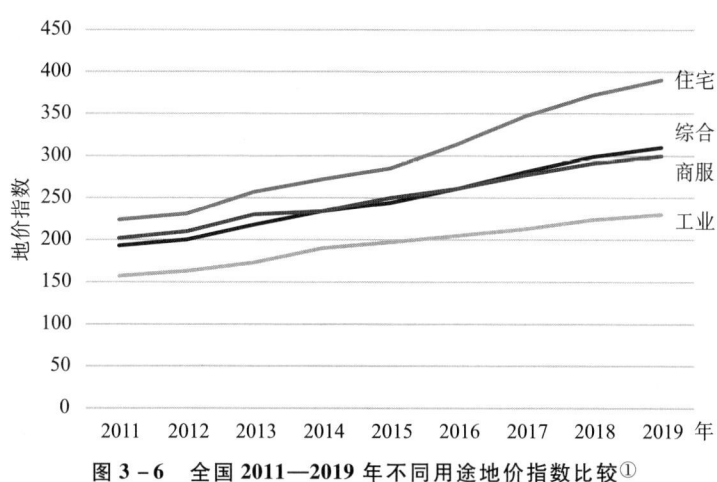

图 3-6　全国 2011—2019 年不同用途地价指数比较①

在土地资本循环累积过程中，受回流效应作用，较发达的土地空间不断积累有利因素继续超前发展，造成上述城际间、城市不同区域间的土地级差分化持续存在。缪尔达尔认为，"在欠发达国家和地区经济发展的起飞阶段，回流效应都要大于扩散效应"，故而，在这一阶段土地级差分化呈现不断扩大的趋势；当扩散效应大于回流效应时，要素由城市群中较发达城市向周边不发达城市逐级扩散，相应地，土地级差收益亦随之扩散，区域内地价普遍增值，且土地级差分化呈现缩小趋势。

3.2.3　工业企业区位选择与城市群工业地价的空间分布规律

区位是区域经济的基本构成单元和细胞，企业则是产业发展最基本的载体。企业区位的选择与变迁不仅在很大程度上决定了企业的发展前景，作为阶梯式区位决策②的最基层，直接影响地区、区域乃至国家的产业发展，并对相应层级的城市化进程和城市建设产生直接影响。自 19 世纪工业革命以来，工业区位的选择成为工业化、城镇化的重要推动机制。从西方国家城镇化与工业化的经验看，"城镇化是由工业化所产生的劳动力分工

---

① 图表数据来源：2012 年第二季度全国主要城市地价动态监测报告。
② 根据作用范围和决策主体的不同层级，可以将区位决策分解为区位、地区、区域、国家等互相联系又相对独立的决策层面。

在空间上的反映"①。这一工业劳动力的空间布局,正是通过工业企业的区位选择实现的。工业企业的区位选择与转移,不仅直接影响了劳动力的空间布局,更是特定区域内工业地价演变的直接动因。

从威廉·配第开始,经济学家们已经注意到不同区位上土地价值的差异。尽管早期的经济学家们主要关注土地肥沃程度造成的级差地租,但是亚当·斯密在《国富论》中已经认识到,地租随肥沃性和位置而变化。李嘉图也已注意到距离市场越近的土地所承担的运输成本越低,如果存在众多农民竞价的情况,则地主将以级差地租的形式获取由距离远近带来的这份利益。杜能则更为明确、更为系统地指出,在均质单中心平原假设下,区域内存在着分散的供给和集中的需求,从而,运费对农业生产者的利润产生重要影响。如果其他条件均相同,在价高者得的竞价机制作用下,某一区位的地租是在与更远的位置比较中产生的。距离市场越近的农地,其价格也越高;耕作距离最远的土地,由于运输成本的高昂,无任何地租。随着级差地租研究的深入,区位和土地价值的关系更加明晰。由于土地"价值取决于经济租金,而租金取决于区位,区位又取决于便捷性,便捷性又取决于接近性,……则价值取决于接近性"②,由此,在单中心均质区域中,地价随距离中心地距离的增加而逐渐下降,如图3-7所示。地价(场地租金)之所以会朝着城市中心的方向增加,主要"缘于更大的便捷性和减少与商业联系的时间成本"③。

对工业用地而言,在单中心区域内,距离中心越近的区位,交通状况、基础设施等价格影响因素条件越优越,则价格也越高,故,同样存在距离市场区越近运输成本越低,则生产成本越低、利润越高,从而区位最优的基本规律。

值得注意的是,一方面由于工业生产可能带来的空气、噪音等环境污

---

① Adna Ferrin Weber. The Growth of Cities in the Nineteenth Century [M]. New York: Macmillan Publisher Ltd, 1899.

② Richard M. Hurd Principles of City Land Values [M]. The Record and Guide, 1903.

③ 威廉·阿朗索. 区位和土地利用(梁进社等译). 北京:商务印书馆,2010;转引自杜能《孤立国》.

染,大多数城市都采取了在城市外围地区集中建设各类产业园区,促使工业外迁以保护内城的措施,另一方面由于工业生产的特殊性,可能受"劳动力因子指向""集聚与扩散因子指向"[①]的影响,偏离城市综合中心地的影响,受到城乡边缘区域的工业园区、产业园区等工业中心地的影响更多,从而工业企业相比其他企业有更为明显的聚集偏好。同时,新开发建设的园区内各类配套齐全、设施完备,相比其他地区,园区及其附近的工业用地可能更有竞价优势,故而城市边缘区的工业地价不一定按照原有的衰减规律继续下降,可能呈现出一定的回升,如图3-7所示。

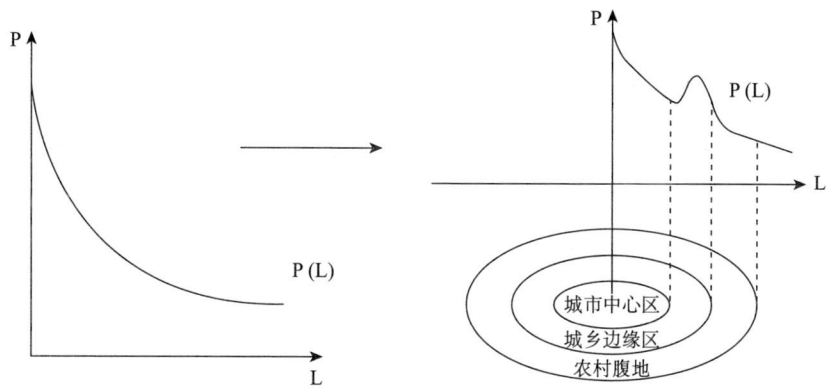

图3-7 工业地价的一般变化规律

此外,处于产业链上不同环节的企业区位选择时,对地价的敏感程度有所不同。千庆兰(2005)对装备制造业的研究显示,中枢管理、研发、市场营销等处于产业链价值高端环节上的企业在区位选择时,更看重人才、资金、信息、市场等方面的条件,处于价值链较低端的生产加工环节上的企业对地价、政策环境、廉价劳动力等因素较为敏感[②]。由此,应注意到上述规律对处于不同产业环节的企业的适用性。

---

① Alfred Weber. Alfred Weber's theory of the location of industries [M]. The University of Chicago Press,1929.
② 千庆兰. 我国装备制造业区位选择初步研究 [A]. 中国法学会经济法学研究会2005年年会专辑,2005:40—47.

从利润最大化的目标出发,基于均质空间假设,工业企业的竞价函数①与价格曲线如图3-8所示。当价格曲线P(L)与竞价曲线BPC_2相切时,两曲线斜率相当,企业利润达到最大。从中心至Lc的区段上,P(L)的斜率大于BPC_2,则区位外移带来的土地成本的节省大于生产经营成本的增加,企业可以通过区位外移来增加利润;反之,在Lc的右侧,BPC_2的斜率大于P(L),企业进行区位外移带来的土地成本的降低不足以弥补经营成本增加带来的利润损失,企业向左侧Lc移动,以达到均衡。由此,地价通过影响成本,进而影响工业企业的区位选择;工业企业的区位选择过程,也必然造成地价自中心向边缘的扩散,即当企业为降低土地成本,选择区位外移时,移入地的地价因为需求的增加而升高,同时,在集聚因素作用下,企业不断聚集至移入地,提高了移入地的产业集聚水平,地价进一步升高;边缘地区地价的升高,进一步推高核心区域内的地价,由此地价随企业的外移而扩散。

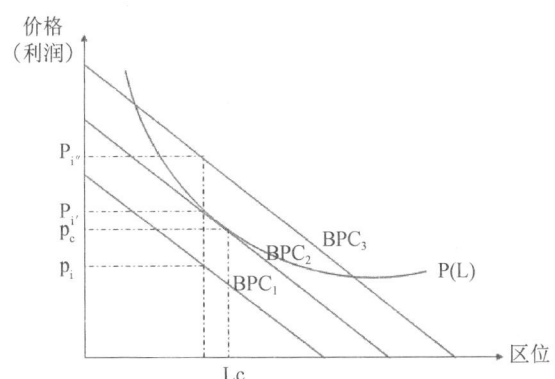

图3-8　工业企业区位选择与竞价曲线②

当区域内存在多中心时,中心地之间的竞争关系造成地价曲线的变化。

---

① 阿朗索假定对于任何给定的利润水平,在任何区位,只存在唯一一个合理的竞价函数,低竞价曲线代表高利润水平。
② 威廉·阿朗索.区位和土地利用(梁进社等译)[M].北京:商务印书馆,2010.

(1) 假设存在两个同等大小的相邻中心地①。

如图3-9所示,A、B为同等大小的两个中心地,由克里斯塔勒中心地的内涵可知,每个中心地对应一定的市场区半径,如果两个中心地距离较近,则可能存在服务半径的交叉覆盖区域。在该区域内,价高者得的竞价机制使得该区域内的地价明显高于单中心区域内类似地区的地价,两中心区域内地价呈现波浪起伏的趋势。图中C点对应的地价为交叉区域竞价后的地价,自A、B中心地开始的地价衰减至C处停止下降开始上升,虚线为单中心下的衰减趋势线。

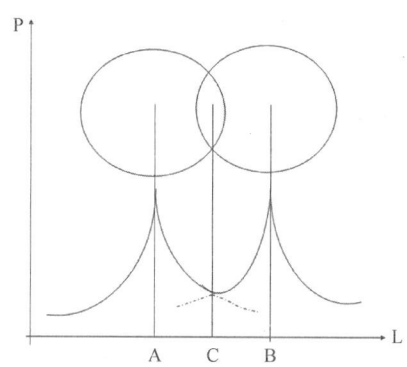

图3-9 存在大小相等的相邻中心地情况下地价变动趋势②

(2) 假设区域内存在大小不等的两相邻中心。

如图3-10所示,当区域内的两个相邻中心大小不等时,由于其市场区半径大小不一,有可能出现较小中心地的市场区半径至少大部分被包含在较大中心的市场区半径内,则在竞价机制作用下,B市场区范围内的地价比原单中心状态下的地价高出许多,A市场区内地价的衰减趋势也受到影响,自B市场区边缘开始停止下跌开始回升。由此,在存在大小不等的两相邻中心的区域内,地价呈现波浪形衰减的趋势。

---

① 考虑成图效果,此处未考虑边缘区的工业地价回升趋势。
② 威廉·阿朗索. 区位和土地利用(梁进社等译)[M]. 北京:商务印书馆,2010.

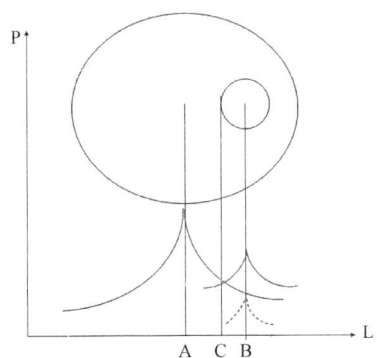

图 3-10 存在大小不等相邻中心地情况下地价变动趋势①

综合上述分析可知，在城市群不同层级结构间，由于不同等级中心地对工业企业集聚引力的不同，可能存在土地级差收益的分化，则工业地价可能沿中心地等级的升高而逐步升高。

需要注意的是，工业企业的生产经营需要一定的原材料、能源条件及厂房、生产线等固定资产，这些区位因子往往缺少流动性，尽管当前交通运输条件已经得到极大改善，但是运输成本仍然是生产成本的重要组成部分；再加上政治资源、洼地效应、网络嵌入②等因素的影响，从而表现出较强的区位粘性，即企业原址（或企业出生地）对企业具有较大的粘着力，所以上述价格衰减曲线可能在区部地区出现断点。

3.3 城市群产业分化及产业结构高级化

3.3.1 产业分化及区域产业类别的划分

社会经济发展的过程中，"具有某种同类属性的企业经济活动的集合"③ 形成了产业。伴随着社会生产力的不断提高，社会分工的不断深入，产业分工迅速发展。如表 3-1 所示。

---

① 威廉·阿朗索. 区位和土地利用（梁进社等译）[M]. 北京：商务印书馆，2010.
② 叶广宇，刘美珍. 企业选址中的区位粘性问题 [J]. 商业经济与管理，2011，2：45—50.
③ 苏东水. 产业经济学 [M]. 北京：高等教育出版社，2000.

表 3-1　　　　　　　　　　产业分工演化历程

原始社会中级阶段	原始社会高级阶段	原始社会瓦解、奴隶社会初期	奴隶社会、封建社会	18世纪60年代	20世纪初	20世纪50年代
第一次社会大分工	第二次社会大分工	第三次社会大分工	分工发展缓慢	第一次产业革命、第四次大分工	第二次产业革命	第三次产业革命
原始畜牧业、种植业先后从农业中分离	手工业形成	商业形成		机器大工业形成	钢铁、铁路、石油、化工	现代信息技术产业

区域经济系统内产业类别的分解与归类，是研究区域产业结构的基础。由于产业结构研究的角度和目的的多样性，经济学中出现多种产业分类的方法。如表3-2所示。

表 3-2　　　　　　　　各种产业分类方法汇总[①]

划分方法	产业分类	代表人物
工业的两部门划分法	消费资料（食品、纺织、皮革、家具）和生产资料部门（金属材料、运输设备制造、一般机械制造、化工产品制造）	霍夫曼
三次产业划分法	第一产业：种植业、畜牧业、林业、狩猎业；第二产业：制造业、建筑业； 第三产业：商业、金融、保险业、运输业、服务业、公务、公益事业及其他	克拉克
三部门	农业部门：劳动力比重、国民收入比重不断下降的部门； 工业部门：劳动力比重和国民收入比重大体不变或略有上升； 服务业部门：劳动力比重和国民收入比重上升	库兹涅茨
两大部类划分法	生产资料部类、生活资料部类	马克思
生产要素密集程度分类法	资源密集型产业、劳动密集型产业、资本密集型产业、技术密集型	

---

① 安虎森. 新区域经济学 [M]. 大连：东北财经大学出版社，2010.

续表

划分方法	产业分类	代表人物
标准分类法	全部经济活动分为十项：种植业、狩猎业、林业和渔业；矿业和采石业；制造业；电力、煤气、供水业；建筑业；批发与零售业、餐馆与旅店业；运输业、仓储业和邮电业；金融业、房地产业、保险业及商服	

上述方法从各种不同的角度对产业进行了划分，对开展多种形式和类型的区域产业结构研究具有重要意义。但是这些分类方法未能很好地体现经济、社会联系较为密切的区域经济体内集聚与扩散、分工与合作规律的要求，不能很好地说明各产业在区域发展中的地位和作用，以及相互关联度。因此，需要在上述一般产业分类的基础上，进行更适于区域产业结构研究的产业分类。

法国经济学家佩鲁在研究"经济空间"时引入了"增长极"（growth pole）和"推动性单位（propulsive unit）"概念。他指出"增长极是在特定环境中的推动性单位""如果一个有支配效应发生的经济空间被定义为力场，那么位于这个力场中的推动单位就被描述为增长极"[①]。布德维尔进一步明确提出推进型产业或公司是经济体系中起支配作用的经济单位，在自身增长或创新同时，可以通过与其他产业或公司的"乘数效应""溢出效应"诱导、推动其他经济单位增长[②]。

在此基础上，美国经济学家罗斯托在阐述现代经济增长历史时首次提出主导产业的概念。他指出，经济增长总是首先发生在某一个产业部门，这个部门仿佛促使经济起飞的"发电机"，依靠科技进步与创新，快速、大量地吸收并转化新技术成果，形成新的生产函数，保持持续较高的增长率，同时产生很强的广泛扩散效应，带动与之相关的其他部门。这一产业

---

① Perroux F. Note on the concept of growth poles, (trans. Livingstone, I. from Note sur la notion de croissance). In: Livingstone I, 1971: Economic Policy for Development: Selected Readings, Harmondsworth: Pengiun, 1955. 278-289.

② Boudeville, J. R. Problems of Regional Economic Planning, Edinburgh, 1966.

部门即主导产业部门①。

美国经济学家赫希曼提出与主导产业相类似的"战略产业"的概念。他认为产业间相关联的程度是存在差别的,有些产业间的互补关联性明显强于其他产业间,这些产业通常在投入产出表中表现最为强烈。②

区域经济学家将上述主导产业及其类似概念引入区域经济研究中,从产业在区域经济发展中的功能作用出发,将区域经济系统中的各类产业划分为主导产业、辅助关联产业与基础服务产业。如图3-11所示。

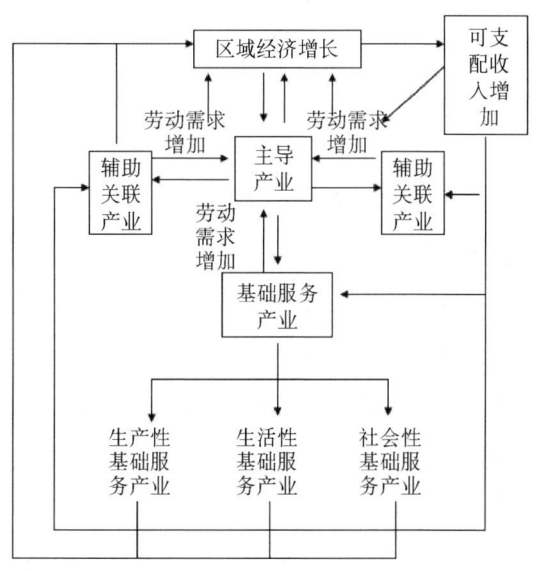

图 3-11　区域产业分类与区域经济增长关系图③

其中,主导产业是"决定区域在全国地域分工格局中所处地位和作用的,对区域整体发展具有决定意义的产业"④,是整个区域经济发展的支柱和核心。在区域经济体系内部,主导产业部门产值比重大,而且关联效应强,是区域经济发展的"驱动轮";在全国或更高一级区域经济体系中,

---

① W.W. 罗斯托. 经济增长的阶段 [M]. 北京:中国社会科学出版社,2001.
② 艾伯特·赫希曼. 经济发展战略 [M]. 北京:经济科学出版社,1991.
③ 郝寿义,安虎森. 域经济学 [M]. 北京:经济科学出版社,1999.
④ 陈秀山,张可云. 区域经济理论 [M]. 北京:商务印书馆,2009.

主导产业部门具有明显的相对优势，是同类产业的主要生产供应基地。在不同的经济成长阶段，主导部门表现为不同的产业部门。不论处于哪个阶段，主导产业在特定价值链分工体系中的地位越高，区域产业结构的真实高度也越高。辅助关联产业是"围绕主导产业发展起来的产业"[①]，它是与主导产业关联关系比较密切的协作配套部门，包括前向关联产业、后向关联产业和旁侧关联产业。基础服务产业是除主导产业及其辅助关联产业以外的，为保证区域生产和生活需要而形成的其他产业部门，包括生产性基础服务产业、生活性基础服务产业和社会性基础服务产业。

3.3.2 区域产业结构高级化的本质表现、动因及一般演进规律

3.3.2.1 区域产业结构高级化的本质表现

首先，在产业结构高级化的演进过程中，特别是在工业化进程中，部门之间的相互购买不断增加，同时，在专业化分工愈益细密的前提下，社会资本更多地投向制成品而非初级产品，从而导致社会经济系统中产业部门数量的不断增加，以及产业部门之间中间产品的交易规模扩大。这种产业部门之间交易规模的扩大，又进一步体现在交易品种增多、交易环节增加和交易数量增加上。

其次，各产业部门持续的技术进步、劳动力素质的提高、经营管理状况的改善以及组织规模的优化，推动了产业技术矩阵水平的提高，这一提高表征着产业结构中各产业生产技术的实际状况及产业间生产技术的有机联系水平的渐次提升。

最后，在中间产品被连续不断地深加工成为最终产品的过程中，产业部门之间形成了广泛的日益密切的前向联系与后向联系。伴随着产业结构的高级化，各种后向联系中的投入组合比例更为优化，各种前向联系中的产出分配竞争更加合理适度，从而产业部门结构关联的聚合质量稳步

---

① 陈秀山，张可云. 区域经济理论 [M]. 北京：商务印书馆，2009.

提高，闲置或过度竞争导致的资源浪费降低，经济系统整体功能不断优化①。

上述分析从本质上看，一国或一地区经济系统中产业结构高度化体现为：各产业"结构规模逐步扩大""结构水平渐次提高""结构联系愈益有序"②的产业素质优化过程。

3.3.2.2 区域产业结构高级化的动因

区域产业结构高级化是提高地区经济增长质量、促进区域经济更好更快发展的关键，是一个地区要素禀赋优势的现实体现，其动态发展的过程受到需求、供给（劳动生产率）、科技进步、区际贸易与投资、制度安排等多因素引致。

产业间收入差异。配第在《政治算术》中描述了不同产业之间的收入差异，指出这种产业间的相对收入差推动劳动力由低收入产业向高收入产业转移，而劳动力就业层次的提高，使得农业份额下降。克拉克基于20多个国家各部门劳动投入和总产出的资料，对配第的观点进行了验证，得出结论：随着人均收入水平的提升，劳动力首先由第一产业向第二产业转移，进而再向第三产业转移③。

社会需求。随着收入水平的逐步提高和社会资本的逐步累积，消费、投资和出口等各类社会需求水平和结构自然呈现多层次性、多样性和多变性，进而带动产业结构的优化和升级。正如斯密所述"不是市场上有了许多酒店，我们社会上才有饮酒的风尚；而是社会上由于种种原因产生了好饮酒的风尚，才使市场上有许多酒店"④。消费需求结构的变化总是与一定的收入水平相适应。一般情况下，随收入水平的提高，产业结构重心逐步转向生产高需求收入弹性产品的产业。当人均收入水平较低时，对吃、穿、用、住、行等生存资料的消费需求是首要需要，特别是食品，其需求

---

① 周振华. 现代经济增长中的结构效应 [M]. 上海：上海人民出版社，1995.
② 管怀鎏. 产业结构高度化：表现形式与本质内容之理论分析 [J]. 唯实，1997，5：6—9.
③ 安虎森. 新区域经济学 [M]. 大连：东北财经大学出版社，2010.
④ 亚当·斯密. 国民财富的性质和原因的研究（上卷），郭大力、王亚南译 [M]. 北京：商务印书馆，1972.

收入弹性远高于其他产品的收入弹性，故而农业首先兴起。随着收入水平的上升，对食品的消费需求向穿、用等生存资料转移，消费品轻工业特别是纺织工业开始兴起。收入水平进一步提高，消费者开始追求住与行等方面的便捷和享受，耐用消费品和投资品的需求收入弹性上升，资本型重工业比重迅速提高，并带动加工组装业发展，促使工业结构高加工度化。当收入水平继续提高达到一定水平后，消费需求转向享受科学、文化和艺术成果及追求时尚与个性的发展和享受资料，第三产业特别是信息产业得到迅速发展。由此，随着收入的增加，消费者的需求沿着马斯洛所提出的生理—安全—爱—尊重—自我实现的层次递进，产业结构也相应发生变化，不同产业需求收入弹性的差异甚至可以作为区域产业结构调整的指示器。社会投资需求包括固定资产和流动资产的投资需求。其中，固定资产投资需求的变动是产业结构优化升级的直接原因。一方面，对各类产业投资的比例，直接改变产业结构比例，另一方面，投资结构的不同，造成各类产业的发展速度和程度的差异，进一步改变产业结构比例。此外，创造新需求的投资，可能形成新产业，进而带来原有的产业结构的变化。由于各地区在资源禀赋上的差异，使得在各地区在提供不同的产品或服务时具有各不相同的比较优势，从而形成外部经济主体对本地区的产品或服务需求的差异及各自在区际贸易中的比较优势，各国的进出口结构因而有所不同，进一步地，产业结构随之不同。

要素供给。要素供给包括土地等自然资源、人力资源和资本等各类资源要素的供给。要素供给是各地区产业结构形成和发展的重要基础与制约条件。一般情况下，自然资源丰富的地区，其产业结构中资源开发及加工型产业的占比较高；资源匮乏的地区以加工型产业居多。人口的数量、质量与结构不仅仅直接决定着各类产业所需要的劳动力的供给，而且直接影响消费需求结构，从而影响产业结构的升级方向。充裕的资金是企业乃至产业发展最重要的推动力之一，尤其是在工业化的进程中。逐利的资金在产业部门之间的流动,改变着产业结构的比例、引导着产业优化的方向①。

科技进步。一方面,技术进步不断开拓新的生产技术,形成新的产业并推动传统产业的技术改造,从而推动产业结构更新换代;另一方面,不同产业或产品之间技术进步速度不同,则该产业或产品间的劳动生产率上升速度亦不均等,引发生产要素向劳动生产率上升较快的产业部门转移。

区域贸易水平和结构是促进产业结构高级化演进的又一重要因素。钱纳里的大国贸易模式效应的模拟实验、日本学者赤松要的"雁行产业发展形态说"、美国经济学家弗农的"产品循环说"都证明了这一点。钱纳里的实验结果显示,大国进口替代达到一定程度后,对产业结构转变的作用非常小,此时能否实现贸易模式由进口向出口导向的转变,是产业结构升级能否顺利实现的关键。赤松要从日本棉纺工业的发展历史中总结出发展中国家的产业结构的演进可能沿着进口发达国家产品和技术→开辟国内同类产品市场、推动国内生产→规模经济和低工资形成价格优势带动出口→国际市场的拓展进一步促进国内市场的发展这样一个"雁行"循环过程不断演进。弗农总结发达国家的经验,提出了新产品开发→国内市场发展至饱和→产品出口→资本和技术出口,国外市场形成→国外市场生产能力不断提高,价格优势日益明显→产品进口→国内被迫开发新产品的产品循环过程,一国的产业结构也在这一循环过程中不断向更高技术水平和劳动生产率水平的产业转移②。上述理论和经验,对区域经济发展同样适用。区域贸易是获取区域比较利益的前提条件。区域间的输入与输出,会影响输入和输出区的消费与投资结构,进而影响其产业结构。

制度安排。在道格拉斯·诺思看来,制度安排的经济内容包括"家庭、企业、货币、市场交易、合同制、期货市场"等多种具体形式③。制

---

① 姜泽华,白艳.产业升级的内涵与影响因素分析[J].当代经济研究,2006,10:53—56.
② 陈秀山,张可云.区域经济理论[M].北京:商务印书馆,2009.
③ 王吉霞.产业结构优化升级的影响因素探析[J].商业时代,2009,14:106—107.

度安排是一国或地区主权在经济领域中的体现,对一国或一地区资源配置的方式进而产业结构演变的方向有极为重要的影响。在区域经济的各类制度安排中,区域产业政策对区域产业结构的影响最为直接,也最为重要。区域政策一般面向问题区域,通过鼓励或抑制某一产业在特定区域的发展,引导要素流向,进而改变区域产业结构。如果制度安排符合产业结构演进规律的要求,则产业结构的升级呈现合理化、科学化;反之,则会导致"虚高度"等不协调的情况出现。

总之,区域产业结构高级化是上述多种因素综合影响的结果,是一个在动态平衡中不断演进的过程。

3.3.2.3 区域产业结构高度化的一般规律

工业化和第三产业化。第二次世界大战后,欧美主要发达国家的产业结构基本上都经历了从"一、二、三"到"二、一、三"再到"三、二、一"的演进过程。库兹涅茨对欧美主要国家经济数据的研究发现,随着国民生产总值和国民收入的不断增长,农业部门的产值和劳动力份额趋于下降,工业部门(特别是制造业部门)和服务业部门的份额趋于上升,这一上升具体表现在产值结构的工业化和劳动力结构的部分工业化和部分服务化。

产业重工业化。受社会需求以及资本和技术等稀缺性生产要素的制约,早期的工业化过程从资本投入少、技术要求不高的轻工业如棉纺业开始。随着资本积累的增加和技术水平的提高,产业结构由以轻工业为主转向以重工业为主,即重工业化。德国经济学家霍夫曼对近20个地区制造业时间序列数据进行了分析,以霍夫曼系数(消费品工业的净产值和资本品工业的净产值之比)将工业化进程分为四个阶段,并由此提出"霍夫曼定理",即随着工业化的升级,消费品工业与资本品工业的净产值之比逐步下降[1]。之后,日本学者盐野谷等人进一步研究发现,霍夫曼系数下降幅度呈现递减趋势,并且当耐用消费品的消费趋于饱和后,机械工业增长趋

---

[1] 安虎森. 新区域经济学 [M]. 大连:东北财经大学出版社, 2010; 转引自: Hoffmann, walter. Growth of Industrial Economics, Manchester University Press, 1958.

于稳定，霍夫曼系数也不再继续下降，即经济发展到一定阶段，重工业化将停滞。

工业结构高加工度化。工业产业的增长对原材料的依赖到一定时期会出现相对下降的趋势，从而对能源、资源的依赖程度也将相对下降。随着工业加工程度的不断深化，加工组装工业的发展速度将超过原材料工业。故，无论轻工业还是重工业，均会呈现以原材料工业为中心的结构向以加工、组装工业为重心的机构发展的趋势。

生产要素密集度的转化。当轻工业在工业结构中占据主要地位时，由于生产工艺技术水平较低，多为简单、大量的重复劳动，劳动力在生产要素结构中处于最突出的地位。随着工业结构中心由轻工业转向重工业，资本需求量加大，资本要素投入日益密集。在高加工度化过程中，机械工业的发展迫切要求技术的开发和进步，技术成为工业发展中最重要的因素。由此，随着工业结构中心由轻工业转向重工业，从原材料工业转向加工组装工业，生产要素也由劳动密集型转向资本密集型和技术密集型。

软化、信息化和高附加值化。随着信息技术水平的不断提升，工业生产对知识信息和技术的依赖日益增强，高新技术产业趋于扩大，产业结构出现软化、信息化[①]以及向附加值高的部门转变的趋势。改革开放以来，我国主要通过生产要素价格较低的比较优势嵌入全球价值链分工体系，在经济高速增长的同时没有实现产业向价值链高端的攀升。从微观上看，企业产品附加值随着市场竞争的加剧持续下降。从宏观上看，经济运行呈现发展方式粗放、经济结构不合理、经济增长严重依赖要素资源的投入等现象。面临着转变经济发展方式的巨大压力，如果我国继续把竞争优势集聚于原来的初级要素，反而会陷入"贫困化增长"的陷阱。尤其是在全球金融危机爆发、世界经济陷入衰退期的背景下，国外需求作为经济增长"发动机"的作用正在逐渐减弱，我国经济迫切需要向产业链高端攀升。[②]

[①] 许华斌. 江西省产业结构高度分析 [D]. 江西财经大学, 2010.
[②] 何青松, 张春瑞, 李泽昀. 生产性服务业提升制造业产业高度的实证分析 [J]. 山东大学学报（哲学社会科学版），2011, 4: 1—7.

城际产业链的一体化与网络化。现代化的迂回生产方式使区域产业分工越来越细,围绕着主导产业及其前向、后向和旁侧关联产业,众多产业链条逐步形成并由企业内向企业外、由城市内向城际间、由区域内向区域外延伸。众多承担分工任务的细小产业都成为产业链上不可或缺的产业链生产环节。在要素流动和理性经济人逐利行为的驱动下,围绕某一最终产品的生产,设计、研发、生产制造、营销等不同产业环节布局在生产成本最小、利润最大的不同等级城市中,在同一产业环节上各类配套企业不断聚集,在纵向延伸的同时横向延伸,进而形成城际间网络状的劳动地域产业链分工,实现资源在区域范围内的优化配置,促进区域经济的一体化发展。

3.3.3 城市群不同等级中心地产业高度变化的一般趋势

自产生之初起,城市群这一特定区域就伴随着不同等级中心地间的分工与协作。区域内的少数变革中心,一旦掌握了创新的优势超越周边区域优先发展起来成为中心地(增长极),就将在循环累积因果作用下继续并强化这一偏离均衡的状态。由此,在城市群内存在不同等级的增长极,在区际贸易与分工中,这些增长极通过极化效应和扩散效应,对周边区域及相邻增长极产生影响。在劳动力、资本和技术等要素上具有聚集优势的较高级的增长极,成为创新性新兴产业布局的首要选择。新兴产业的不断发展壮大,逐步成长为区域主导产业。凭借这一先发优势,在极化效应的作用下,这些增长极进一步吸引周边地区的劳动力、资本和技术等要素的流入,在消灭竞争对手获得规模收益的同时,也削弱了周边区域的创新能力。临近增长极的周边区域不得不转向与增长极形成互补关系而非竞争关系的配套产业或基础产业。更远一点的腹地则由于扩散效应的衰减,通常难以发展有竞争力的工业或第三产业,而以农业为主导,向增长极及其临近地区提供生产生活必需的各种农产品。由此,在增长极及其周边地区形成了"中心"与"外围"、繁荣区域与停滞区域之间的对立与合作。在不同级别的增长极间存在类似的产业竞争与合作、极化与扩散,因而形成了更大范围内的"中心"—"外围",各增长极既受到上一级增长极的支配与影响,又决定着下一级的发展路径。

在区域经济的发展中,"中心—外围"的空间模式并非既定不变,极化效应和扩散效应的相对力量可能受到基础设施、文化教育水平等因素的影响而发生变化,从而要素流动的状态、"中心"与"外围"之间的关系亦可能发生改变。

表3-3　　　　　　　工业化不同阶段城市群内要素流动、
区域经济状态与产业结构演进①

阶段 特征	前工业化阶段	工业化初期阶段	工业化成熟阶段	后工业化阶段
资源要素	较少流动	极化效应为主,外围要素向增长极流动	增长极要素高度集中,扩散效应开始明显,要素回流	要素在整个区域内全方位流动
区域经济	不同等级中心之间缺乏联系	中心区极化,少数主导地带膨胀,增长极形成并扩大	增长极扩散,外围出现次级中心	空间经济一体化,多核心区形成,少数大城市失去原有主导地位,城市体系形成
产业结构演进	农业不断发展壮大,工业生产条件不断成熟	新兴产业逐步成长为区域主导产业,并围绕主导产业形成配套产业和基础产业	产业由高级中心地向次级转移,逐步形成随着中心地等级降低而次第衰减的趋势	产业高度差逐渐缩小,城市群内出现各具特色的职能中心

由表3-3可知,工业化中后期阶段,扩散效应逐渐大于极化效应,区域新兴产业逐渐走向成熟,并成为区域主导产业。随着市场需求的日益扩大,原有的较高级别的中心地已经不能满足生产需求,将产业中技术含量

---

① 陈秀山,张可云. 区域经济理论 [M]. 北京:商务印书馆,2009.

较低、附加值较低的环节向管理和资本条件较好的邻近的下一级中心地转移、扩散。该产业逐步成为转入地的主导产业的同时，在转出地开始衰败，新的产业创新在转出地酝酿、形成。工业化的后期阶段，在转入产业步入成熟阶段的同时，在原有增长极外围承接其转移产业的区域成长为次级中心地，扩散效应进一步加大，产业再次转移到更落后的地区，次级中心地一方面准备承接上级中心地再次扩散、转移过来的产业，另一方面随着自身创新能力的增强，孕育着自主产业的形成与发展。由此，伴随着产业环节进而整个产业的不断转移、扩散，在城市群内逐渐形成了高端产业（或产业环节）布局在高级中心地、中端产业（或产业环节）布局在中等中心地、低端产业（或产业环节）布局在低级中心地的趋势。

当区域经济进入后工业化阶段，城市群内出现多核心，个别较高级别的中心地有可能丧失先导优势，其上级中心地的职能和地位被下一级中心地超越、替代。由于要素流动的全方位性，不同等级中心地间经济水平及产业高度的差距将逐步缩小，一枝独大的绝对优势将逐渐被各具特色的产业分工取代。核心城市的工业优势逐渐让位于第三产业，仅保留低能耗、高附加值的高端制造业。中等中心地成长为城市群内工业、服务业等不同产业的产业中心。低等中心地虽然仍然处于产业分工的较低端，但是由于其在某些产业环节专业化上的特殊优势，可能在某些产业上具有较高的产出水平，甚至高于上级中心地。故而，在区域经济趋于一体化的发展阶段，上述产业高度随中心地等级升高而次第升高的总趋势依然存在，但是不同等级中心地之间形成更加合理、更为密切的互补与协作关系，产业梯度差明显缩小，甚至在个别产业上出现反梯度的情形。

值得注意的是，区域经济最终能否由极化走向均衡，与区域政策的科学性与合理性有着极为密切的关系。尽管新古典均衡理论[①]和极化理论在

---

① 新古典均衡理论认为在资本积累和要素流动的作用下，区域经济最终将走向均衡和趋同；极化理论则认为现实经济生活中，生产要素是异质的、不完全流动的，市场也非完全竞争的，信息技术的传播亦存在一定的障碍，故而，"自由市场力量的作用使经济向区域不均衡方向发展是一个内在的趋势"（陈秀山，2009，199—203）。

区域经济间的差异最终将缩小还是扩大的问题上存在一定的分歧，但是由威廉姆逊的实证经验看，区域经济间的不平衡与国家经济发展水平间存在明显的倒"U"形关系。由此根据国家和地区发展阶段的不同，制定并实施相适应的区域经济发展政策，不仅有助于促使区域差距的缩小，也利于国家经济水平的提高。

3.4 城市群工业地价与产业结构互动演进的一般趋势

3.4.1 逻辑起点

以集聚经济为本质特征的城市化经济是城市群发展演化的一种基本经济形式，也是城市群一体化演进的出发点。城市集聚经济决定着厂商经济活动区位的选择，继而一定程度上决定着区域产业结构的演进；地方政府则立足于自身比较优势、根据功能互补原则、准确选择机会，并引导区内企业采取同样的思维模式进行有效合作，如图3-12所示。从而，以城市集聚经济为主动力，并以各级政府的有效引导为辅动力，促进城市群内产业结构的协调升级，加快城市群一体化的步伐。随着这一整体组合功能群的日益强大和一体化程度的不断提高，在全球价值链大分工背景下，以城市群为单位参与全球竞争必将成为各国或地区的战略选择。从而，单个企业或单座城市产业结构的优化，并不意味着真正的优化，城市群这一区域城市共同体内产业结构的整体优化才是评价产业结构是否实现优化的逻辑起点。

类似地，单宗地的集约并不意味着区域内土地利用的整体优化。城市群土地利用的理想状态是实现"优地优用、因地制宜、地尽其用"，即，城市群一体化背景下，单宗地、单个中心地的集约利用并不意味着真正的集约，区域整体集约才是真正的优化，这才是评价具体宗地及具体区域是否实现了土地集约利用的逻辑起点。

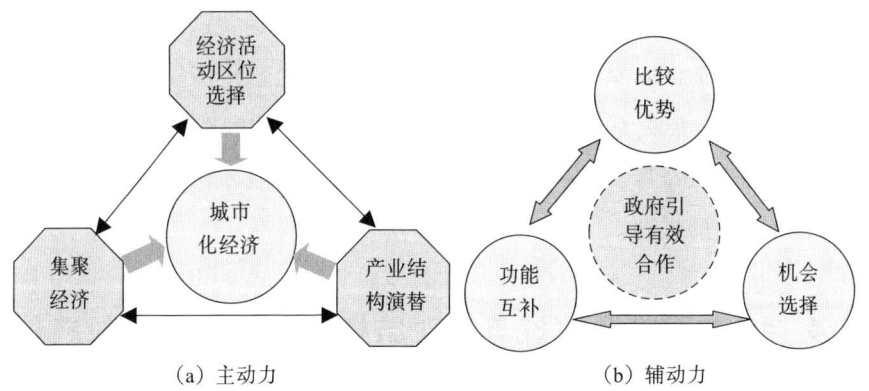

(a) 主动力　　　　　　　　　(b) 辅动力

图 3-12　城市群一体化发展的双动力①

由此,在城市化聚集经济和政府有效引导的"双动力"作用下,以城市群产业结构和土地利用的整体优化为研究的逻辑起点,揭示土地要素价格与产业高度之间的互动关系,为土地市场机制的完善与产业结构高级化的合理演进提供有效切入点,这将对区域土地利用方式与产业结构的整体优化产生深远的影响。

3.4.2　假设前提

任何科学规律的发现都要历经一个去伪存真、透过现象看本质的过程,如杜能的"孤立国"理论、克里斯特勒的"中心地"理论、霍华德的"田园城市"理论,均是将研究对象设定为一种理想状态,屏蔽一些多变的外在或次要因素的影响,探究真实的客观规律。

由前述各节的分析可知,决定城市群土地利用结构的土地价格结构与产业结构客观上存在着内在的必然联系或规律。以抽象的逻辑思维,从纯粹或理性的角度出发,结合城市群发展中土地与产业结构各自演化的一般趋势,提出下列假设前提,以利于探索城市群工业地价与产业结构高级化的互动演进的一般规律:

---

①　王德起. 城市群发展中产业用地结构优化研究——一个机制框架 [J]. 城市发展研究,2013,5:16—28.

(1) 集聚经济规模的差异性客观存在并决定着特定区域上形成多层次的城镇体系；

(2) 地价在城市群体系中由小到大以及单体城市中从边缘到中心次第升高；

(3) 特定产业在城市群体系中从低端到高端各相对独立生产或经营环节产出或附加值次第增加；

(4) 具有内聚力及向心性的城市群，其一体化经济运行的模式与机理类似于美国地理学家哈里斯（C. D. Harris）和乌尔曼（E. L. Ullman）的单体城市的"多核心模型"（The Multiple Nuclei Model, 1945）。

3.4.3 城市群发展的梯度推移理论解释

按照梯度推移的基本理论，梯度推移的动力来源于三个方面：一是区域经济的实力及活力，它们越强推移动力越大；二是高梯度区的先进性和经济扩张力；三是低梯度区的潜在发展力。而我国城市化现阶段，城市群地区也往往是经济实力最强而且充满活力的地区，因此推移特征明显；特别是在高端城市（核心城市或次级核心城市）社会资本优势明显，产业的资本有机构成较高，扩张力也较大；而在低梯度区，土地充裕、地价较低，具有接受高端区域产业转移的较大潜力。

梯度推移主要是通过多层次城市系统进行。首先，极化效应促使发达地区的发展梯度上升：一是发达区的巨大优势从而有极大的吸引力；二是发达地区往往是政治中心从而更多地得到政府支持；三是区域经济发展水平越高，越可能在规模经济和乘数效应的作用下加速发展。其次，扩展效应促进较低梯度区域的发展，其主要途径是：一是与高梯度区形成前后产业链联动作用的产业；二是高梯度区的产业转移与"知识外溢"，促进低梯度区大量新产业的形成；三是非区位一般产业在"增长极"驱动下的迅速扩张；四是各种无形要素的扩散作用，也将有效地提高低梯度区区域经济运行的质量。再次，回程效应制约着低梯度区的发展，如资金、人才、资源、市场等。产业梯度转移的结果，则是相对于产业高度及其土地利用强度及效益而言,土地价值空间分布的均衡化。

3.4.4 地价—产业高度的"双螺旋"耦合演进

由前述各节的分析,城市群工业产业高度及工业地价随城市层次体系的演变如图 3-13 所示。在市场竞争机制和"双动力"作用下,城市群内不同层级城市的地价与产业高度在各自演进的同时,互为影响因素、互为推手,由边缘向核心逐步攀升。区域内核心城市布局最高端产业,所占用土地处于最高价位;次核心城市布局较高端产业,所占用土地处于较高价位;随着城市在区域内的所处经济地位的下降,其所布局产业愈益低端,所对应地价愈益低廉。当然,地价与产业的升高或降低并非直线,而以波浪递增或递减的趋势由低至高或由高至低演进。

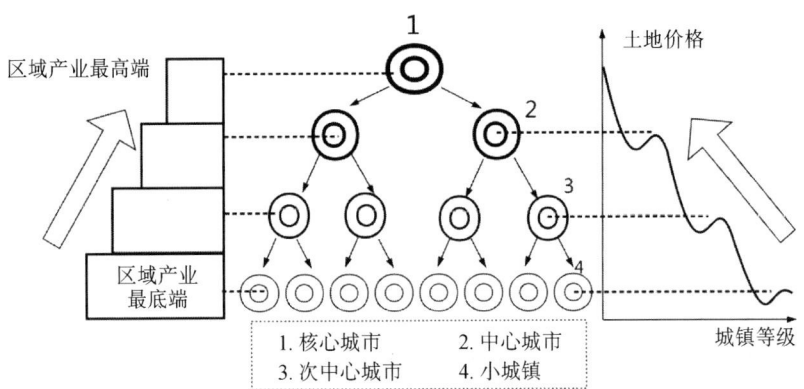

图 3-13 产业高度和地价随城市体系的变化特征示意图①

在前述假设前提下,城市群地价与产业高度的交互攀升及匹配均衡关系将呈现如图 3-14 所示的"双螺旋"模式。地价链上某一区位的地价对应相应的产业"点位"效益(产出或附加值),二者连接构成"梯桥"(即'价益比')。一系列相互平行的"梯桥",决定着"双螺旋"即为城市群地价与产业高度攀缘而上的最稳态。这一最均衡的优化状态"反映在

---

① 王德起. 城市群发展中产业用地结构优化研究——一个机制框架[J]. 城市发展研究, 2013, 5: 16—28.

城市群土地配置与利用及其产业布局上,则是'优地优用、因地制宜、地尽其用',从而实现城市群整体土地利用结构与产业结构的双优化"。①

下文将在以京津冀为例验证假设前提的基础上,逐步剖析城市群地价—产业高度双螺旋演进中的耦合互动机理。

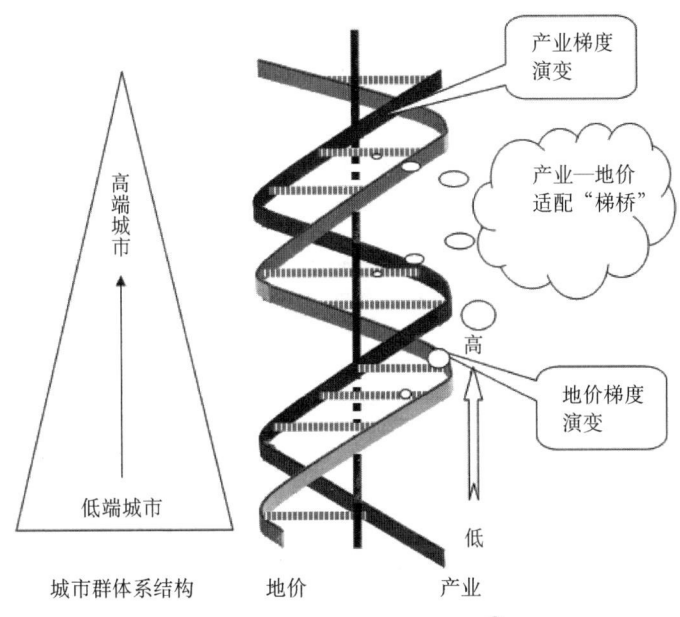

图 3-14 产业—地价双螺旋②

---

①② 王德起. 城市群发展中产业用地结构优化研究——一个机制框架 [J]. 城市发展研究, 2013, 5: 16—28.

第4章 京津冀城市群城镇体系及等级划分

本章旨在论证本书研究的假设命题一：集聚经济规模的差异性客观存在并决定着特定区域上形成多层次的城镇体系。

4.1 城市群内城镇等级划分的一般方法

《国家新型城镇化发展规划（2014—2020年）》指出，"优化城镇化布局和形态，以城市群为主体形态，促进大中小城市协调发展"是"十三五"期间四大战略任务之一。

城市群体系内，上下不同层次、大小不等规模的城镇在质和量方面呈现不同的组合形式，形成城镇体系规模等级结构。研究这一等级结构是进行城市群内产业分工、资金流、人口流、物流等各种经济、社会问题研究的重要基础。相关研究既是当前国际区域经济学理论研究的前沿和热点，也为我国城镇化实践提供宝贵理论依据。

城市规模等级体系的研究源自中心地理论（Central Place Theory）。该理论由两位德国学者 Christaller[1] 和 Losch[2] 分别提出。两者的理论框架均构建于均质空间各向同性以及新古典经济学一般假设之上。该理论提出

---

[1] 克里斯塔勒. 德国南部中心地原理 [M]. 北京：商务印书馆，2010.

[2] Losch, A. The Economics of Location: A Pioneer Book in the Relations between Economic Goods and Geography, translated from the second revised (1944) edtion by Willian H. Woglom with the assistance of Wolfgang F. Stolper, New Haven: Yale University Press, 1954.

后，许多学者在不同的地区对其进行了检验[①②]。20世纪50年代以来，中心地理论得到进一步补充和修正[③④⑤⑥]。

从中心地理论开始，城市规模等级体系的研究经数十年发展，已成为城市地理学中最富成果的研究领域之一。相关研究方法包括：城市首位定律、城市金字塔、二倍数定律、城市位序—规模法则、城市分形理论、"等级钟""等级距离钟"和"城市半衰期"理论等。

城市首位定律：城市首位定律的衡量指标主要有首位率、四城市指数、十一城市指数。其中首位率指一国最大城市人口与第二大城市人口的比率。由Jefferson（1939）通过归纳世界主要国家城市规模分布规律提出。首位率一定程度上标志了城市体系中的城市人口在最大城市的集中程度，但两城市比较不免以偏概全。又有学者提出四城市指数和十一城市指数。以上三个指数的共同点在于都"抓住第一大城市与其他城市的比例关系"，因此有学者把它们统称为首位率指数[⑦]。

城市金字塔："城市规模等级体系存在这样的规律，城市规模越大的等级，城市的数量越少；而规模小的城市等级，城镇数量越多。把这种城市数量随着规模等级而变动的关系用图表示出来，形成城市等级规模金字塔。"金字塔的基础是大量的小城市，塔的顶端是一个（常常就是首位城市）或少数几个大城市[⑧]。

二倍数法则：最早由统计学家Davis（1978）从世界城市等级体系中

---

① Smailes A E. The Urban hierarchy in England and Wales [J]. Geography, 1944, 29: 41-51.
② Brush J E, Bracey, H E. Rural service centers in southwestern Wisconsin and southern England [J]. GeographicalReview, 1955, 45: 559-569.
③ Preston R E. The Structure of central place system [J]. Economic Geography, 1971, 47: 136-155.
④ Parr, J B. Models of the central place system: a more general approach [J]. Urban Studies, 1978, 15: 35-49.
⑤ Fujita M, Ogawa H., ET c. A spatial competition approach to central place theory: some basic principles [J]. Journalof Region al Science, 1988, 4: 477-494.
⑥ Fahui W. Modeling a central place system with interurban transport costs and complex rural hinterland [J]. Regional Science and Urban Economics, 1999, 29 (3): 381-409.
⑦⑧ 许学强, 周一星, 宁越敏. 城市地理学 [M]. 北京: 高等教育出版社, 1997.

总结出来。他将城市规模按二进制指数规则分级,即定义任意两个城市人口规模级的边界关系为 $a_i = a_{i+n} \times 2^n$,则有 $f_i = f_{i+n} \times 2^n$(其中,a_i 是第 i 级城市规模的下限,f_i 是第 i 级城市的城市数量)。取 $a_0 = p_1$,为首位城市的人口规模,取 $f_0 = 1$,则 $a_0 f_0 = p_1$,从而 $a_i f_i = a_{i+n} f_{i+n} = p_1$。

位序—规模法则:该法则是描述位序规模分布数理特征的一个经验定律。如果将一个系统的各个元素从大到小排列,其规模测度与相应位序之间服从负幂律分布,则这种现象服从位序—规模法则。广义地,凡是服从 Zipf 定律、Pareto 分布以及 Yule 分布的幂律现象,都属于位序—规模法则描述的对象。将位序和相应的规模取对数之后,坐标图上的散点近似形成一条直线,这就是位序—规模图式。地理学中的位序—规模法则最早是由 Auerbach(1913)提出,他在研究中发现 5 个欧洲国家和美国的城市人口资料符合:$P_i / R_i = K$(P_i 是一个城市按人口规模从大到小排序后第 i 位城市的人口数,R_i 是第 i 位城市的位序,K 是常数)。随后又有 Lotka,Singer,Zipf 等学者对上述模型不断进行了改进,使得方程具备了更科学的意义。国内学者对位序—规模法则和二倍数法则的相互关系进行有益探索,从城市规模分布的位序—规模法则出发,推导出城市等级体系的二倍数法则[①]。

城市分形理论:分形理论是由 Mandelbrot(1977)在《分形:形态,机遇和维数》中首次提出。诸如山川、海岸线、河流等极其复杂的几何形体往往具有自相似结构,其维数不是整数。这种几何形体被称作分形(fractal),分形的核心就是自相关性。按照分形理论,"分形体内任何一个相对独立的部分(分形元或生成元)在一定程度上都是整体的再现和缩影"。分形理论为描述复杂性提供了良好的工具。描述分形的特征量是分形维数(fractal dimension),简称"分维"。"分城镇等级结构存在无标度

---

① 陈彦光,胡余旺. 城市体系二倍数规律与位序—规模法则的等价性证明 [J]. 北京大学学报(自然科学版),2010,46(1):115—120.

性，具有分形特征"①，可以从分维的角度考察城镇体系发展成熟度。将分形理论应用于城镇体系研究是目前分形理论在地理学应用中一个比较成熟的方面。

Zipf 法则和 Pareto 公式是城镇规模等级研究中常用的分维测算法则。Zipf 法则与 Pareto 公式等价，可相互转换。Zipf 法则：$P_r = \frac{P_1}{r^q}$（r 为城市等级序列，P_r 是等级为 r 的城市的规模，P_1 是首位城市规模，q 为区域条件以及发展阶段相关的常数）。上式可改写为 $r = P_1^{\frac{1}{q}}/P_r^{\frac{1}{q}}$，令 $C = P_1^{\frac{1}{q}}$，$D_f = \frac{1}{q}$，则 Zipf 法则具有分形意义，对于一个具体的区域，可由城镇规模的点对序列（P_r, r）（r = 1，2，…，n）可以求出分维数 D_f。D_f 的地理意义在于，当 $D_f < 1$ 时，城镇等级规模结构较为分散，区域内城镇体系发育还不成熟；当 $D_f = 1$ 时，该区域内首位城市人口数与最小城镇人口数比值恰好等于区域内城镇数目；当 $D_f > 1$ 时，城市规模分布较为集中，中间位序城镇数目较多，整个城镇体系发育已较成熟（丘文泽、徐建华等，2001）②。Pareto 公式，其相应的自然对数形式为：lnN（P）= lnA｜DlnP（N（P）表示大于门槛人口规模的城市数量，P 为城市人口规模，A、D 为系数）。系数 D，可看作是城市规模分布的分维值③。

在国际分形理论研究热潮的带动下，国内多位学者结合我国城市体系情况，深入讨论分形理论应用的相关问题。刘继生④等学者率先将分形理论引入城镇体系等级结构的讨论。陈彦光、刘继生、周一星等学者进一步

---

① 岳文泽，徐建华，司有元，徐丽华. 分形理论在人文地理学中的应用研究［J］. 地理学与国土研究，2001，17（2）：51—56.
② 岳文泽，徐建华，司有元，徐丽华. 分形理论在人文地理学中的应用研究［J］. 地理学与国土研究，2001，2：51—56.
③ 谈明洪，范存会. Zipf 维数和城市规模分布的分维值的关系探讨［J］. 地理研究，2004，2：243—248.
④ 刘继生，陈彦光. 城市、分形与空间复杂性探索［J］. 复杂系统与复杂性学，2004，3：62—69.

提出位序规模关系的严格表达形式—三参数 Zipf 模型①。也有学者如秦耀辰、刘凯（2003）② 对分形理论在我国城市地理学的实践进行总结。

"等级钟""等级距离钟""城市半衰期"理论：这一系列理论由 Batty（2006，2008）③④ 首先提出，其研究的方向是城市规模等级体系的时空演变规律。"等级钟是表达城市在整个城市体系中的位序随时间变化趋势的图像"。等级钟忽略了城市的规模，仅考虑位序随时间的变化规律。而"等级距离钟"则用于量化城市位序等级的时空变化。城市半衰期是指"城市体系在 t 时刻前 100 位的城市中，有半数进入或离开前 100 名所需的时间"，分别为"后半衰期"和"前半衰期"。半衰期短城市发展快，半衰期长城市发展慢。⑤

随着上述城市规模等级划分理论和方法逐步引入我国，国内学者开展了广泛的实证研究，涌现出众多研究成果。从研究方法上看，有使用多种研究方法进行对比分析的（往往综合使用首位率、四城市指数、十一城市指数、二倍数定律、位序规模率等方法的部分或全部）。如聂芹（2009）对山东省城市体系等级规模结构的研究⑥，刘丙章（2010）对江西城市体系的研究⑦，李培（2007）⑧ 对中国城市规模等级体系的研究，王志平、李国平（2011）⑨ 对东亚地区城市体系的研究。这类研究通过测算多种指数，从不同视角来分析目标区域的城市规模体系。有使用单一方法的，主

---

① 陈彦光，周一星. 城市等级体系的多重 Zipf 维数及其地理空间意义 [J]. 北京大学学报（自然科学版），2002，6：824—830.

② 秦耀辰，刘凯. 分形理论在地理学中的应用研究进展 [J]. 地理科学进展，2003，4：426—436.

③ Batty M. Rank clocks [J]. Nature, 2006, 444: 592—596.

④ Batty M. The size, scale, and shape of cities [J]. Science, 2008, 8: 769—771.

⑤ 刘妙龙，陈雨，陈鹏，陈捷. 基于等级钟理论的中国城市规模等级体系演化特征 [J]. 地理学报，2008，12：1235—1245.

⑥ 聂芹. 山东省城市体系等级规模结构研究 [J]. 城市发展研究，2009，7，18—22.

⑦ 刘丙章. 江西省城市体系的空间结构分析 [J]. 长江大学学报（自然科学版）. 2010，2：92—95.

⑧ 李培. 中国人口城市规模等级体系的演变研究 [J]. 市场与人口分，2007，13：200—208.

⑨ 王志平，李国平. 东亚地区城市体系研究 [J]. 世界地理研究，2011，4：67—75.

要采用分形理论或"等级钟"理论。如基于分形理论，对北京城市形态结构（肖汉、李志鹏，2010）[①]、北京土地利用空间布局（杨国安、甘国辉，2004）[②]、吉林城市体系（李秀玲、李诚固，2009）[③]、四川盆地城市体系（王奎，2009）[④]、陕西城市体系（邢海虹、刘科伟，2007）[⑤]、山东城市规模结构（王秀芬、王发曾，2009）[⑥]、豫北地区城镇体系（陈彦光、周一星，2001）[⑦]等的实证研究。这类研究通过分析目标区域城市体系分维数，来讨论城市等级体系存在的不足和未来发展方向。

近年来，对城市群这一特定区域内的城镇规模等级体系进行的研究成为该类研究的热点之一，如，潘鑫、宁越敏（2008）[⑧]对长江三角洲都市连绵区的研究；刘效龙、张世全等（2011）[⑨]对中原城市群规模等级的研究；赵春艳（2007）[⑩]对关中城市群分维值、肖磊等对京津冀都市圈城镇体系时空演化[⑪]、王宏玉对京津冀城市群空间结构[⑫]进行的研究、刘凌波等

[①] 肖汉，李志鹏. 基于分形理论的北京城市形态结构遥感分析［J］. 科技导报，2010，16：57—62.

[②] 杨国安，甘国辉. 基于分形理论的北京市土地利用空间格局变化研究［J］. 系统工程理论与实践，2004，10：131—137.

[③] 李秀玲，李诚固. 基于分形理论的吉林省城市体系空间结构特征研究［J］. 东北师大学报（自然科学版），2009，4：145—148.

[④] 王奎. 基于分形理论的四川盆地城市体系规模等级研究［J］. 经济研究，2010，3：60—62.

[⑤] 邢海虹，刘科伟. 基于分形理论对陕西城市体系等级规模分布研究［J］. 陕西理工学院学报，2007，2：82—86.

[⑥] 王秀芬，王发曾. 山东省城市规模结构及其分形特征［J］. 河南科学，2009，10：1319—1324.

[⑦] 陈彦光，周一星. 豫北地区城镇体系空间结构的多分形研究［J］. 北京大学学报（自然科学版），2001，6：810—818.

[⑧] 潘鑫，宁越敏. 长江三角洲都市连绵区城市规模结构演变研究［J］. 人文地理，2008，3：16—21.

[⑨] 刘效龙，张世全，冯长春. 中原城市群城市规模等级的时空演变分析［J］. 地域研究与开发，2011，3：29—34.

[⑩] 赵春艳. 关于城市群等级规模结构问题的研究——以陕西为例［J］. 经济问题，2007，6：43—47.

[⑪] 肖磊，黄金川，孙贵艳. 京津冀都市圈城镇体系演化时空特征［J］. 地理科学进展，2011，2：215—223.

[⑫] 王宏玉. 京津冀城市群空间结构与发展模式选择［D］. 中央财经大学，2011，4.

（2019）通过 H/T 断裂法来进行城市规模等级划分及边界界定[①]。

总的来看，国内学者以引进国外先进研究方法为主，原创性研究方法较欠缺。从研究区域来看，研究成果主要集中在对省级尺度城市体系的探讨，对京津冀城市群内城市等级体系的讨论不多。从研究变量来看，主要以人口作为划分城市规模等级的核心变量，较少考虑影响城市规模的其他因素，如经济总量、土地价格、产业规模等。

一般情况下，城市规模与人口规模存在正相关关系。但是人口只是城市的组成要素之一，资金、基础设施、交通便捷度、历史文化的积淀等都是城市的重要组成要素。此外，不同素质与特征的人在不同地域的贡献可能有所不同，因而，人口规模并不能完全揭示出城市等级结构。从研究所采用的数据内涵看，国内学者在进行城市等级划分时，大多未考虑或者未说明所采用的数据是否包含全部行政区域内的数据值。由于行政体制等方面的差异，国内外关于城市的内涵存在事实上的差异。相比之下，国内的城市不仅包括城市本级，还包含下辖的县、市及广大的农村腹地。统计部门的统计数据，也多采用逐级汇总上报的形式。因此，通常情况下，上一级城市的生产总值、总人口等数据值均包含下辖各县、市乃至村镇的数据。学者在进行城市规模的等级研究时，也多从国情出发，未对数据进行剥离。

综上所述，为充分反映城市群内不同等级城市产业分布与其地价梯度的差异，本书依据指标的易得性、统计口径的一致性、衡量经济发展水平的全面性等原则，从城市的经济发展水平、经济结构、投资水平、收入水平和消费水平、对外联系强度、工业水平、教育水平、医疗水平等方面，选择了各城市本级的行政区域内的年末总人口数、地区生产总值、第二产业总产值、第三产业总产值、第二产业占比、第三产业占比、人均地区生产总值、全社会固定资产投资、地方财政一般预算收入、地方财政一般预

---

① 刘凌波，彭正洪，吴昊. 基于 H/T 断裂法的 POI 自然城市规模等级测度［J］. 国际城市规划，2019，34（03）：56—64.

算支出、本地移动电话用户户数、城乡居民储蓄存款年末余额、社会消费品零售总额、规模以上工业企业主营业务收入、中学生人数、医疗机构床位数等16个指标，如表4-1所示，采用统计学中主成分分析和聚类分析的方法，划分京津冀城市群内不同城市等级[①]。需要说明的是，大多数对城市群城镇等级问题所做的研究以地级市为区域内的末级中心地，本章将城市群内县级市和县城作为末级中心地纳入研究范围。在选择数据时，考虑到市辖区的数据能够更大程度地反映城市的基本经济活动状况，本章直接使用每个城市市辖区的相关数据以对比各城市作为中心地的等级高低。由于公开统计数据均以县级市或县作为末级单位，未将县级市或县辖区范围内的数据单独核算并公布，考虑到在实际的生产生活中，河北省域内大多数县级市或县辖区的范围不大，其各项产业布局并未出现明显地向市或县辖区集中的趋势，所以，对县级市或县一级采用其行政管辖范围全域的数据。

表4-1　　　　　　　　　　指标和变量的选择

城市规模内涵	经济指标	变量选择	城市规模内涵	经济指标	变量选择
经济发展水平	总人口数	X_1	教育水平	中学生人数	X_9
	地区生产总值	X_2	经济结构	第二产业总产值	X_{10}
	人均地区生产总值	X_3		第三产业总产值	X_{11}
	地方财政一般预算收入	X_4		第二产业占比	X_{12}
投资水平	全社会固定资产投资	X_5		第三产业占比	X_{13}
	地方财政一般预算支出	X_6	居民收入水平	城乡居民储蓄存款年末余额	X_{14}
消费水平	社会消费品零售总额	X_7	工业发展水平	规模以上工业企业主营业务收入	X_{15}
对外联系	本地电话用户户数	X_8	医疗水平	医疗机构床位数	X_{16}

---

① 数据来源：《2010—2018年河北省统计年鉴》《2010—2018年北京市统计年鉴》《2010—2018年天津市统计年鉴》。

4.2 京津冀城市群内城市等级划分的实证研究

4.2.1 主成分分析

4.2.1.1 主成分分析的思想和一般数学模型

主成分分析（principal components analysis，简称 PCA）也称主分量分析，1901 年由 K. 皮尔森首先应用于随机变量，1933 年 Hotelling 将此方法推广到随机向量。该方法利用降维的思想把多维指标转化为少数几个综合指标，通过对协方差矩阵进行特征分解，以得出数据的主成分（即特征矢量）与其权值（即特征值），并以特征值分析多元统计分布[①]。设某经济问题涉及 n 个样本、p 个指标，记为 X_1，X_2，…，X_p，其原始数据矩阵为：

$$X = \begin{bmatrix} X_{11} & X_{12} & \cdots & X_{1p} \\ X_{21} & X_{22} & \cdots & X_{2p} \\ \vdots & \vdots & \vdots & \vdots \\ X_{n1} & X_{n2} & \cdots & X_{np} \end{bmatrix} = \begin{pmatrix} X_1 & X_2 & \cdots & X_p \end{pmatrix} \quad (4.1)$$

其中，

$$X_i = \begin{pmatrix} X_{1i} \\ X_{2i} \\ \vdots \\ X_{ni} \end{pmatrix} \quad (4.2)$$

对 x 作正交旋转变换，令 $F = U^T x$，其中 U^T 为正交阵，新的综合变量可以由原来的变量 x_1，x_2，…，x_p 线性表示，即：

---

① 何晓群. 应用多元统计分析 [M]. 北京：中国人民大学出版社，2019.

$$F_1 = a_{11}X_1 + a_{21}X_2 + \cdots + a_{p1}X_p$$
$$F_2 = a_{12}X_1 + a_{22}X_2 + \cdots + a_{p2}X_p$$
$$\cdots\cdots \quad (4.3)$$
$$F_p = a_{1p}X_1 + a_{2p}X_2 + \cdots + a_{pp}X_p$$

并且满足如下条件：

(1) 每个主成分的系数平方和为 1。即：$a_{1i}^2 + a_{2i}^2 + \cdots + a_{pi}^2 = 1$

(2) 主成分之间相互独立，即无重叠的信息。即：

$Cov(F_i, F_j) = 0, i \neq j, i, j = 1, 2, \cdots, p$

(3) 主成分的方差依次递减，重要性依次递减，即：

$Var(F_1) \geqslant Var(F_2) \geqslant \cdots \geqslant Var(F_p)$

则，综合变量 F_1，F_2，$\cdots$，F_p 分别称为原变量的第 1、2、$\cdots$、p 个主成分。其中，F_1 在总方差中占的比重最大，其他主成份 F_2，F_3，$\cdots$，F_p 的方差依次递减。主成分 F_i 不仅保留了原始变量的主要信息，且彼此间不相关，又比原始变量具有某些更优越的性质，有利于抓住复杂问题中的主要矛盾。这样，在进行经济问题分析时，只需要挑选前几个方差最大的主成分达到简化系统结构、抓住问题实质的目的。

4.2.1.2 主成分分析在京津冀城市群城市等级划分中的应用

(1) 数据检验

对所选用数据进行 KMO 和 Bartlett 检验如表 4-2 所示，KMO 检验值均 >0.6，在显著性检验中，球形检验 P 值均为 0.000 < 0.05，结果显示，数据结构效度理想，变量之间存在相关关系，适合做主成分分析。

表 4-2 数据的 KMO 和 Bartlett 检验结果

年份	2009	2010	2011	2012	2013	2014	2015	2016	2017
Kaiser – Meyer – Olkin	0.852	0.868	0.860	0.862	0.846	0.840	0.806	0.805	0.786
球形度检验（P）	0.000	0.000	0.000	0.000	0.000	0.000	0.000	0.000	0.000

(2) 提取主成分

表 4-3　　　　　　　　　　　解释的总方差

解释的总方差								
年份	主成分	旋转平方和载入			年份	主成分	旋转平方和载入		
		合计	方差%	累计%			合计	方差%	累计%
2009	1	12.438	77.739	77.739	2014	1	12.500	78.126	78.126
	2	1.389	8.684	86.424		2	1.444	9.024	87.150
	3	1.166	7.287	93.711		3	1.042	6.514	93.664
2010	1	12.465	77.907	77.907	2015	1	11.554	72.215	72.215
	2	1.278	7.987	85.894		2	1.481	9.253	81.468
	3	1.277	7.982	93.876		3	1.406	8.789	90.256
2011	1	12.428	77.676	77.676	2016	1	11.589	72.431	72.431
	2	1.459	9.119	86.795		2	1.482	9.260	81.691
	3	1.260	7.877	94.672		3	1.146	7.161	88.852
2012	1	11.888	74.302	74.302	2017	1	11.746	73.411	73.411
	2	1.774	11.087	85.389		2	1.505	9.408	82.820
	3	1.506	9.414	94.802		3	1.411	8.819	91.639
2013	1	12.566	78.537	78.537					
	2	1.507	9.419	87.956					
	3	1.047	6.541	94.497					

将 2009—2017 年数据主成分分析解释的总方差结果综合得到表 4-3，由表可知：2009—2017 年连续 9 年的数据中，所提取的主成分特征值均大于 1，且其方差累积贡献率分别为 93.711%、93.876%、94.672%、94.802%、94.497%、93.664%、90.256%、88.852% 和 91.639%，均大于 85%。可见，每一年份提取的 3 个主成分均能体现指标体系的大部分信息。进一步可以根据各城市主成分得分计算城市综合得分 F_i。

$$F_i = \sum_{i=1}^{3} a_i \times f_i \quad (4.4)$$

其中，a_i 为主成分权重，可以各主成分的方差贡献率在累积方差贡献率中所占的比重计算得到；f_i 为各城市主成分得分。

2017 年计算结果如附表 A 所示①。

---

① 由于受篇幅所限，2009—2016 年计算结果略去。

由附表 A 中各市县单项和综合主成分得分，可以看出：

（1）主成分 1 中各指标影响因子系数均较高，只有第二产业所占比和移动电话用户数的系数较小或为负，可见主成分 1 可表示剔除第二产业占比和移动电话用户数之外，城市的综合发展水平；主成分 2 中则是第二产业所占比系数较高，而其他影响因素的因子均较小或为负值，所以主成分 2 可反映第二产业的基本发展情况；而主成分 3 是移动电话用户数系数较高，而其他影响因素的因子均较小或为负值，可反映城镇对外联系水平的基本发展情况。可见，三个主成分覆盖了指标体系的全部指标信息，数据的选取和处理情况较好。

（2）地级市和县级市中出现较明显的分化。秦皇岛、邯郸、廊坊、保定、沧州、张家口等地级市综合排名比较考前，但承德市、邢台市、衡水市三市的综合得分与涿州市、迁安市、三河市、任丘市等县级市较为接近。这说明，部分地级市虽然在行政级别上高于周边其他县市，但是在综合实力上与周边其他县市各有高低，行政级别与综合实力不完全成正相关，从而在中心性上难以与同级别其他地级市相比。类似的情况在县级市和县中同样存在，如，涿州、迁安、三河、任丘、武安等县级市，行政级别虽然较低，但是总体实力高于部分地级市；怀来、阳原、乐亭、魏县、滦南等县的总体实力高于定州市、鹿泉市、藁城市、泊头市等县级市。这充分说明，行政级别与城市总体实力并不总是对等的，不能仅以行政级别进行中心地等级的划分。

4.2.2 聚类分析

4.2.2.1 聚类分析的思想和一般数学模型

聚类分析（Cluster Analysis）又称群分析，是根据"物以类聚"的思想，对样品或指标进行分类的一种多元统计分析方法。根据分类对象的不同，聚类分析分为 Q 型和 R 型两大类，其中 Q 型是对样本进行分类处理，R 型是对变量进行分类处理。聚类包括系统聚类、K-mean 聚类等方法。根据类间距离度量方式的不同，系统聚类又分为组间平均连接法

(Between-group linkage)、中位数法（Median clustering）、离差平方和法（Ward's method）等多种方法。本章分别采用组间联接、ward 法等多种系统聚类方法和 k-mean 值聚类方法进行试算，并尝试剔除或替换个别变量，经过比较，以组间联接的系统聚类方法下采用平均欧氏距离对上述 17 个指标进行的聚类效果较为理想。

系统聚类分析的基本思想是根据样品的多个观测指标，"找出一些能够度量样品或者指标之间相似程度（通常为相似系数或距离）的统计量"，以此为划分类型的依据，把相似程度较大的样品（或指标）聚合为一类，把另外一些彼此之间相似程度较大的样品（或指标）聚合为另一类，关系密切的聚合到一个小的分类单位，关系疏远的聚合到一个大的分类单位，直至将所有样品（或指标）全部聚合完毕，形成一个由小到大的分类系统。组间连接法以"两类个体两两之间距离的平均数作为类间距离"。[①]

平均欧氏距离的估算采用如下基本模型：

设有 n 个样本单位，每个样本测得 p 项指标（变量），原始数据矩阵为：

$$\begin{bmatrix} x_{11} & x_{12} & \cdots & x_{1p} \\ x_{21} & x_{22} & \cdots & x_{2p} \\ \vdots & \vdots & \vdots & \vdots \\ x_{n1} & x_{n2} & \cdots & x_{np} \end{bmatrix} \tag{4.5}$$

令 d_{ij} 表示样品 x_i 与 x_j 的距离，

则，欧氏距离为：$d_{ij} = \sqrt{\sum_{i=1}^{p}(x_{il} - x_{jl})^2}$ （4.6）

4.2.2.2 聚类分析结果

按照上述聚类分析方法，将各年份所有市县分别进行群集划分。将 2009 年京津冀城市群所有市县划分为 8 群集、7 群集、6 群集、5 群集和 4 群集的结果如附表 B 所示，后余年份结果不再列出。

[①] 何晓群. 应用多元统计分析 [M]. 北京：中国人民大学出版社，2019.

由附表 B 中聚类群集可看出，在 7 群集和 8 群集划分中，在成安县之前群集划分均一致，从这两类群集划分中前 7 个群集来看：

（1）北京、天津、石家庄、唐山均作为一个单独的群集存在，结合上述主成分分析的结果，可将北京、天津各自分列为一个群集，石家庄和唐山合并为一个群集；

（2）秦皇岛、沧州、邯郸、保定在一个群集中，廊坊、张家口、任丘和迁安在一个群集中；邢台、承德、衡水、正定、三河、遵化、黄骅、迁西、武安、涿州、辛集、河间、怀来、乐亭和阳原在一个群集里。该群集中既有地级市，也有县级市和县，而滦南县、霸州市等及其他县市落在第 7 群集中。从这三个群集的划分看，不同行政级别的市、县混合在同一群集中，与主成分分析结果相似，即行政级别高，不一定代表综合实力强。

4.3　城市群内七等级中心地体系

4.3.1　城市群内七等级中心地体系的提出

随着区域经济的发展，最早形成的中心地规模逐步增大，升格至高一级中心地，与此同时次一级中心地作为最低一级的中心地会相继出现，并随着高一级中心地的升格而升格，由此，特定区域内的城市化水平越高、分工越细密、经济发展水平越高，其中心地体系的层级越多，中心地等级系统愈益完善。杨小凯（2000）以图书馆目录系统为例，说明了分层结构与效率之间的关系，得出分层系统的效率约是无分层系统的 33 倍，当某一系统中的基本元素不变时，如果层级数增加，则效率也随之提高。进一步地，城市系统最优层次数是分工水平或生产者数量的增函数，是城市规模经济和贸易效率的减函数[1]。安虎森（2010）指出，"某一分层系统的最优

---

[1] 杨小凯（澳），黄有光，（张玉纲译）. 专业化与经济组织——一种新兴古典微观经济学框架[M]. 北京：经济科学出版社，2000.

层次数是该系统基本元素数量的增函数"。① 陆玉麒（2011）等从克里斯塔勒德国南部的中心地体系出发，将中心地等级体系的演化过程分为萌芽期—成型期—完善期—成熟期—提升期五个阶段，每个阶段对应的系统层级数如表4-4所示。基于集中型等级序列原则，从重要性和中心性出发，克里斯塔勒认为，南部德国实际存在由H至R十个等级的中心地，如表4-5，但是其中R和RT级中心地往往与政治地位等因素有关，H级中心地因不具有或仅发挥较少的中心作用只能作为辅助中心地。由此，在一个存在较密切的商品和服务联系的、城镇化率超过50%的区域内，其真正意义上的中心地体系往往包括由M至L七个等级，如德国南部慕尼黑、纽伦堡、斯图加特等L级体系②。

表4-4　　　　　　　　　　中心地演化过程③

演化阶段	总层级数	新增中心地层级	中心地特点
萌芽期	1		生产力水平较低、人口密度极低，一级中心地即使产生，其所需的支撑服务范围也极为广阔
成型期	3	第2级和第3级	一级中心地服务范围内人口数量增加，生产力水平提高，二级和三级中心地形成，中心地等级体系已基本成形
完善期	5	第4级和第5级	新出现的四级和五级中心地间，由于区位值的差异，同一等级中心地的人口规模并不相同
成熟期	7	第6级和第7级	低等级中心地的人口规模有可能超过高一级中心地的人口，中心地功能结构与规模结构出现了明显分异，同时以最早出现的中心地为核心，出现了人口高度集聚区
提升期	7		各中心地根据自身区位优势不断优化提升，七级中心地功能结构已全部形成，中心地规模结构特征愈加明显

---

① 安虎森. 新区域经济学 [M]. 大连：东北财经大学出版社，2015.
② 沃尔特·克里斯塔勒. 德国南部中心地原理 [M]. 北京：商务印书馆，2010.
③ 陆玉麒，袁林旺，钟业喜. 中心地等级体系的演化模型 [J]. 中国科学：地球科学，2011，41（8）：1160—1171，结合作者的思考整理得到。

由表 4-4 可知，当特定区域的中心地系统步入成熟期时，7 级构成是比较理想的、稳定的结构。在德国南部地区城镇化率达到 52.15% 时，区域内亦演化出七级中心地①。从城市化率来看，我国按非农人口占全国总人口数计算的城市化率 2019 年末即已达到 60.60%②，其中京津冀地区由于涵盖两大直辖市，其城市化率高于全国其他地区，平均达到 75.9%③。由此，京津冀城市群已具备了七级中心地系统的条件。

表 4-5　　　　　　　　克氏南部德国中心地

中心地类型	特　点
R	世界都市或国家首都
RT	介于首都和国土中心城市之间，国家某一部分首府
L	国土中心地
P	省府，大都市，省政府驻所，都市型设施齐备
G	中等城市，中级政府所在地、大学城、军事要塞、工业区中心等
B	完全规模的城市，经济上重要但行政管理上未得到多少承认，有时与 G 级难以区分
K	县城，低级行政机关所在地，中心设施较为齐备
A	公务镇，拥有初级法庭、小学、公共图书馆、地方性博物馆、电影院、俱乐部、合作社等市政功能
M	集市，最低级的完全中心地，周期性集市贸易，有火车站、邮局、诊所、多半位于邮车的起止点或重要的公路交叉点等
H	村庄，辅助中心地

4.3.2　城市群内七等级中心地体系的实证研究

克里斯塔勒认为，市场原则（K=3）、交通原则（K=4）和行政原则（K=7）可以支配中心地体系的形成。在不同的原则支配下，中心地网络呈现不同的结构，且中心地和市场区大小的等级也按照 K 值有规律的排

---

① 沃尔特·克里斯塔勒. 德国南部中心地原理 [M]. 北京：商务印书馆，2010.
② 2012 年末，我国的城市化率已达到 52.57%，相应地，京津冀地区的城市化率也已超过 2010 年 56% 的水平。
③ 中国国际城市化发展战略研究委员会. 2019 年中国城市化率调查报告，2019.

列。三个原则共同导致了城市等级体系的形成。在开放、便于通行的地区，市场经济的原则可能是主要的；在山地盆地地区，客观上与外界隔绝，行政管理更为重要；而年轻的国家与新开发的地区，交通原则则占主要优势。由此，克里斯塔勒得出：在三个原则共同作用下，一个国家或地区，应形成如下的城市等级体系：A 级城市 1 个，B 级城市 2 个，C 级城市 6—12 个，D 级城市 42—54 个，E 级城市 118 个，……。

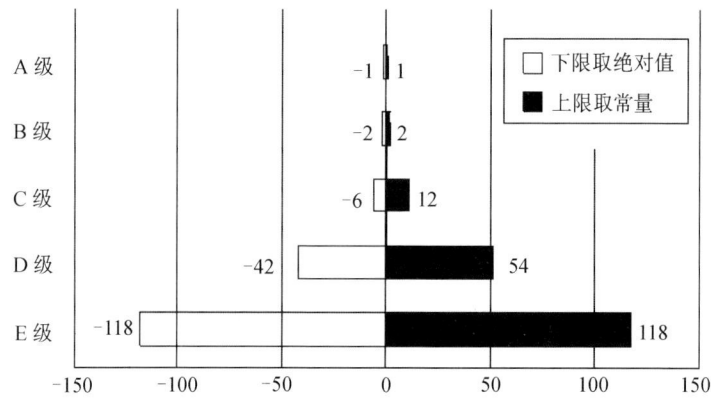

图 4-1　克里斯塔勒理想城市等级体系

综合考虑主成分分析和聚类分析的结果，结合河北省行政等级和各市、县的人口发展状况，将京津冀区域内的 2 个直辖市、11 个地级市、20 个县级市和 101 个县划分为：主核心城市（北京）——次核心城市（天津）——区域副中心城市（石家庄、唐山）——地方骨干城市（邯郸市、廊坊市、保定市、沧州市、秦皇岛市、张家口市等地级市和迁安市等县级市）——地方次级骨干城市（承德市、邢台市、衡水市及唐山的遵化市等县市和乐亭县、滦县、固安县等县城）——地方潜在骨干县市（沙河市、晋州市等县级市和玉田县、涉县等县城）——一般县市（安国市、高碑店市等县级市和广平县、安平县等县城）等 7 个层级，如附录 B 所示。

在上述划分中，首都北京是京津冀城市群内中心性最高的城市，在政治经济文化等综合职能上辐射整个区域，直辖市天津则主要以经济职能（特别是制造业优势）辐射整个区域。京津作为区域内的"主、次核心城市"发挥着区域产业中心、就业中心、消费中心、交通枢纽、外向经济主要载体、技术和资金主要输出基地等主导作用。石家庄、唐山作为河北省最发达的城市，分别居于京津的南北两侧，可分列为"区域服务业副中心和制造业副中心"。秦皇岛、邯郸等地级市在城市群内相对竞争力较强、人口规模较大、对周边邻近地区产生较强集聚引力，列为"地方骨干城市"。邢台、承德、衡水、遵化、迁西、武安、涿州等地级市和县级市虽然部分行政级别不高，但是具备一定的经济实力和发展潜力，对周边地区正在形成集聚引力，与个别行政级别与经济实力明显不对等的地级市一起列为"次级骨干城市"。定州市、滦南县等县市或者人口规模较大、发展潜力较高，或者已经呈现出良好的发展态势，有望成为次级骨干城市，被列为"潜在骨干城市"。其他县市作为区域广大腹地上的末级中心地，被列为"一般县市"。

从各级中心地城镇的数目来看，京津冀城市群内城镇体系结构与理想的金字塔结构有一定差异，主要体现在：第3、4、5、6级中心地数量偏少，相比之下，末级中心地数量众多，金字塔的基座较大，但是塔身轮廓不完整，明显内陷。

上述分层结构显示，同一级中心地的人口规模、行政级别可能存在很大的差异，甚至低等级中心地的人口规模、行政级别可能超过高一级的中心地人口规模、行政级别。这一方面是由于本章采用多经济指标代替人口规模或者行政级别这些衡量城市规模时常用的单一指标的缘故，另一方面也是城市群城镇体系发展到一定阶段的必然表现。如表4-4中成熟期特点所示。在城市群分层体系中，V_i（上一层城市规模）$> V_{i-1}$（下一层城市规模）是常态，但是当分工水平足够高或者经济发展水平足够高时，可能出现 $V_i < V_{i-1}$，并且不同层级之间的城市规模差异呈现缩小的趋势，城市群内分层系统实现高水平的相对动态平衡。

需要注意的是，在上述城镇等级划分体系基础上，京津冀城市群内围绕着京、津主、次核心城市，以及石家庄、唐山区域副中心城市，出现了次级城市群，并且以骨干城市为核心的次级城市群也正在形成。

表4-6 京津冀历年各城镇等级市县数量变化情况

城镇等级＼年份	2009	2010	2011	2012	2013	2014	2015	2016	2017
主核心城市	1	1	1	1	1	1	1	1	1
次核心城市	1	1	1	1	1	1	1	1	1
区域副中心城市	2	2	2	2	2	2	2	2	2
骨干城市	8	10	11	8	7	8	16	9	10
次骨干城市	15	12	13	15	18	14	9	17	18
潜在骨干城市	14	22	25	22	15	23	26	43	42
一般县市	93	86	81	85	90	85	72	61	60

由图4-2、图4-3可知：

（1）与当前发达国家城市等级扁平化的趋势有所不同，京津冀城市群城镇等级体系的演化仍处于等级化的阶段，基本符合克里斯塔勒七等级中心地体系构成。自2009年以来主核心城市（北京）—次核心城市（天津）—区域副中心城市（石家庄、唐山）—骨干城市（邯郸市、保定市等）—次级骨干城市（衡水市、遵化市、涿州市等县级市）—潜在骨干县市（定州、滦南等）——般县市（其他县级市及县城）七等级构成日益明显。

（2）京津冀城镇体系已初步呈现出由集中式等级化向网络式扁平化发展的潜在态势。自2009年以来第4、第5、第6级城市数量逐步递增，第7级的城市数量呈现快速递减的趋势。这一方面表明京津冀城镇等级金字塔塔身内陷的情况得到明显改善，另一方面，中低等级中心地数量和规模差异在缩小、各类城市流不断强化，底层中心地组织结构正在发生变革，金字塔中部壮大、底部缩小。这与世界城市等级体系由"金字塔"向"钟形"继而"鼓形"的转变趋势基本吻合。

（3）城市群分层系统处于相对动态平衡，V_i（上一层城市规模）＞V_{i-1}（下一层城市规模）是常态的，但是在集聚与跃迁效应共同作用下，高等级中心地的人口规模、行政级别可能低于低级的中心地,出现 $V_i < V_{i-1}$ 的情形,如迁安和衡水。

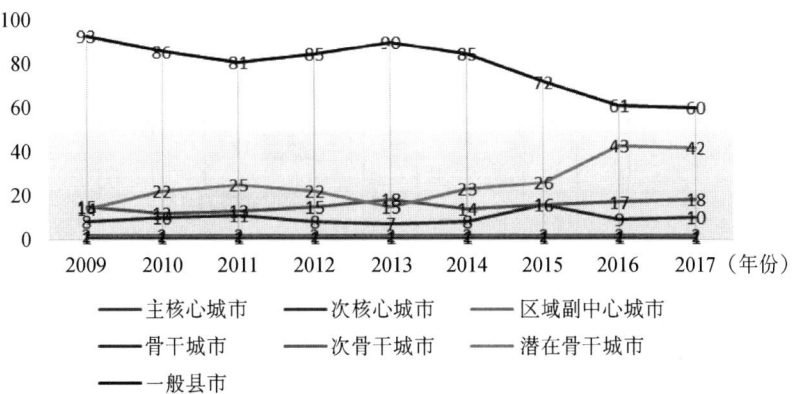

图 4-2　2009—2017 年京津冀城市群各城镇等级内城市数量(A)

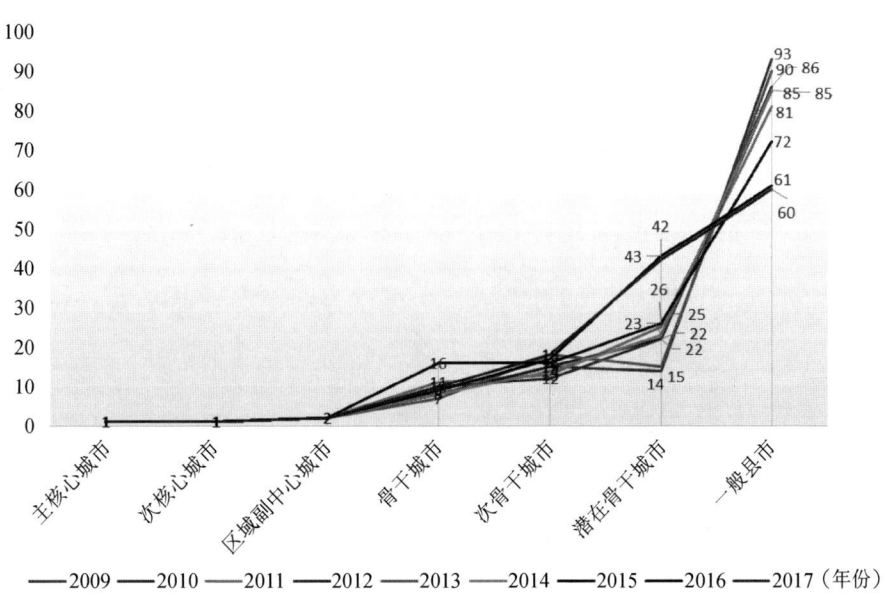

图 4-3　2009—2017 年京津冀城市群各城镇等级内城市数量(B)

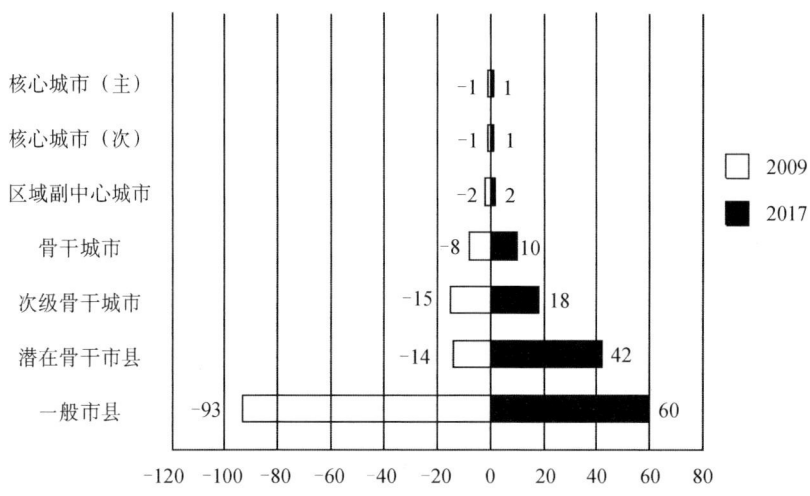

图 4-4　京津冀城市群城镇等级金字塔

第5章 京津冀城市群工业地价空间分布研究

本章旨在论证本文研究的假设命题二：地价在城市群体系中由小到大以及单体城市中从边缘到中心次第升高。

5.1 京津冀城市群工业用地市场价格概况

随着我国土地市场的发展，土地价格成为影响土地开发量、开发区位以及开发强度的重要信号。从综合用途地价水平看，京津冀所在的环渤海地区综合地价由2000年的1727元/平方米升至2019年第一季度的4721元/平方米，涨幅173%，明显低于长三角地区（305%）、珠三角地区（519%）以及全国（341%）的平均涨幅。从历史上的京畿地区发展至今，京津冀区别于长三角等其他城市群最显著的特征就是作为"首都地区"的这一基本属性，行政干预对该地区的资源配置和经济发展产生重要影响①。这一属性在土地价格上得到充分体现。在宏观调控作用下，2008年京津冀及所在的环渤海地区土地价格出现较大幅度下降，此后稳步小幅回升，2019年至2020年2月，基本持平。这一价格波动的趋势，与长三角、珠三角及全国总体趋势明显不同。行政力在这一区域内的作用程度可见一斑。

就工业地价而言，在城市各类用地中，一般情况下，工业用地地价的

---

① 京津冀城镇群发展规划（2008—2020）——城镇专题0411.2008，2：1—2.

空间相关距离最大，地价水平也相对最稳定①②。京津冀城市群所在环渤海地区工业用地价格水平由 2000 年的 479 元/平方米升至 2019 年第一季度的 834 元/平方米，涨幅 74%，不到该地区综合地价涨幅的一半，略高于长三角地区的 42%，明显低于珠三角地区的 206% 和全国平均水平的 86%③，如图 5-1 所示。这一方面体现出该区域工业地价的稳定性，另一方面也从一定程度上说明该地区工业用地的价值未得到充分显化，价格杠杆尚未在工业用地配置中发挥应有的作用。

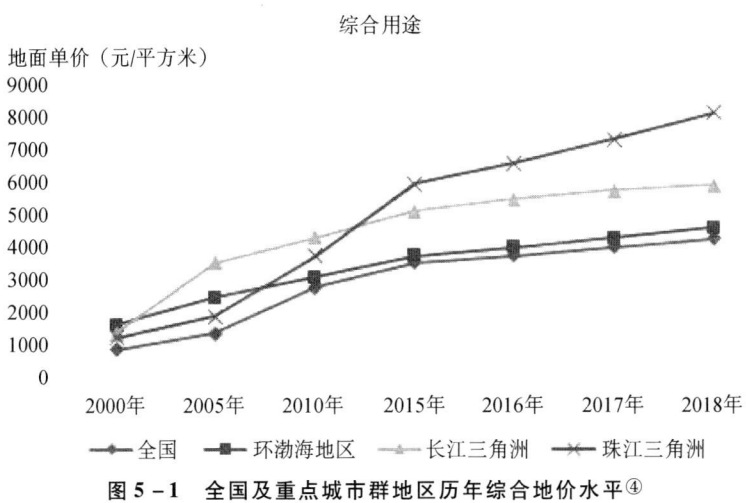

图 5-1　全国及重点城市群地区历年综合地价水平④

---

① http://www.docin.com/p-172708606.html.

② 汪应宏，张绍良，郭达志. 城市地价与房租的空间变异分析 [J]. 中国矿业大学学报，2005（5）.

③ 数据来源：根据中国城市地价动态监测网数据整理得到。

④ 数据来源：长三角、珠三角及环渤海数据根据中国城市地价动态监测网中重点地区数据整理得到，京津冀数据根据该监测网中重点城市数据整理得到。由于河北省仅有石家庄、唐山等 6 个地级市进入了城市动态监测覆盖范围，所以京津冀数据中河北数据未能覆盖河北省内所有地级市。又由于 2007 年以前，河北省地价动态监测城市仅有石家庄、秦皇岛两市，故河北 2007 年以前的地价水平取这两市的平均价。

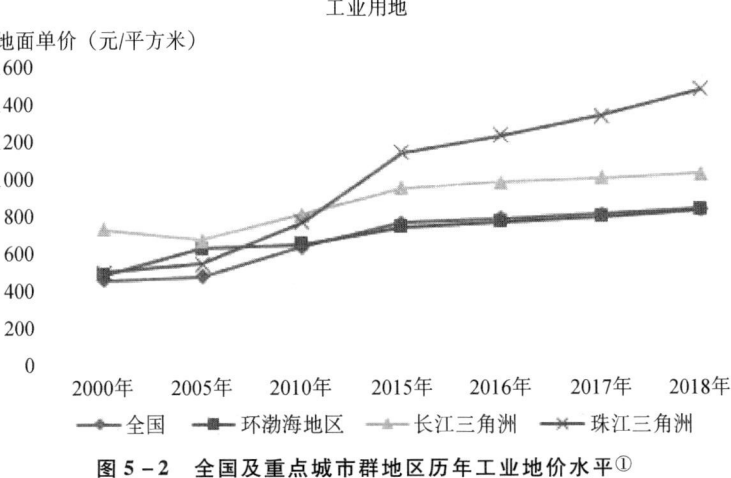

图 5-2　全国及重点城市群地区历年工业地价水平①

5.2　研究数据

5.2.1　数据来源

从国内外已有文献上看,地价空间分析主要采用市场成交价、基准地价和城镇地价动态监测数据等三类数据。采用土地市场成交价数据时,又以土地出让市场价格居多。其各自优缺点如表 5-1 所示。

由表 5-1 可知,采用市场数据不仅可以解决时间连续性和时效性问题,而且可以获得地级以下各县市及村镇的宗地成交价格、产业类别等信息,便于进行不同城镇级别、不同产业类别宗地价格的对比。故本研究采用土地出让市场中以"招拍挂"方式成交的工业用地数据,以更好地反映产业布局中企业拿地成本的空间差异性。通过中国土地市场网获取京津冀城市群内 2009 年 1 月 1 日至 2018 年 12 月 31 日以来的 1 万余宗国有工业

---

①　数据来源:长三角、珠三角及环渤海数据根据中国城市地价动态监测网中重点地区数据整理得到,京津冀数据根据该监测网中重点城市数据整理得到。由于河北省仅有石家庄、唐山等 6 个地级市进入了城市动态监测覆盖范围,所以京津冀数据中河北数据未能覆盖河北省内所有地级市。又由于 2007 年以前,河北省地价动态监测城市仅有石家庄、秦皇岛两市,故河北 2007 年以前的地价水平取这两市的平均价。

表 5-1　地价空间分析中常用的三类数据优缺点分析

数据来源	优点	缺点
土地出让数据	有较强的市场说服力；易于在公网上获得；易于获取土地面积、交易日期、成交价格、大致座落、行业类别等信息；数据时序性较好	地价内涵不一致，统一价格的内涵的工作量太大；除个别地区外，在公网上很难获得大部分地区成交宗地的开发程度、容积率等更为详细的信息
基准地价	同一个地区内的地价内涵较为一致；政府公布的数据，有较强公信力	缺少大多数县市的资料；研究范围内大部分市县的基准地价最新一轮的更新工作尚未完成或者尚未公布结果，存在数据上的滞后性、不连续性等问题；如果进行期日修正，则县级地区的修正指数比较难以获得
地价动态监测数据	地价更新较为及时；地价内涵较统一；有一定公信力；对特定样点地价水平进行跟踪监测，数据时序性较好	地价监测只到地级市，缺少县级地区的数据，无法看到地价在县级市县内传递、扩散的情况；只有比较笼统的工业用地平均水平，未进行产业类别的区分；缺少样点数据，只能从公网上查到各地的平均数据，无法满足地价空间分析时样本量的要求

用地使用权出让的数据信息，包括宗地名称、坐落位置、规划用途、土地面积、成交总价、成交方式等。通过北京市规划和自然资源委员会网站获取北京市 2010 年 1 月 1 日至 2018 年 12 月 31 日 300 余宗工业用地使用权出让信息，包括宗地名称、坐落位置、规划用途、土地面积、成交方式、开发程度等。

5.2.2　地价内涵的统一化处理

以市场数据分析工业用地地价分布规律时，需要将各宗地地价内涵进行统一化处理。该区域内各地工业用地成交地价信息，在交易日期、开发程度、容积率、地块面积大小、代征地面积等方面存在较明显的差异。

通常情况下,宗地的地价受到多种因素的影响,与开发程度、容积率成正相关关系。但是工业用地的一级市场价格受到招商引资、企业生产工艺特点的限制等因素的影响,呈现出不同特点。依据北京地区的工业地价交易数据,得到图 5-3 中散点图,可看出工业用地地面单价与开发程度、容积率、建设用地面积(反映宗地面积大小)、代征地面积没有明显的相关关系。

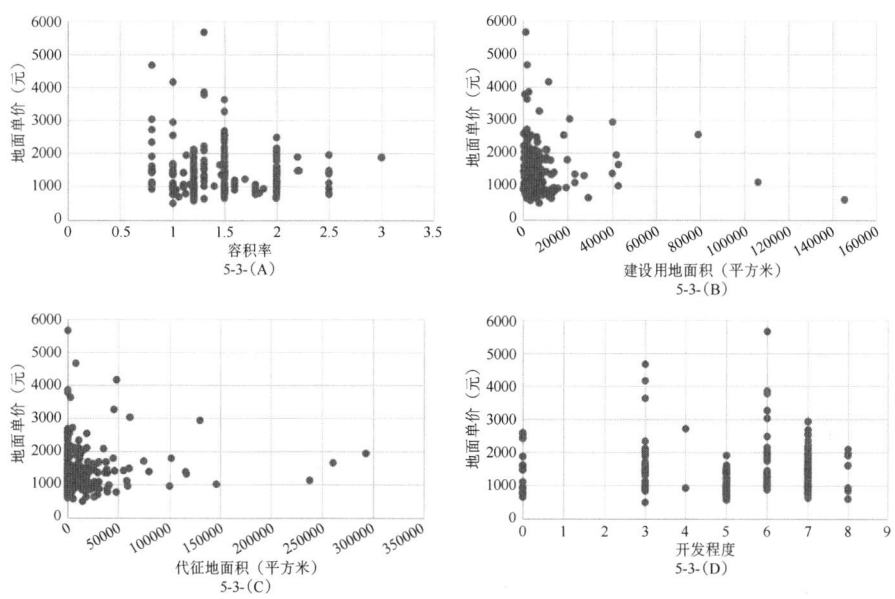

图 5-3　工业地价与容积率、开发程度等影响因素的散点图

进一步地,采用 SPSS 工具对北京地区工业用地地面单价与容积率、建设用地面积、代征地面积、开发程度等价格影响因素进行双变量相关关系分析,估算其 Pearson 相关系数并进行双侧检验,结果如表 5-2 所示。地面单价与上述因素相关关系的 Sig.(双侧检验值)分别为 0.412、0.619、0.499、0.509,即双侧检验值均 >0.01,未能通过检验。因开发程度为等级变量,非连续性变量,进一步采用 Spearman 系数检验地面单价与其相关关系,结果如表 5-3 所示。双侧检验值 =0.494,同样未通过检验。

考虑到区位对地价的重要影响作用,本书进一步以宗地样本量最多的通州、房山两区为例,对同一区位条件下工业用地地面单价与开发程度、容积率的相关关系进行分析,结果如表5-4、表5-5所示。

表5-2　　　　　　　　　皮尔森相关系数

		容积率	地面单价	建设用地面积	代征地面积	开发程度
容积率	相关性	1	-0.046	-0.072	-.177**	-0.017
	显著性(双侧)		0.412	0.2	0.002	0.769
	N	316	316	316	316	316
地面单价	相关性	-0.046	1	-0.028	0.038	-0.037
	显著性(双侧)	0.412		0.619	0.499	0.509
	N	316	316	316	316	316
建设用地面积	相关性	-0.072	-0.028	1	.510**	-0.016
	显著性(双侧)	0.2	0.619		0	0.779
	N	316	316	316	316	316
代征地面积	相关性	-.177**	0.038	.510**	1	-0.048
	显著性(双侧)	0.002	0.499	0		0.397
	N	316	316	316	316	316
开发程度	相关性	-0.017	-0.037	-0.016	-0.048	1
	显著性(双侧)	0.769	0.509	0.779	0.397	
	N	316	316	316	316	316

**. 在.01水平(双侧)上显著相关。

表5-3　　　　　　　　　斯皮尔曼相关系数

			地面单价	开发程度
地面单价	相关系数		1	-0.039
	Sig.(双侧)		.	0.494
	N		316	316

续表

		地面单价	开发程度
开发程度	相关系数	-0.039	1
	Sig.（双侧）	0.494	.
	N	316	316

表5-4　通州工业用地地面单价与开发程度等因素皮尔森相关系数

		容积率	地面单价	建设用地面积	代征地面积	开发程度
容积率	相关性	1	.363*	0.093	0.139	0.113
	显著性（双侧）		0.014	0.545	0.363	0.461
	N	45	45	45	45	45
地面单价	相关性	.363*	1	0.07	0.152	.338*
	显著性（双侧）	0.014		0.65	0.318	0.023
	N	45	45	45	45	45
建设用地面积	相关性	0.093	0.07	1	.936**	-.320*
	显著性（双侧）	0.545	0.65		0	0.032
	N	45	45	45	45	45
代征地面积	相关性	0.139	0.152	.936**	1	-0.141
	显著性（双侧）	0.363	0.318	0		0.356
	N	45	45	45	45	45
开发程度	相关性	0.113	.338*	-.320*	-0.141	1
	显著性（双侧）	0.461	0.023	0.032	0.356	
	N	45	45	45	45	45

*. 在0.05水平（双侧）上显著相关，**. 在.01水平（双侧）上显著相关

表5-5　房山工业用地地面单价与开发程度等因素斯皮尔曼相关系数

		容积率	地面单价	建设用地面积	代征地面积	开发程度
容积率	相关性	1	.379*	0.166	0.254	0.11
	显著性（双侧）	.	0.01	0.276	0.092	0.474
	N	45	45	45	45	45

续表

		容积率	地面单价	建设用地面积	代征地面积	开发程度
地面单价	相关性	.379*	1	-0.249	-0.27	.642**
	显著性（双侧）	0.01	.	0.098	0.073	0
	N	45	45	45	45	45
建设用地面积	相关性	0.166	-0.249	1	.788**	-.475**
	显著性（双侧）	0.276	0.098	.	0	0.001
	N	45	45	45	45	45
代征地面积	相关性	0.254	-0.27	.788**	1	-.315*
	显著性（双侧）	0.092	0.073	0	.	0.035
	N	45	45	45	45	45
开发程度	相关性	0.11	.642**	-.475**	-.315*	1
	显著性（双侧）	0.474	0	0.001	0.035	.
	N	45	45	45	45	45

*. 在 0.05 水平（双侧）上显著相关，**. 在 .01 水平（双侧）上显著相关

从通州数据看，仅有地价与容积率和开发程度的相关关系通过了检验，但是相关系数为0.363和0.338，呈极弱相关性。房山数据分析显示，没有数据通过检验。

综合北京数据的SPSS相关分析结果，工业用地地面单价与容积率、建设用地面积、代征地面积、开发程度等因素相关性不明显。

进一步调研显示，为了招商引资，多数地方政府不会因为容积率或者开发程度上的差异而提高或者降低单价。比如，北京经济技术开发区2019年11月14日出让的三宗地，容积率分别为2.0、1.6、1.0，开发程度为七通一平，出让地价均为587元/平方米。就开发程度而言，各开发区不会因为某个企业的特殊要求而轻易改变成片区域内的宗地开发程度，企业一般也不会因为宗地开发程度而影响拿地决策。就容积率而言，由于工业用地一直存在用地效率低下等问题，所以工业地的容积率通常仅规定下限，这一点与住宅用地明显不同，由此，只要是为了满足生产工艺要求而提出的容积率需求，通常均会得到批准。故，某开发区内出让地价的差别主要

来源于土地一级开发成本的差别,与容积率、开发程度和土地面积大小的关系并不太密切。

综上,从反映企业拿地成本的研究需要出发,在统一地价内涵时,对拟采用的工业用地数据,仅进行交易期日的修正,以中国地价监测网公布的地价增长率,将所搜集到的9年数据进行期日修正,统一修正至2018年12月31日。

表 5-6 房山工业用地地面单价与开发程度等因素皮尔森相关系数

		容积率	地面单价	建设用地面积	代征地面积	开发程度
容积率	相关性	1	0.043	-0.032	-0.048	-0.022
	显著性(双侧)		0.772	0.827	0.746	0.882
	N	48	48	48	48	48
地面单价	相关性	0.043	1	0.124	0.115	-0.048
	显著性(双侧)	0.772		0.403	0.435	0.745
	N	48	48	48	48	48
建设用地面积	相关性	-0.032	0.124	1	.836**	0.087
	显著性(双侧)	0.827	0.403		0	0.555
	N	48	48	48	48	48
代征地面积	相关性	-0.048	0.115	.836**	1	0.092
	显著性(双侧)	0.746	0.435	0		0.535
	N	48	48	48	48	48
开发程度	相关性	-0.022	-0.048	0.087	0.092	1
	显著性(双侧)	0.882	0.745	0.555	0.535	
	N	48	48	48	48	48

**. 在 .01 水平(双侧)上显著相关

5.2.3 数据的筛选

为适当减少 GIS 数据化的工作量,逐宗筛选并剔除协议、划拨、租赁出让宗地,保留招牌挂宗地,行业分类上保留采矿业、制造业和电力、热

表 5-7　房山工业用地地面单价与开发程度等因素
肯德尔和斯皮尔曼相关系数

		容积率	地面单价	建设用地面积	代征地面积	开发程度
容积率	相关性	1	0.278	0.089	0.033	0.015
	显著性（双侧）	.	0.056	0.548	0.825	0.922
	N	48	48	48	48	48
地面单价	相关性	0.278	1	-0.158	-0.056	-0.187
	显著性（双侧）	0.056	.	0.282	0.705	0.204
	N	48	48	48	48	48
建设用地面积	相关性	0.089	-0.158	1	.426**	0.186
	显著性（双侧）	0.548	0.282	.	0.003	0.205
	N	48	48	48	48	48
代征地面积	相关性	0.033	-0.056	.426**	1	.323*
	显著性（双侧）	0.825	0.705	0.003	.	0.025
	N	48	48	48	48	48
开发程度	相关性	0.015	-0.187	0.186	.323*	1
	显著性（双侧）	0.922	0.204	0.205	0.025	.
	N	48	48	48	48	48

力、燃气及水生产和供应业，再去除 7 个奇异值最后整理得到共 17165 宗交易记录的信息，其分布区域和成交时间的分布情况如表 5-8 所示。

表 5-8　地价样本点分布区域和成交时间分布情况

地区＼年度	2009	2010	2011	2012	2013	2014	2015	2016	2017	2018	合计
北京	77	73	79	49	41	20	16	6	7	4	372
天津	336	350	419	473	331	253	177	153	170	129	2791
河北	828	954	1189	1271	1845	1722	1600	1458	1423	1712	14002
合计	1242	1379	1687	1793	2217	1995	1794	1617	1602	1846	17165

5.3　工业地价空间结构的插值分析

5.3.1　空间分析方法的选择

一般情况下，城市群内土地价格受到多种因素的影响，呈现出较单中心城市更为复杂的地价空间曲线形态。通过空间分析，可将土地价值点、线、面的空间分布模式描述出来。由于已有样本点数据均以离散点的形态表现，需要对未知地块地价进行空间插值估算，从而将离散点转换为连续的数据曲面，故，本书拟运用 GIS 工具，采用地统计学空间插值分析方法，对京津冀城市群内工业用地价格空间变化规律进行分析。

GIS 技术结合地统计学知识是当前进行城市地价空分布研究的主流方法[1]。其中，GIS 即地理信息系统（Geographic Information System）是 20 世纪 70 年代后期发展起来的，用于获取、处理、管理和分析地理空间数据的重要工具和技术。地统计学是一门以"具有空间分布特点的区域化变量理论为基础，研究自然现象的空间变异与空间结构的学科"，由南非地质学家 Krige 和 Sichel 等于 20 世纪 40 年代末提出并逐步发展而来，主要由"分析区域化变量的空间变异分析和空间插值"两个主要部分组成，目前已在地球物理、地质、生态、土壤、地价空间分布等领域得到较为广泛的应用。地统计学空间插值方法则利用样本点间的统计规律，量化样本点间的空间自相关性，在待预测点周围构建样本点的空间结构模型。[2]

运用 GIS 进行空间样点插值时有斯尔森多边形插值法（Thiessen Polygonse interpolation method）、距离倒数加权法（the Inverse Distanee Weighted approach，IDW）、变形链差值法（SPline method）、克里金插值法（Kriging method）等多种方法可以选择。郑新奇（2004）等认为，在相同或相近区

---

[1] 彭建超，吴群. 国内外城市地价时空演变研究进展 [J]. 资源科学，2008（1）：65—71.
[2] 郑新奇，王家耀，阎弘文. 数字地价模型在城市地价时空分析中的应用 [J]. 资源科学，2004，26（1）：14—21.

段，地价水平相同或相近时，选择加权平均内插（即反距离）内插数学模型建立地价表面比较合理①。楼立明（2004）采用交叉验证法（Cross-Validation）验证了趋势面分析法、泰森多边形方法、距离倒数插值法、样条函数法、普通克里金法等不同空间插值方法的估计值效果，证实Kriging方法要明显优于其他插值方法②。对于那些看起来具有某种趋势，是仅凭观测数据无法肯定其是否具有想要分析的自相关性或趋势的情形，普通克里金法具有很好的适用性③。杨秋丽等（2019）通过实验显示：不同插值方法在构建山区DEM时精度相差不大，其中普通克里金插值效果最佳④。李金洁等（2019）认为对研究区域整体来说，普通克里金的插值效果优于反距离加权法⑤。克里金插值不仅考虑距离，而且通过变异函数和结构分析，考虑已知样本点的空间分布及未知样点的空间方位关系⑥。综上所述，本文采用普通克里金方法进行空间插值分析。

5.3.2 绘制数据样点分布图

对数据进行初步处理后，将17165个地价样本点按位置标注在京津冀电子地图中，借助ARCGIS技术平台，通过关键字段实现空间数据和属性数据的对应，生成京津冀2009—2018年的招拍挂出让工业用地样点分布图，并以此作为基础图进行数据探索分析及空间分析。如图5-4所示。

---

① 郑新奇，王家耀，阎弘文. 数字地价模型在城市地价时空分析中的应用 [J]. 资源科学，2004，26（1）：14—21.
② 楼立明. 城市地价信息的空间分析及其应用研究 [D]. 杭州：浙江大学，2004.
③ 杜国明，张裕凤，张树文，苏根成. 城市商业用地地价空间分布模拟与分析——以呼和浩特市为例 [J]. 中国农业大学学报，2006，3：117—122.
④ 杨秋丽，魏建新，郑江华，王锐，贾娜娜，邱琳. 离散点云构建数字高程模型的插值方法研究 [J]. 测绘科学，2019，44（07）：16-23.
⑤ 李金洁，王爱慧. 基于西南地区台站降雨资料空间插值方法的比较 [J]. 气候与环境研究，2019，24（01）：50-60.
⑥ 汤国安. ArcGIS地理信息系统空间分析实验教程（第2版）[M]. 北京：科学出版社，2012.

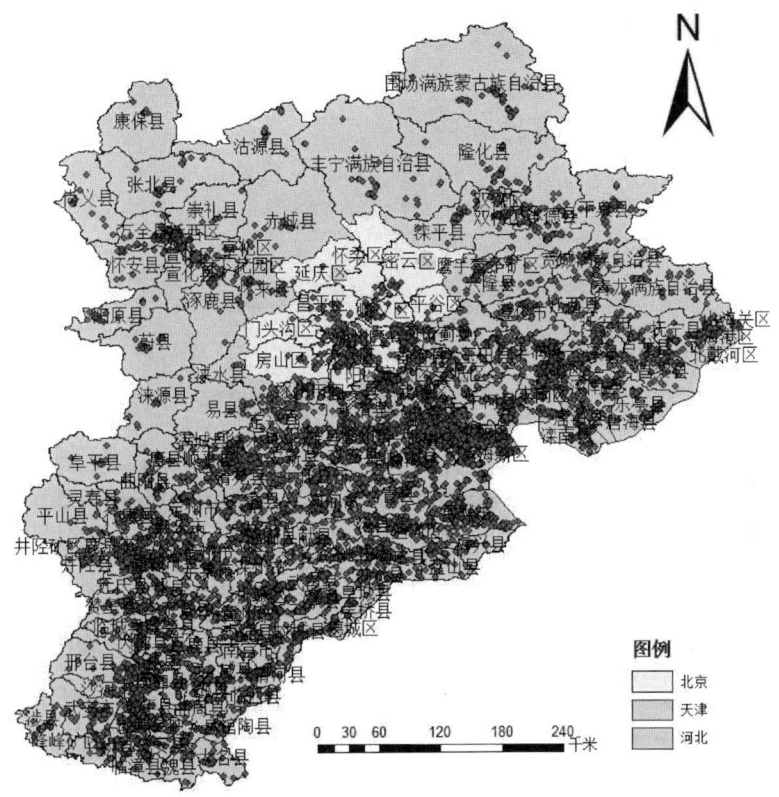

图 5-4 京津冀城市群 2009—2018 年工业用地地价样点分布图

5.3.3 数据检验

一般情况下,克里金插值法(如普通克里金法、简单克里金法和泛克里金法等)假设数据服从正态分布。如果数据不服从正态分布,则需要进行一定的数据变换,从而使其服从正态分布。此外,建立在平稳假设基础上的克里金法一定程度上要求所有数据值具有相同的变异性。因此,在进行统计分析前,检验数据分布特征和变异性,具有非常重要的意义。本书通过直方图和正态 QQPlot 分布图进行数据的检验,经过对数变换后数据通过了检验。如图 5-5、图 5-6 所示。

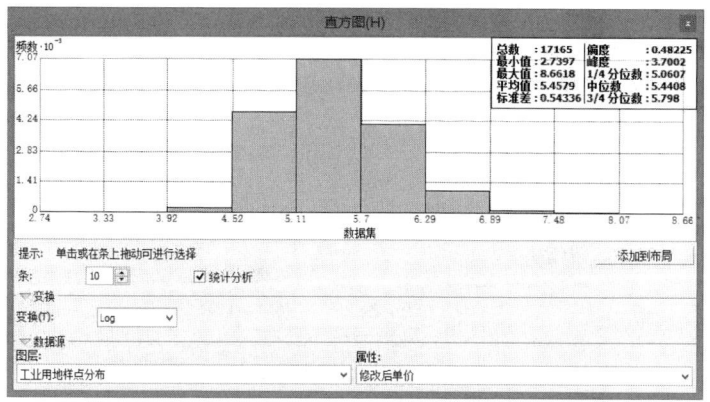

图 5-5　直方图检验

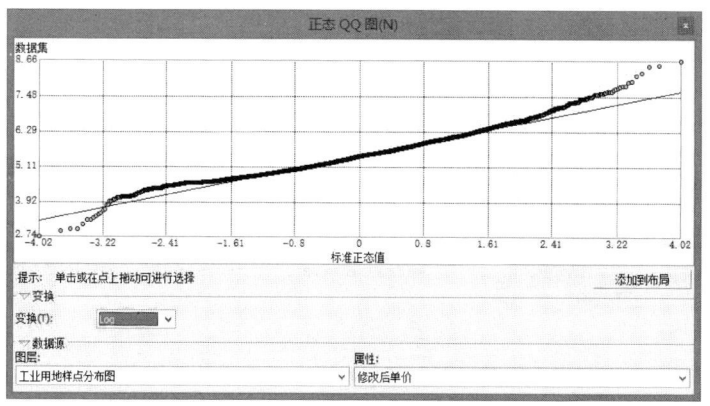

图 5-6　QQplot 分布图

由图 5-5 可知，本研究的数据经过对数变换后，均值（5.4579）与中值（5.4408）比较接近，符合正态分布。由图中右上角的基本统计信息，进一步可知：该组数据的峰度（Kurtosis）=3.7002>0，偏度（skewness）=0.48225>0。则，本次研究的数据呈右偏态正态分布，且较标准正态分布更为集中。由图 5-6 可进一步看出，正态 QQPlot 分布图中，经过对数变换后的数据采样点分布基本呈直线，服从正态分布。

5.3.4　方差变异分析和全局趋势分析

（1）半变异/协方差函数分析

通过半变异函数和协方差函数分析,并以样点对两点间的函数云图的形式呈现数据集中所有样点对的理论半变异值和协方差,结果显示,本研究数据样本点呈现出明显的地域性。由于北京样本点数量太少导致分层不明显,最上层样本点为北京和天津地价样本点,底层为河北产业地价样本点。地价样本点的数学意义与地理地域上的分布基本一致。

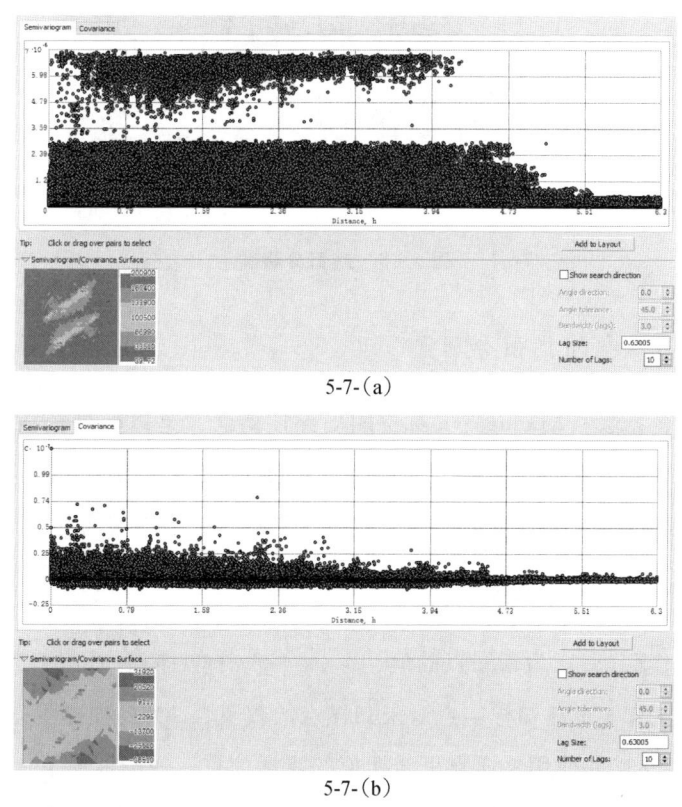

5-7-(a)

5-7-(b)

图 5-7 半变异/协方差函数分析图

(2) 地价分布的全局趋势分析 (Trend Analysis)

通过趋势分析,将数据样点转换为以地价属性值为高度的三维透视图,从不同视角分析采样数据集的全局趋势。图 5-8 中 X 轴表示东西方向,Y 轴表示南北方向,Z 轴代表了一个数据点的值(高度)和位置,在本书中即地价。根据数据点在东西方向和南北方向正交平面上的最佳拟合线,可以看出本书所研究的数据样本点在东西方向上呈中间高、两头低走势,而南北方向的最佳拟合线呈现先以较快速度上升而后缓慢衰减趋势。

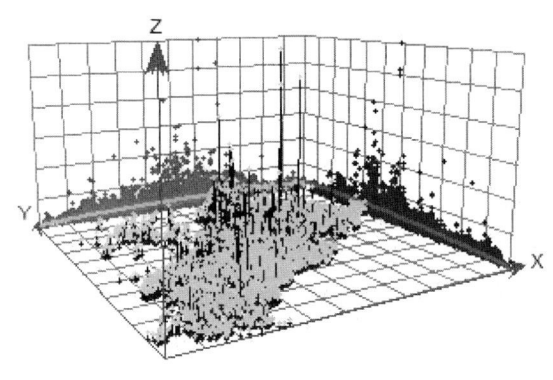

图 5-8 趋势分析图

5.3.5 空间插值分析

克里金方法(Kriging)又称空间局部插值法,是以变异函数理论和结构分析为基础,在有限区域内对区域化变量进行无偏最优估计的一种方法,是地统计学的主要内容之一。该方法的基本插值模型为:

$$Z(x_0) = \sum_{i=1}^{n} \lambda_i Z(x_i) \tag{5.1}$$

其中,$Z(x_0)$ 为未知点的值,$Z(x_i)$ 为未知样点周围的已知样本点的值,λ_i 为第 i 个已知样本点对未知样点的权重,n 为已知样本点的个数。

图 5-9 反映使用普通克里金插值的指标信息。一般情况下,符合以下标准模型是最优的:标准平均值(Mean Standardized)最接近于 0,均方根预测误差(Root - Mean - Square)最小,平均标准误差(Average Standard Error)最接近于均方根预测误差(Root - Mean - Square),标准均方根预测误差(Root - Mean - Square Standardized)最接近于 1。由图 5-9 中的指标信息可知,本次克里金插值分析中,普通克里金模型的标准平均值(Mean Standardized)= -0.005631296,非常接近于 0;平均标准误差(Average Standard Error)= 183.6909,很接近均方根预测误差(Root -

Mean – Square)（162.3557）；标准均方根预测误差（Root – Mean – Square Standardized）=0.8856305，很接近1。可见，所构建的克里金插值模型比较理想。

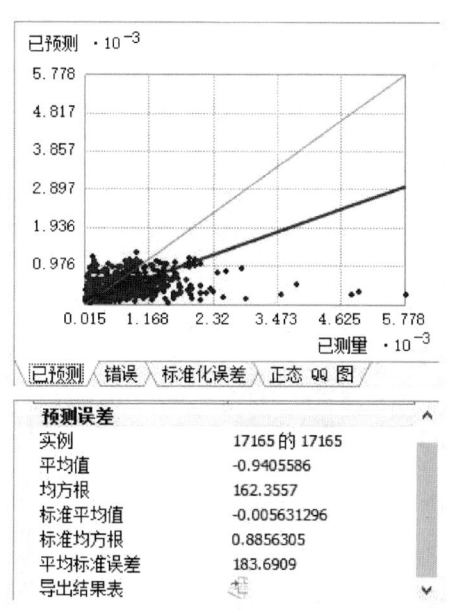

图 5 – 9　克里金插值模型

进一步地，将克里金插值图采用半透明效果与地图叠加在一起，绘制出地价晕渲图，如图 5 – 10 所示。整个城市群内地价被划分为（15 – 116）、（116 – 168）、（168 – 195）、（195 – 248）、（248 – 347）、（347 – 542）、（542 – 919）、（919 – 1647）、（1647 – 5778）（单位：元/平方米）9个区段。在此基础上，将插值出来的矢量图生成等值线，将数据导入到 mapGIS 中，经过"处理点线""离散数据网格化"后，生成等值线立体彩色图，采用三维形式，直观、生动地展示京津冀地价的高低起伏关系，如图 5 – 11 所示。

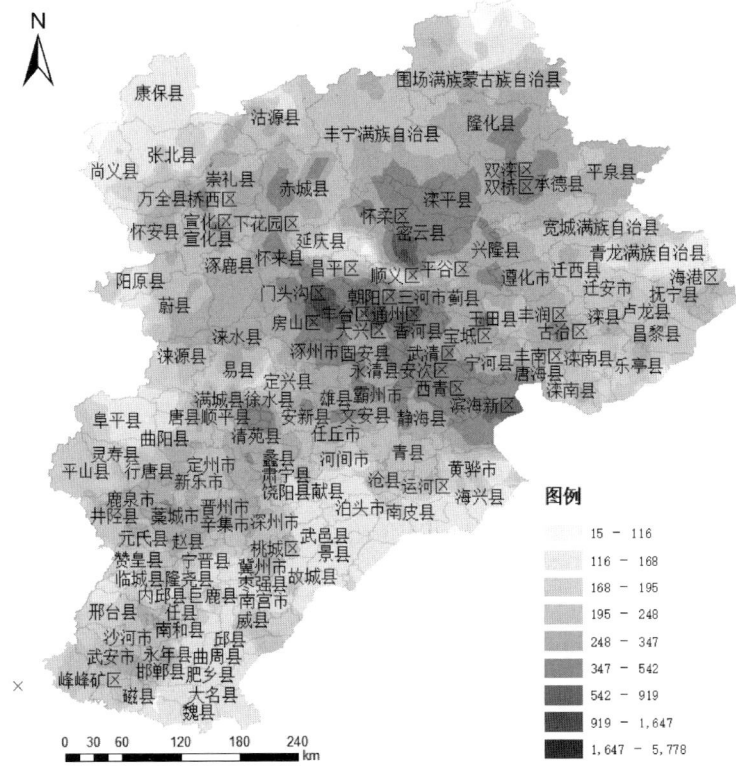

图 5-10　京津冀城市群工业地价空间分布晕渲图

由上述空间分析过程，京津冀城市群内工业地价呈现如下特点：

（1）整个城市群内工业用地价格呈现出明显的沿"中心城市（北京）——副中心城市（天津）——骨干城市（石家庄、唐山等地级市）——一般县市（涿州、定州、安国、高碑店等县级市和迁西等部分县城）——城镇（大部分县城和重点城镇）"波浪状次第衰减的趋势，如图 5-11、图 5-12 所示，高地价峰群主要集中在京津及河北省环京津一带，此外，围绕着石家庄等次级中心城市也出现部分地价次高点。

传统的城市经济学理论通常预测单中心区域内土地价值会以 CBD 为中心形成一个平滑的曲面[①]。但是由于区域内多中心的存在，地价受到不同

---

① Mills E S. An aggregative model of resource allocation in a metropolitan area [J]. American Economics Review, 1967, 57 (2): 197—210.

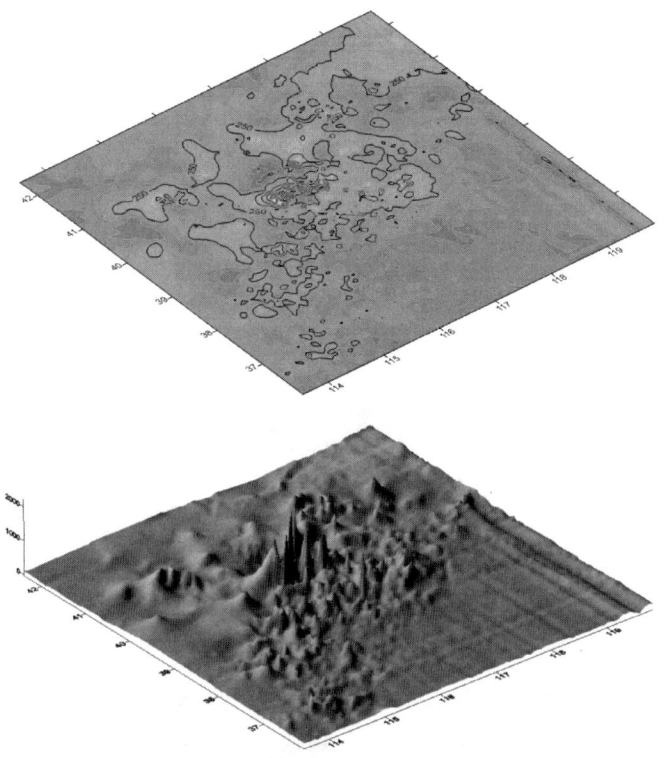

图 5–11　京津冀城市群工业地价分布三维图与等值线图

级别中心城市的吸引与辐射，出现多个波峰与波谷。为更好地体现这一衰减规律，以东西方向为 X 轴，以正东方向作为正方向即 0 度起始位置逆时针旋转，在城市群不同方向上做地价剖面线，如图 5–12 所示。最高峰及峰群出现在北京，整个城市群内东西方向上以北京、天津为中心出现双子座高峰，并迅速分别向东、西方向河北腹地衰减，衰减过程中在河北出现若干波峰，但是波幅呈现明显的递减趋势。

（2）从晕渲图上看，工业地价在单体城市中按照 AMM 模型由核心向边缘逐渐降低的规律在北京地区较为明显，在天津有所体现，但是在河北不甚明显。北京地区的工业地价出现梯度清晰的圈层分布，这一圈层明显向东南方向变形。天津地区基本上也呈现出从内城区、滨海新区向外不规则圈层状衰减的趋势，由于距离河北的廊坊、唐山等地级城市较近，受这些区域次级中心城市影响，加之整个城区的地理形状与发展未采用"同心

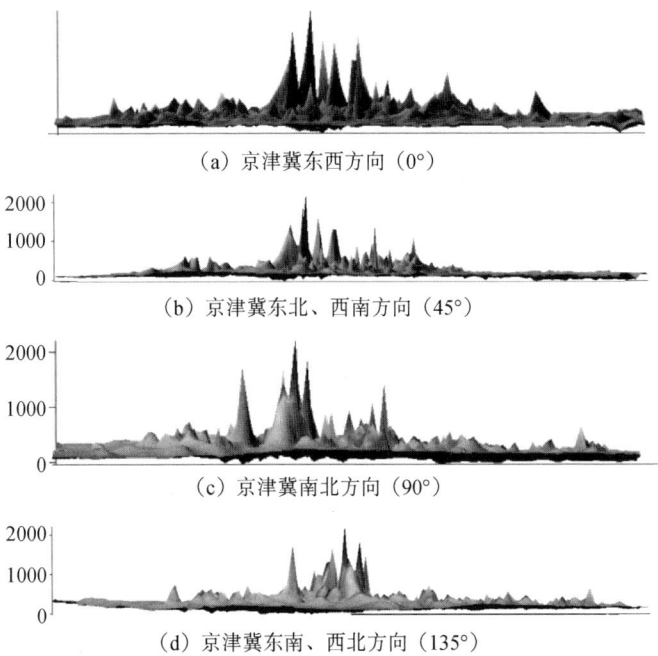

图 5-12　京津冀城市群工业地价剖面线

圆"模式,所以地价衰减的圈层形状被拉伸成明显的不规则形,且层级较少。河北省除石家庄、保定、张家口、邯郸、秦皇岛呈现圈层形状不规则、梯级仅有 2—3 级的圈层分布外,大多数区域的圈层分布不明显。廊坊由于离京、津较近,其地价分布的圈层被京、津圈层覆盖、分割。

(3) 城市群内工业地价梯度呈现与单体城市相似的空间变异性和方向差异性。标准的城市模型支持城市区域内地价梯度不变的观点。国内外许多学者的实证研究则显示自 CBD 向外不同方向的地价梯度有显著变化,并且城镇中心区等值线较为密集,地价梯度比较大,衰减较快,越向外围等值线越稀疏,地价衰减越慢[1][2]。由图 5-12 可知,京津冀城市群内工业地价在不同方向上的走势差异非常明显。东西方向上除在中心区域出现峰群

---

[1] 蒋芳,朱道林. 基于 GIS 的地价空间分布规律研究——以北京市住宅地价为例 [J]. 经济地理,2005,3:199—202.
[2] 丁成日. 土地政策改革时期的城市空间发展:北京的实证研究. 城市发展研究 [J],2006,2:42—52.

和右侧的波峰外,向东、向西迅速衰减的过程中,均未出现较大的波动,且波宽较小;与此类似,南北方向上,中心区域出现波峰群,左侧波峰单独存在,地价向两侧衰减过程中同样未出现较大波动,且波宽较小。

(4)在京、津两座特大城市中,工业用地的衰减规律与一般单体城市有所不同。一般情况下,相比商业用地和住宅用地,单体城市的工业用地等价线分布相对均匀,地价梯度较小,衰减较慢,变化不大[①]。但是由于各下属区县大力进行开发区建设推高了外围局部地区的地价,使得京、津两地的工业地价呈现出自城市核心区先下降后上升再下降的多次起伏变化趋势,如图 5-12 所示。此外,工业地价在北京、天津内部由核心区向外围衰减以及由京、津向次级城市和腹地衰减时,梯度差均非常大,出现很明显的陡峰与悬崖,这不仅表明工业地价在特大单体城市中衰减的速度非常快,不同于一般中等城市,而且显示出作为城市群腹地的河北省工业用地地价偏低。以北京数据为例,工业地价均价高达 604.1 元/平方米,天津高达 424.5 元/平方米,石家庄工业地价均价仅为 293.1 元/平方米[②]。

5.4　城市群内不同等级中心地地价水平的对比

整理、计算京津冀城市群内各县市地价数据,并按照前述七等级中心地的划分,求取各等级对应的地价水平,如表 5-9 所示。绘制京津冀城市群不同等级中心地的地价水平波动曲线,如图 5-13 所示。

表 5-9　　　　　　　　京津冀不同层级城市工业地价水平

	最高价 (元/平方米)	平均价 (元/平方米)	最低价 (元/平方米)
主核心	3809	604	34
次核心	5778	425	91

---

① 杜国明,张裕凤,张树文,苏根成. 城市商业用地地价空间分布模拟与分析——以呼和浩特市为例 [J]. 中国农业大学学报,2006,3:117—122.

② 根据所选用的样点地价得到。

续表

	最高价 （元/平方米）	平均价 （元/平方米）	最低价 （元/平方米）
区域副中心	1402	266	83
骨干城市	2498	260	69
次级骨干城市	2173	270	105
潜在骨干城市	1928	205	15
一般县市	2075	193	24

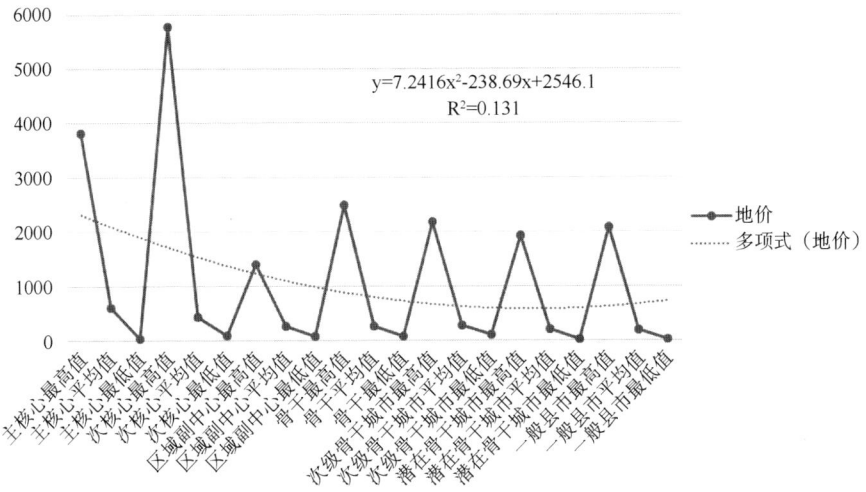

图 5-13 京津冀不同等级城市工业地价衰减趋势

京津冀城市群内不同等级中心地的最高价—平均价—最低价，呈现明显的波浪状次级衰减的规律。与前述分析中所得规律基本一致。

由于篇幅所限，且本书研究重在揭示地价的基本变化趋势，仅对上述变动特征进行长期趋势拟合，得到不同等级中心地地价衰减的大致趋势为：

$$Y = 7.2416x^2 - 238.69x + 2546.1 \tag{5.2}$$

该长期趋势线的拟合度虽然仅为 0.131，不能明确反映出衰减规律，但仍可以从地价衰减变化中窥得一二。

基于GIS技术、地统计分析以及EXCEL，对京津冀城市群2009年1月1日至2018年12月31日成交的1万余宗地进行数据处理，选择17165个地价样本点建立地价数据库，进行了数据探索和空间差值分析，结果显示：

（1）与住宅、商业等其他用途用地相比，工业地价受开发程度、容积率等价格影响因素较小，呈极弱相关性；

（2）京津冀城市群内工业用地价格总体上仍然符合由中心向外围衰减的规律，且在京津各自建成区范围内，工业地价呈下降—上升—下降的反复波动趋势，与以往指数衰减规律有所不同；

（3）京津冀城市群内工业用地地价空间分布呈现与单中心城市相似的空间变异性和方向差异性，但是与以往研究结果不太相似的是，自京、津双核心至河北广大腹地，工业地价呈现不平稳衰减的趋势，分布极不均衡，地价梯度差极大，出现较多陡峰、悬崖与价值洼地。

第6章 京津冀城市群产业高度的空间分布规律

本章旨在论证本书研究的假设命题三：城市群内不同等级城市工业制造业产业高度随城市等级的提高而次第增加。

6.1 城市群产业高度评价方法和指标的选择

6.1.1 国内外测度产业结构高度的常用方法

总结梳理国内外常用的测度产业结构高度的方法，主要包括以下几类：

（1）间接比较法。该类方法通过构建参照系，将所研究区域经济系统的指标与参照系进行比较对照，判断其产业结构高度，又可进一步分为标准结构比较判定法和相似度比较判定法。前者如库兹涅茨、钱纳里等人利用不同产业部门的产值比重、劳动力比重等指标，研究多国产业结构演进的经验，总结出工业化进程中不同阶段（以人均国民收入为标准划分）的产业结构高度的典型特征作为"标准结构"，计算所考察区域经济系统的产业指标，与这一"标准结构"相比较，判断该区域产业结构高度。后者如相似性系数法、相关系数法、距离判定法等方法，计算两个产业体系中结构相似程度，比较二者产业结构差异。间接比较法比较适合定性比较、离散研究。

（2）直接度量法。通过建构一种或多种指标的评判体系，估算所研究区域经济系统的指标值，直接得到该区域产业结构高度值的度量方法。该方法弥补了间接法定性、离散的缺陷，提供了可用于横截面数据和时间序列的连续的、定量的实证分析方法，适用范围更为广泛。根据所选择的指标多少，又可将该方法分为单指标直接度量法和多指标直接度量法。

①单指标直接度量。部分学者采用某个具有能反映产业产出水平的重要指标直接估算某地区某产业结构高度水平。如，霍夫曼采用霍夫曼系数测算巴西、智利、日本、加拿大、英国、美国等多个国家所处工业化阶段的横向比较；周昌林等（2007）将各产业劳动生产率的平方根的加权平均值作为测度产业结构水平的指标[①]；李贤珠（2010）采用制造业各细分行业的工业增加值在制造业总增加值中所占比重分别估算中国和韩国制造业产业结构高度，并进行中韩制造业产业结构的对比研究[②]。

②多指标体系度量。考虑到单指标度量难以全面地体现产业结构升级过程中的重工业化、高加工度化和技术集约化等深层内容，有学者尝试通过构建多指标体系，并采用灰色关联法、层次分析法等方法进行指标权重赋值以估算、评价某地区产业高度的优化程度，从而反映某区域产业结构演进的情况。如程如轩（2001）[③] 等将霍夫曼系数、产业高加工度系数、智力密集型产业产值比重及生态环保产业发展水平等指标引入指标体系中；胡大洋、吕珊珊（2005）设计了包括三次产业结构比例、霍夫曼系数、区域工业加工度、区域技术密集型和智力信息型产业比例、各产业部门技术构成、区域基础产业超前系数、区域生态环保指标、产业水平满足度指标等8类指标反映区域产业结构高度化程度[④]；范艳丽等（2008）将三次产业构成值经"三合一"折算后用作因变量构造产业结构高度化指数

[①] 周昌林，魏建良. 产业结构水平测度模型与实证分析——以上海、深圳、宁波为例 [J]. 上海经济研究，2007，6：15—21.
[②] 李贤珠 [韩]. 中韩产业结构高度化的比较分析——以两国制造业为例 [J]. 世界经济研究，2010，10：81—86.
[③] 程如轩，卢二坡. 产业结构优化升级 统计指标体系初探 [J]. 中国统计，2001，2：38—40.
[④] 胡大洋，吕珊珊. 论区域产业结构优化升级的测度 [J]. 区域经济，2005，10：35—37.

D 函数进行产业结构高度的定量研究[①]；伦蕊引入产业链的概念，从产业间结构高度、产业链结构高度、产业升级转换能力三个方面，选择重化工系数、装备工业发展系数、高加工度系数、工业增加值系数等 16 个指标，运用德尔菲法确定指标权重，定量计算"工业产业结构高度化水平综合指数"[②]。盛慧琴（2018）采用 Moore 结构变动指数法，把两个时期两组向量间的夹角作为表示产业结构变化程度的指标，使三次产业结构的变化幅度通过空间向量夹角大小来表现，从而揭示产业结构高度化水平。[③]

③投入产出矩阵法。在 F. 奎奈的经济表（1758 年）、L. 瓦尔拉斯（1874 年）的一般均衡模型基础上，里昂惕夫把国民经济各部门在一定时期内投入（购买）来源与产出（销售）去向排成一张纵横交叉的棋盘状的投入产出表，根据此表建立数学模型，计算消耗系数，并以此研究和分析国民经济各部门间产品生产与消耗之间的数量依存关系、重要的宏观经济比例关系及产业结构等基本问题。艾萨德将该方法拓展至区域经济研究，用以估算区域经济乘数，以分析需求变化对区域产业结构的影响。其基本数学模型为：

$$\begin{cases} X_{11} + X_{12} + \cdots + X_{1n} + Y_1 = X_1 \\ X_{21} + X_{22} + \cdots + X_{2n} + Y_2 = X_2 \\ \cdots\cdots \\ X_{n1} + X_{n2} + \cdots + X_{nn} + Y_n = X_n \end{cases} \tag{6.1}$$

其中，X 为消耗系数，Y 为投入。对上述模型，进行向量变换后，即得到著名的里昂惕夫矩阵：

$$(I - A)X = Y \tag{6.2}$$

在投入产出矩阵分析基础上，潘之卿、陈水源（1994）提出以产业结

---

① 范艳丽，张爱国，张贤付. 产业结构高度化水平的定量测定[J]. 安徽师范大学学报（自然科学版），2008，1：79—83.

② 伦蕊. 工业产业结构高度化水平的比较研究[J]. 经济前沿. 2005，2：66—69.

③ 盛慧琴. 长江经济带产业结构合理化与高度化测度——基于 1978—2015 的统计数据分析[J]. 湖北工业大学学报，2018，33（06）：28—33.

构关联经济技术矩阵最大特征值的倒数作为测度产业结构高度化水平的衡量指标①。

④多指标比例乘积法。部分学者采用两个及两个以上的多指标占比连乘的形式估算某个产业的相对产业高度。如，卢福财、罗瑞荣（2010）"以人均 GDP 增值指数用于反映一国在全球价值链分工中所占据的地位②"；刘伟等（2008）在某产业产值所占份额比例基础上，引入劳动生产率以更全面地体现产业结构高级化的质的内涵，将产值比例关系和劳动生产率的乘积作为产业结构高度值的测度指标③。

在产品生命周期理论和区域生命周期理论基础上，区域经济学家们提出，客观上存在经济与技术发展的区域梯度差异，进而在极化效应、扩展效应与回流效应三种力量的综合作用下，产业与技术存在由高梯度地区向低梯度地区扩散与转移的趋势，只是转移的快慢与向各个方向传播程度的强弱有所不同而已。传统的产业梯度研究，侧重以三大部类的产值或份额比例关系的横向与纵向比较，反映区域产业成熟度，较少进行产业梯度值的直接估算。在此基础上，区域经济学者们提出以区位商（某地区某产业在该地区全部产业产出中所占比重/基准经济体系中该产业所占比重④）的计算反映区域中某产业在全国区域分工中所处地位，进而选择区域发展主导产业，用以判断产业转移的可能性，并进行相关区域产业政策的研究。进一步地，陈永国、戴宏伟等提出，"产业梯度是产业创新水平和市场占有程度的函数"⑤，可用某地区某产业的比较劳动生产率与该地区该产业的区位商来反映计算得到的产业梯度系数衡量该地区该产业在整个国家该

---

① 潘文卿，陈永源. 产业结构高度化与合理化水平定量测算：兼评甘肃产业结构优化程度 [J]. 开发研究，1994，1：42.

② 卢福财，罗瑞荣. 全球价值链分工条件下产业高度与人力资源的关系 [J]. 中国工业经济. 2010，8：77—79.

③ 刘伟，张辉，黄泽华. 中国产业结构高度与工业化进程和地区差异的考察 [J]. 经济学动态. 2008，10：4—8.

④ 陈秀山，张可云. 区域经济理论 [M]. 北京：商务印书馆，2009.

⑤ 陈永国，马丽慧. 基于产业梯度系数分析的京津冀工业分行业的发展取向 [J]. 生产力研究，2004，1：111—113.

产业的梯度中所处层次。① 这一研究方法被先后运用至京津冀、河南中原城市群、广西西江经济带、江西省、太原市等不同区域范围的产业和区域经济研究中。为更准确地反映资本与劳动力组合差异而引起的偏差，陈蕊、熊必琳将比较资本产出率引入产业梯度系数计算中，得到改进的产业梯度系数。

$$IGG' = LQ \times CP \times CCOR \tag{6.3}$$

其中，LQ 为区位商，CP 为比较劳动生产率，CCOR 为比较资本产出率。

6.1.2 京津冀城市群产业高度测度方法的选择

上述衡量产业结构高度的方法和指标从不同角度和层面进行了有重要现实意义的研究。但是存在不同程度的不足之处：

（1）除了研究结果定性、离散等缺点外，间接比较法中所选用的参照国的产业结构在以往某特定时期虽然具有一定参考价值，但随着地区经济发展水平和要素禀赋之间的差异进一步扩大，这一参照系作为比较基础的现实意义正在逐渐削弱②。

（2）单指标直接度量多数是以三大部类或细分产业的产值结构、技术结构、劳动生产率结构等比例关系变化体现产业之间或行业之间名义上的高度化。在我国快速工业化的进程中，许多地区通过高积累、高投入，超越本地区的实际生产力水平，促使第二产业和第三产业的比例份额快速提升，虽然在初期阶段实现了生产总值和产业结构高度的快速上升，但是高附加值和高档次的产品少、企业科技开发能力不足、市场竞争能力弱，从而产业发展缺少后劲，呈现产业结构"虚高度化"的现象。以我国重庆市为例，自 1998 年至 2003 年，该市第三产业比重增长了 3.5 个百分点，高于同期上海地区第三产业比重的增长速度，但是其

---

① 戴宏伟，陈永国. 京津冀三次产业对经济增长的贡献与产业梯度分析 [J]. 河北经贸大学学报，2002，4：68—74.

② 伦蕊. 工业产业结构高度化水平的比较研究 [J]. 经济前沿，2005，2：66—69.

第三产业产值和就业人员主要集中在传统的生活服务部门,而信息咨询等新兴产业发展缓慢。在这种情况下,简单的三大部类之间的份额变化并不能真正体现生产配置效率和分配效应。即便对细分产业进行产出份额对比,也不能很好地反映待研究区域的某一细分产业在特定价值链分工体系中的地位。而恰恰一国或一地区在价值链中的分工地位更能反映一国或一地区产业的真实高度。

(3)构建多指标体系时可能存在"先天不足"和难以操作等问题。首先,指标层的设计和原始指标的选择、权重的赋值对评价结果影响较大,相当一部分指标体系的构建随意性较大,权重得出过程缺少依据;其次,所选部分指标,如产业水平满足率(为该产业社会需求量与生产供应量的比值)等在取值方面存在较大困难,实际可操作性较低;第三,部分指标体系中选择的指标过多,实际上反馈出来的信息量对产业结构高度的度量用处并不甚大。投入产出分析矩阵同样存在数据的可得性问题。

本书认为,多指标比例乘积法能够比较有效地吸收上述间接比较法和直接比较法的经验与不足。

首先,通过与某一相对基准体系的比值,反映出相对产业高度,既体现了间接比较中参照系的思想,又便于直接估算出产业高度值,回避了间接比较结果定性、离散的问题。

其次,产出值、劳动生产率和资本产出率,均是能够有效反映产业结构效益水平和技术进步水平的指标。GDP、工业总产值、工业增加值等产出值,直接反映产业的生产规模和水平,体现产业的生产经营成果。产业结构变化最直接的表现形式即为不同产业的份额和比例关系的变化;对劳动生产率而言,产业结构高级化的过程,实际上是资源和要素从劳动生产率较低的产业部门向劳动生产率较高的部门转移的过程,这一过程推动不同产业部门的劳动生产率共同提高。只有当各个产业的劳动生产率都提高至更高的水平时,才能实现产业结构真实效益水平的渐次提升。这样的产业结构演进才是有意义的。因此,在衡量产业高度时引入相对劳动生产率，有助于挤出"虚高度"带来的泡沫。在新古典增长理论中，"劳动生产率的变化等于外生的技术进步率加上人均资本拥有量的增长速度乘以资本收入在国民收入中的份额"①。罗默的新经济增长模型中，"劳动生产率的变化等于外生的技术进步率加上人均资本拥有量的增长速度乘以资本收入在国民收入中的份额，加上溢出或递增收益的效益"。由此可见，劳动生产率是能够比较全面地反映技术进步和资本积累成果的指标，而技术进步和资本积累，正是产业结构演进的重要表现；对资本而言，在一定区域范围内，资本总是伴随着产业的转移，向着能够实现最佳经济效率和技术效率的地方流动。在技术水平不变的情况下，资本和劳动是互为替代关系的要素。在比较劳动生产率的基础上，辅以比较资本产出率，能够较全面地反映区域产业的资源配置能力。

最后，将某类产业的产出份额和劳动生产率分别与基准体系的产出份额和劳动生产率相比较得相对产出份额和相对生产率，以二者乘积进行产业高度度量的方法，相比直接用产出份额的变化来度量的产业结构高度值更能反映出某个产业在某个城市、某个城市群、全国甚至更大的市场分工体系中的相对地位。

综上，陈蕊（2007）、熊必琳（2007）、刘伟（2008）等对产业结构高度的测度方法及卢福财、罗瑞荣（2010）基于全球价值链的产业内分工高度的度量方法，构建某地区或某产业在特定价值链分工体系中的产业高度的测度公式，如式（6.4）所示。本书以比较产出水平、比较劳动生产率和比较资本产出率的乘积反映研究区域内不同等级城市的工业细分产业在所处区域分工体系中的产业高度（Industrial height）。

$$IH_{ij} = \frac{IOLP_{ij}}{IOLP_{is}} \times \frac{LP_{ij}}{LP_{is}} \times \frac{CCOR_{ij}}{CCOR_{is}}$$

$$= \frac{IOL_{ij}/TIOL_j}{IOL_{is}/TIOL_s} \times \frac{IOL_{ij}/LE_{ij}}{IOL_{is}/LE_{is}} \times \frac{COR_{ij}/IOL_j}{COR_{is}/IOL_s} \quad (6.4)$$

---

① 王玲. 增长核算及对我国劳动生产率增长的实证分析. 清华大学中国经济研究中心学术论文，2003，9：1—13.

其中：IH 代表某特定产业的产业高度；i 代表研究范围内产业类别数，从 1、2、3 至 n，既可以代表第一、二、三产业，也可以代表各级细分产业，当产业门类不断细分时，i 的集合不断增大；j 代表不同地区；$IOLP_{ij}$ 代表第 j 个地区第 i 个产业的产出水平（可以用增加值、总产值等表示，以下同）在 j 地区全部产业产出水平（亦可对应第 i 个产业上一级产业产出水平）中占比，$IOLP_{is}$ 代表基准价值分工体系内中 i 产业的产出水平占该基准经济体全部产业产出水平的比重；LP 代表劳动生产率，LP_{ij} 代表 j 地区第 i 个产业的劳动生产率，LP_{is} 代表基准价值分工体系内 i 产业的劳动生产率；IOL_{ij} 代表 j 地区第 i 个产业的产出水平，IOL_{is} 代表基准价值分工体系内 i 产业的产出水平；$TIOL_j$ 代表第 j 个地区全部产业产出水平（亦可对应第 i 个产业上一级产业全部产业的产出水平）；$TIOL_s$ 代表基准体系全部产业产出水平（亦可对应第 i 个产业上一级产业全部产业的产出水平）；LE_{ij} 代表所研究 j 地区第 i 个产业的劳动就业人数，LE_{is} 代表基准价值分工体系内 j 地区 i 产业的劳动就业人数；CCOR 代表比较资本产出率，$CCOR_{ij}$ 代表 j 地区第 i 个产业每单位资本的产出水平，$CCOR_{is}$ 代表基准经济体中 i 产业的产出水平占其全部产业产出水平的比重；COR_{ij} 代表 j 地区第 i 个产业的资本投入，COR_{is} 代表基准经济体中 i 产业的总资本投入。

上述基准价值分工体系的范围可以是 j 地区所属的某个城市群区域、全国、某个国际经济联盟区域（如 OECD）或者全球体系，也可以是与 j 地区没有直接行政、经济或地域上的从属关系的某个比较参照系。当基准体系是 j 地所属某个区域经济体系时，上述计算结果反映该产业在所属分工体系中的产业分工高度；当基准体系是某个没有直接关联的比较参照系时，上述计算结果反映该产业相对比较参照系的产业高度值。此外，估算产出水平占比时，亦可根据研究需要选择 TIO_{Lj} 的涵盖范围，如，当 i 为工业制造业中的医药制造业时，既可计算该产业产出在该地区全部产业产出水平中的占比，也可计算该产业产出在该地区制造业产出水平的占比。当式（6.4）中的基准体系为全国、TIO_{Lj} 为该地区全部产业产出水平时，上式即为改进产业梯度系数①。

在选择产出水平的度量指标时，可以选择 GDP、工业总产值、工业增加值等多项指标。在保证数据可得性的前提下，工业增加值能够更好地反映工业附加值的高低，从而更贴切地衡量产业价值创造的能力。附加值是"企业在生产经营中新增加的价值，其本质是通过有效劳动新创造的价值"②。德国的雷曼和美国的拉克尔率先以附加值与劳动的比率（劳动生产率）、附加值与资本的比率（资本产出率）进行企业产出率的分析。此后，附加值逐步成为衡量企业进而产业效率的重要指标。产业结构演进的一个重要特征即高附加值化。附加值的高低更能反映区域产业结构高级化的程度。在进行附加值核算时，美国《现代经济词典》中"从销售收入中减去原料、零件、供应品、燃料、转卖品、电力以及合同工程等方面的费用，推算出新增加的价值"。日本银行则采用"附加价值＝纯利润＋税金＋人工费用＋利息＋租赁金额＋固定资产折旧"的公式核算附加值。我国则多以"附加价值＝工业净产值＋折旧费"，即工业增加值进行核算。③

6.2　京津冀内产业高度空间分布的实证检验

如前所述，在区域产业扩散、聚集的过程中，受要素禀赋差异、原有生产条件基础不同等因素作用，区域内不同产业的产业结构高度可能随城市等级的提高而依次增加。在全球价值链分工背景下，一国产业高度主要体现在产业价值增值能力和控制能力的高低上，而产业的技术创新水平是企业加快成长的关键因素，为了更好地揭示城市群内产业高级化的规律，本节拟参考张其仔和李蕾（2017）对制造业产业类型的划分方法，以京津

---

① 实际上，从最初提出区位商的计算设想看，基准体系不一定是全国，但是在国内后来的大多数研究中，直接将基准体系界定为全国经济体系，以此来反映某个地区某个产业在全国范围内的专业化程度。

②③ 孙月平. 论高附加值. 经济与管理研究 [J]，1997，3：9—12.

冀城市群为例,对产业体系中处于不同地位的产业之产业分工高度进行测度[①]。2017 年京津冀城市工业各行业之产业高度值见附表 D。

6.2.1 技术—资本—劳动密集型产业之产业高度空间变化趋势分析

(1) 三类制造业产业高度因城镇等级不同而变化的趋势

张其仔和李蕾基于模糊 C 均值聚类法把制造业划分为劳动密集型产业、资本密集型产业和技术密集型产业,本书借助这种分类方式划分制造业产业类型。

考虑到统计数据的可得性,结合我国产业数据的国民经济行业分类(GB_T4754—2011)中制造业的划分,将上述划分做了进一步调整,得到表 6-1。

表 6-1 制造业划分结果

产业大类	具体产业
技术密集型	医药制造业
	通用设备制造业
	专用设备制造业
	交通运输设备制造业
	电气机械及器材制造业
	通信设备、计算机及其他电子设备制造业
	仪器仪表及文化、办公用机械制造业
	工艺品及其他制造业
资本密集型	石油加工、炼焦及核燃料加工业
	化学原料及化学制品制造业
	化学纤维制造业
	黑色金属冶炼及压延加工业
	有色金属冶炼及压延加工业
	烟草制造业

---

① 张其仔,李蕾. 制造业转型升级与地区经济增长 [J]. 经济与管理研究,2017,38 (02):97—111.

续表

产业大类	具体产业
劳动密集型	农副食品加工业
	食品制造业
	饮料制造业
	纺织业
	纺织服装、鞋、帽制造业
	皮革、毛皮、羽毛（绒）及其制品业
	木材加工及竹、藤、棕、草制品业
	家具制造业
	造纸及纸制品业
	印刷业和记录媒介的复制
	文教体育用品制造业
	橡胶和塑料制品业
	非金属矿物制造业
	金属制造业
	废弃资源和废旧材料回收加工业

整理表6-1中对应的各类产业的产值、就业人口、资本等数据，采用前述公式（6.4）进行测算得到制造业各级分产业的产业高度值，进一步整理得到，京津冀城市群中不同等级城市技术—资本—劳动密集型制造业产业高度的最高值、平均值和最低值，如表6-2、表6-3、表6-4所示。

表6-2　2009—2017年不同等级城市技术密集型产业之产业高度

	2009年	2010年	2011年	2012年	2013年	2014年	2015年	2016年	2017年
主H	2.8957	3.3595	2.9363	4.6356	6.7148	4.2998	2.6870	3.0350	2.5296
主A	1.8196	1.7143	1.9227	1.5097	2.1321	1.4141	1.3512	1.3831	1.3146
主L	0.5221	0.4456	0.8665	0.0593	0.1635	0.1999	0.3160	0.2673	0.3566
副H	2.0843	2.4965	3.0127	4.3017	4.5237	3.1299	3.3351	3.3305	6.0469
副A	1.4856	1.2827	1.4876	1.6215	1.5929	1.7199	1.6350	1.8329	2.9273
副L	0.7488	0.4721	0.8351	0.4764	0.0379	0.3401	0.5231	0.4226	0.2537

续表

	2009年	2010年	2011年	2012年	2013年	2014年	2015年	2016年	2017年
区H	1.7180	2.4752	1.6984	3.1551	1.6904	2.6999	3.9203	5.5080	2.9388
区A	0.8598	1.1873	0.7784	0.8999	0.8640	1.1562	1.1418	1.3804	0.9864
区L	0.0112	0.0398	0.0761	0.0725	0.0286	0.0759	0.0715	0.1150	0.0648
骨H	1.5171	1.4563	1.7824	1.7700	2.3688	1.3218	3.2635	2.1363	2.0256
骨A	0.7423	0.7338	0.9646	1.0002	1.3147	0.9659	1.3754	1.1497	1.0195
骨L	0.0729	0.1278	0.1507	0.1811	0.1041	0.1025	0.1846	0.2937	0.1410
次H	0.5818	1.3450	1.7164	1.3310	1.0653	1.3179	3.0817	0.8101	2.1645
次A	0.2397	0.4627	0.7729	0.5887	0.5126	0.7467	1.1753	0.4148	0.6873
次L	0.0000	0.0000	0.2141	0.1255	0.0619	0.1046	0.0309	0.0349	0.0787

表6-3 2009—2017年不同等级城市资本密集型产业之产业高度

	2009年	2010年	2011年	2012年	2013年	2014年	2015年	2016年	2017年
主H	2.6699	2.4029	1.9837	1.0060	1.4060	2.7248	1.1529	0.9700	1.1472
主A	0.6573	0.6147	0.6173	0.3268	0.4464	0.7541	0.3517	0.2979	0.3677
主L	0.0410	0.0491	0.0123	0.0202	0.0242	0.0144	0.0311	0.0351	0.0556
副H	5.5320	5.0023	4.8570	4.1700	5.9185	3.5679	5.4409	3.2030	5.2752
副A	2.1741	1.9340	2.1030	1.9918	2.6208	2.2770	3.0376	1.6461	2.5104
副L	0.4506	0.4510	0.9006	0.7941	0.9106	1.2580	1.3598	0.0572	0.0440
区H	2.2205	10.862	6.0145	5.6543	5.9559	3.3618	5.2724	8.0671	4.0829
区A	1.0735	3.1842	2.0743	1.6520	2.1182	1.4700	2.2396	2.5226	1.6581
区L	0.1564	0.2893	0.0552	0.0474	0.0718	0.0853	0.5255	0.0577	0.0560
骨H	5.3187	3.4557	4.0123	7.8299	5.1485	4.1615	7.0531	4.2581	3.6231
骨A	2.7371	1.9878	2.3808	2.7944	2.5519	1.9630	2.7933	2.1747	1.7142
骨L	1.4370	1.1079	1.2510	1.0069	1.1902	1.0256	1.1528	1.0021	0.6161
次H	1.7809	1.1187	1.2740	0.7082	0.9304	0.9784	4.1369	0.6728	1.6907
次A	0.6631	0.4699	0.6276	0.3687	0.4234	0.4369	1.5710	0.3405	0.5996
次L	0.0057	0.0042	0.0173	0.0125	0.0019	0.0006	0.1467	0.0097	0.0269

表 6-4 2009—2017 年不同等级城市劳动密集型产业之产业高度

	2009 年	2010 年	2011 年	2012 年	2013 年	2014 年	2015 年	2016 年	2017 年
主 H	1.4879	1.1992	1.0420	0.9606	0.8296	0.7169	0.5963	0.7691	0.6684
主 A	0.4334	0.3503	0.3409	0.3136	0.3196	0.2804	0.2788	0.2120	0.2600
主 L	0.0057	0.0092	0.0184	0.0152	0.0084	0.0068	0.0034	0.0014	0.0010
副 H	6.1259	3.4472	2.9019	6.0656	4.6487	4.1010	4.3210	7.7833	15.286
副 A	1.2027	0.9397	0.8135	0.9951	1.0511	1.2719	1.3863	1.8375	4.4140
副 L	0.0118	0.0138	0.0236	0.0138	0.0186	0.0340	0.1149	0.0443	0.1014
区 H	13.475	23.678	10.291	11.152	8.2075	9.6884	19.488	9.4438	7.0531
区 A	3.9712	6.5672	3.5773	2.9089	3.2167	3.2370	3.1509	3.4924	2.5059
区 L	0.0048	0.6222	0.8341	0.1997	0.3681	0.0385	0.0342	0.2024	0.2679
骨 H	3.7336	4.4900	4.9324	7.0731	19.933	6.1069	5.3554	4.0299	2.0579
骨 A	1.6209	1.9330	2.1706	2.2859	3.3154	1.9093	2.1285	1.7391	1.0035
骨 L	0.3037	0.7017	1.1012	0.7023	1.1885	0.3428	0.2633	0.3240	0.1079
次 H	3.6451	10.342	11.662	6.9561	8.6784	9.9593	9.2995	5.8828	8.4436
次 A	0.9784	1.6507	1.9178	1.2562	1.3369	1.6469	2.6511	1.1685	1.4596
次 L	0.0009	0.0001	0.0170	0.0295	0.1392	0.0051	0.0004	0.0009	0.0020

注：主、副、区、骨、次分别代表主核心城市、次核心城市、区域副中心城市、地方骨干城市、地方次级骨干城市；H、A、L 分别代表 Highest、Average、Lowest。

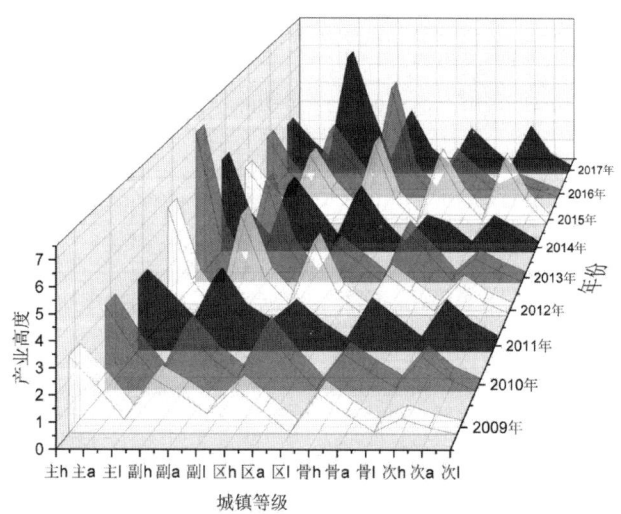

图 6-1 2009—2017 年不同等级城市技术密集型产业之产业高度值对比

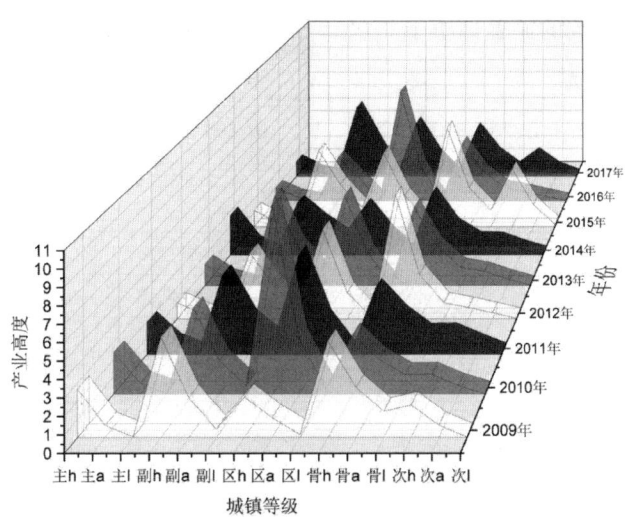

图 6-2　2009—2017 年不同等级城市资本密集型产业之产业高度值对比

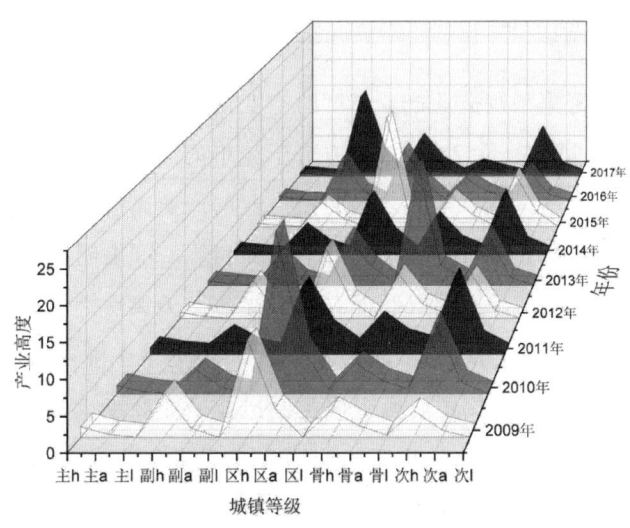

图 6-3　2009—2017 年不同等级城市劳动密集型产业之产业高度值对比

进一步地，以城镇等级为自变量，产业高度为因变量，采用 Spss 相关分析与回归分析技术，对京津冀城市群内不同等级中心地的产业高度与城镇等级之间的相关关系进行检验。

产业高度取表 6-2、表 6-3 和表 6-4 的历年均值，选择曲线估计回归分析和时间序列，显著性结果如表 6-5 和表 6-6。其中技术密集型产业的线性和对数的显著性小于0.05，相关关系显著，取其线性回归检验如表6-5，方程为：

产业高度 $Y = 2.557 - 0.147X \quad R^2 = 0.294$

表6-5　　　　　　　　　　显著性结果

显著性	技术	资本	劳动
线性	0.036618	0.640085	0.732067
对数	0.026708	0.999839	0.486493
二次	0.117904	0.222037	0.402285

表6-6　　技术密集型产业之产业高度线性回归检验结果

方程	模型摘要				参数估算值		
	R方	F	自由度1	自由度2	显著性	常量	b1	b2
线性	.294	5.425	1	13	.037	2.557	-.147	

（2）技术密集型制造业产业高度时空变化趋势

由图6-1可知，除2013年地方骨干城市的产业高度略微反超区域副中心城市外，2009—2014年技术密集型产业的产业高度在城市群内呈现明显的沿城市等级的下降而波浪状次第下降的趋势。这表明，2009—2014年北京的技术密集型产业在城市群内有明显优势，天津次之，副中心城市和骨干城市等依次减弱。2015年起，北京技术密集型工业产业高度逐年下降，反之，天津和区域副中心城市该类制造业产业高度大福度上升，反超主核心城市。2015年开始，北京的交通运输设备制造业和仪器仪表及文化、办公用机械制造业不断下滑，与此同时，天津、区域副中心城市的工艺品及其他制造业不断上升。与首都地区其他制造业产业相比，仪器仪表制造业、交通运输业和通信设备制造业等产业优势较为突出。

上述产业高度的变化很大程度上受北京非首都功能疏解政策的影响。由《京津冀发展报告（2019）》数据显示，疏解政策实施五年来，累计关停退出一般制造业企业2300余家。由此，制造业产值占比由2014年的13.4%降至2018年的11.8%，批发和零售业则由11.0%降至8.9%。高端生产性服务业地位有所增强，信息传输软件和信息技术服务业产值占比由2014年的9.7%增加至2018年的11.8%。

(3) 资本密集型制造业产业高度时空变化趋势

由图6-2可知，除主核心城市北京外，次核心城市、区域副中心等其他等级的城市资本密集型制造业的产业高度基本上呈现随城市等级下降而次第降低的趋势。个别年份出现异常值，如2009年区域副中心城市的资本密集型制造业产业高度明显低于较低等级城市，成为产业梯度洼地，但是在2010年异军突起，反超高等级中心地天津。2012年前四等级出现资本密集型产业随城镇等级下降而次第上升的反常现象。2015年地方骨干城市的资本密集型产业高度超过了前三等级城市。2016年区域副中心的资本密集型产业表现突出，远高于主核心和次核心城市。资本密集型产业的突出表现与化学纤维制造业等产业的迅猛发展关系密切。

(4) 劳动密集型制造业产业高度时空变化趋势

由图可知，除2017年自次核心至潜在骨干等四个等级城市呈现较规律的次第衰减趋势外，劳动密集型制造业的产业高度随城镇等级降低而变化的趋势不甚显著，这与前述相关关系的分析结果保持一致。在大多数年份里，区域副中心城市的资本密集型制造业（主要是木材加工及竹、藤、棕、草制品业）产业高度在城市群内优势突出，特别是2010年、2015年。地方骨干城市的废弃资源和废旧材料回收加工业产业高度除2013年表现突出外，多数年份都处于相对较低水平。潜在骨干城市的资本密集型制造业产业高度大多数年份都处于较高水平，这与该等级城镇产业基础和构成特点相符合。主核心城市北京的劳动密集型产业在城市群内处于较低梯度，这与非首都功能疏解的产业转移目标一致。

从2009—2017年不同等级中心地的变化趋势看：

①主核心城市北京的技术、资本、劳动密集型产业的产业高度值均呈现波动中略有下降的趋势，其中技术密集型产业、资本密集型产业和劳动密集型产业的分工优势依次降低，通信设备、计算机及其他电子设备制造业和工艺品制造业等产业具有明显比较优势。这一态势与北京作为全国首

善之区和城市群核心城市的功能定位、产业规划是相符合的；

②次核心城市天津的技术、资本、劳动密集型产业迅猛增长，其中资本密集型产业－劳动密集型产业－技术密集型产业高度依次递减，其产业规划由冶金等资本密集型产业转向通信设备等技术密集型产业，但从产业高度值看，废弃资源等劳动密集型产业也呈现明显的比较优势。这一态势与天津作为区域内的制造业中心、港口货运中心的功能定位基本相符合的；

③区域副中心城市石家庄和唐山的产业高度沿着劳动密集型产业—资本密集型产业—技术密集型产业逐渐下降，其中技术和资本密集型产业的变化不大，劳动密集型产业的领头羊位置逐渐交由次核心城市天津；

④邯郸、沧州、秦皇岛等骨干城市劳动和资本密集型产业的产业高度比较接近，明显高于技术密集型产业。作为京津产业的承接地，骨干城市近年来的产业规划由化工等资本密集型和废弃资源等劳动密集型产业转向无污染和轻污染的食品、医药、纺织等劳动密集型产业及技术密集型产业，但从产业高度看，其资本密集型产业并无明显减少，产业转移趋势不明显；

⑤承德等次级骨干城市近年来制造业产业有较大发展，劳动密集型—资本密集型—技术密集型产业高度依次降低。次级骨干城市通用设备等技术密集型和化工等资本密集型产业转向家具制造、饮料制造等劳动密集型产业，从产业高度计算结果来看，劳动密集型产业并无明显增大。

综上所述，京津冀城市群前两级中心地的产业高度与其功能定位基本相符，但是区域副中心和骨干城市的产业高度与其功能定位不甚相符。目前来看，区域副中心与骨干城市仍然承接和发展了过多高能耗、低技术含量的低端产业，在承接高端产业、产业转型升级上略显无力。

6.2.2 技术—资本—劳动密集型产业与其地价对比

进一步地，将技术—资本—劳动密集型产业分别与其各自对应的地价进行比较分析，如表6-7、表6-8、表6-9和图6-4、图6-5、图6-6所示。

由于潜在骨干市、一般县一般市缺少相应的分行业产业高度，故未对其分行业地价进行相应整理。

表6-7　2009—2017年不同等级城市技术密集型产业之地价

	2009	2010	2011	2012	2013	2014	2015	2016	2017
主 H	597.6	1132.2	1100.0	1100.0	1342.2	1500.0	1401.3	1740.0	2723.5
主 A	351.2	313.7	170.1	334.7	534.1	231.8	904.0	1072.0	2376.6
主 L	29.3	39.1	35.4	42.3	52.6	94.6	211.5	924.0	1620.0
副 H	564.8	689.1	1075.4	1685.8	2918.0	4908.4	1651.3	1514.8	4677.3
副 A	319.0	331.5	345.2	342.1	354.2	359.5	424.4	533.2	433.5
副 L	158.5	173.9	73.0	144.9	179.0	204.1	206.9	206.2	228.3
区 H	545.3	636.8	622.5	1362.0	1317.6	752.3	749.7	693.0	957.0
区 A	236.2	333.4	268.9	299.1	372.8	366.6	268.3	418.6	348.8
区 L	128.7	68.5	67.5	130.5	186.0	189.1	187.5	199.5	186.0
骨 H	675.1	474.1	504.7	525.0	539.7	701.9	675.7	896.1	912.2
骨 A	192.0	314.5	298.6	318.9	308.9	308.7	263.8	349.2	284.3
骨 L	149.8	144.1	144.0	144.0	181.8	104.9	137.6	144.1	144.1
次 H	503.1	520.3	1012.0	482.3	2498.0	437.6	795.8	754.8	621.9
次 A	162.3	157.0	274.3	197.9	242.9	183.2	246.3	235.9	224.5
次 L	66.1	32.2	110.6	68.9	94.6	107.8	123.7	116.5	116.3

表6-8　2009—2017年不同等级城市资本密集型产业之地价

	2009	2010	2011	2012	2013	2014	2015	2016	2017
主 H	500.0	450.0	550.0	450.0	1500.0	1085.2	1187.5	1299.1	—
主 A	329.2	110.7	550.0	327.0	962.9	1085.2	1187.2	1299.1	—
主 L	55.0	58.1	550.0	258.8	26.5	1085.2	1187.1	1299.1	—
副 H	635.0	741.5	648.1	700.0	1194.3	477.1	764.5	1152.1	478.2
副 A	336.1	275.7	306.4	330.6	310.0	359.3	533.2	634.7	471.3
副 L	204.0	204.1	204.1	204.6	204.0	254.8	207.2	302.9	298.5
区 H	166.7	129.3	192.9	219.2	226.2	199.7	196.8	261.4	236.8
区 A	555.0	563.0	751.5	528.0	345.0	298.5	225.0	495.0	577.6
区 L	129.0	67.5	67.5	154.0	136.5	169.5	169.5	172.5	168.0
骨 H	630.0	396.2	366.0	435.9	495.1	338.0	480.0	676.7	698.5
骨 A	158.6	258.3	117.7	176.1	185.5	174.4	192.5	235.3	157.7
骨 L	144.0	144.6	100.8	144.2	144.0	105.0	120.1	144.0	76.6
次 H	710.7	521.8	1011.8	1031.2	523.0	415.7	379.7	653.5	727.4
次 A	158.0	190.3	278.3	211.3	219.6	208.7	190.1	241.3	448.3
次 L	59.5	95.6	110.6	112.5	99.6	100.6	87.4	107.3	272.4

表 6-9　2009—2017 年不同等级城市劳动密集型产业之地价

	2009	2010	2011	2012	2013	2014	2015	2016	2017
主 H	1656.2	1230.0	1100.0	2860.3	1100.0	—	1112.7	1740.0	—
主 A	283.7	320.8	207.5	392.8	568.1	443.9	1110.9	1606.3	—
主 L	33.9	53.7	40.2	44.1	46.3	150.1	1100.0	1297.4	—
副 H	595.0	651.8	900.6	900.4	1229.8	866.2	955.7	710.1	806.4
副 A	255.2	239.2	285.8	309.2	296.4	311.4	319.0	361.4	416.9
副 L	117.7	158.7	152.5	180.3	170.2	204.1	205.0	209.0	208.1
区 H	227.6	199.2	242.6	198.9	224.0	249.9	210.6	237.3	233.4
区 A	546.0	756.4	542.3	646.5	345.0	375.0	655.5	729.8	538.5
区 L	126.7	67.5	68.0	133.5	150.0	147.0	120.0	186.0	186.0
骨 H	499.6	449.1	480.3	675.0	520.8	699.7	629.2	884.9	685.0
骨 A	248.3	241.9	252.3	215.4	277.0	240.0	267.7	279.6	220.6
骨 L	144.5	144.1	144.1	60.1	63.3	107.5	90.1	115.0	144.0
次 H	684.2	729.5	1008.6	878.3	550.5	805.8	795.0	2073.5	621.9
次 A	160.7	160.4	222.6	219.0	206.3	220.6	202.0	238.2	317.1
次 L	23.6	61.1	103.4	107.3	94.6	78.9	81.6	98.1	188.4

注：空白处为当年无该类型数据。

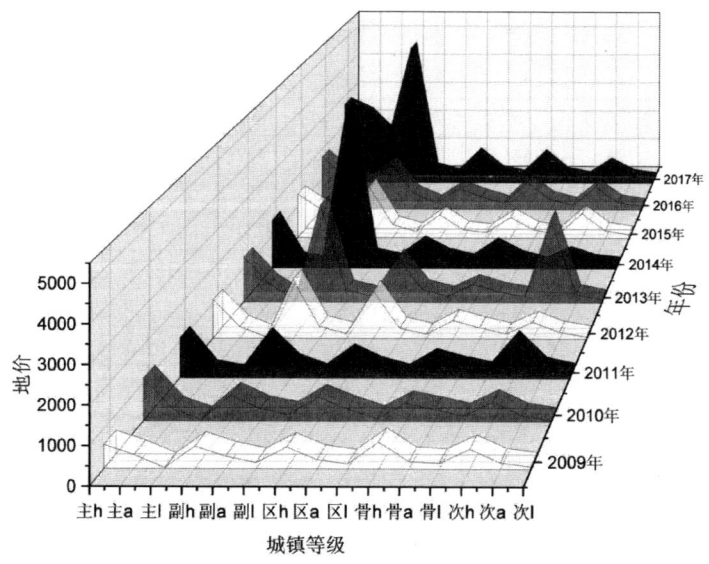

图 6-4　2009—2017 年不同等级中心地技术密集型产业之地价

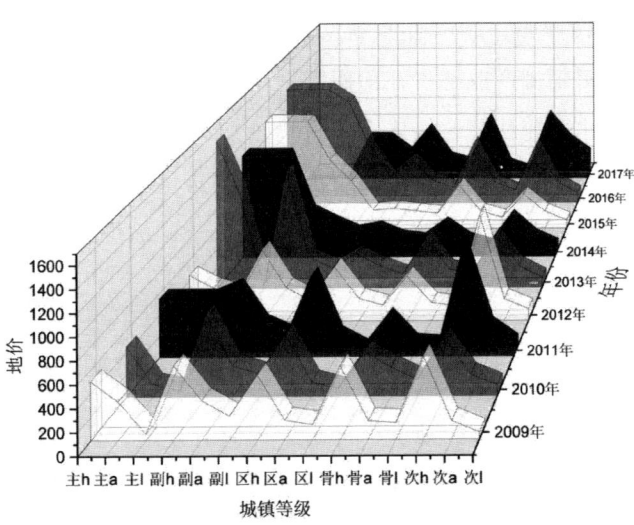

图6-5 2009—2017年不同等级中心地资本密集型产业之地价

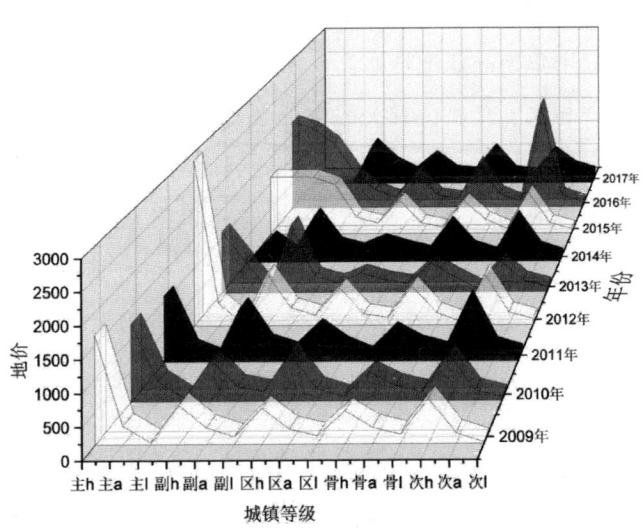

图6-6 2009—2017年不同等级中心地劳动密集型产业之地价

由表6-7、图6-4可知，2009—2017年技术密集型产业之地价，总体上看呈现随中心地等级的下降而下降的趋势。2012年至2014年，次核心城市天津地价反超主核心城市北京，并呈现差距逐年递增的情况，2015

年、2016 年理性回归，2017 年重新反超。从表 6-8、图 6-5 看，四个等级城市的资本密集型产业地价在前四年呈现齐头并进的景象；从 2013 年开始，北京、天津迅速凸起，整体上来看地价随城镇等级的提高而提高，区域副中心资本密集型产业地价偏低，出现了"价值洼地"。劳动密集型产业除 2014 年主核心和区域副中心城市地价偏低外，地价与城镇等级基本成正相关关系。

次核心城市天津频繁出现"价值波峰"，即次核心城市的地价不仅远高于副中心地价，而且高于主核心城市地价。这一方面反映出次核心城市天津土地资源配置过程中，地价杠杆未发挥应有作用，另一方面也是天津工业制造业迅猛发展的市场选择结果。相比资本密集型和劳动密集型产业用地基本持平的地价，技术密集型产业地价则明显高于二者，可见该类用地较好地实现了高价高用、低价低用的地价—地用合理适配原则。从主核心城市看，除技术密集型产业地价稍偏低以外，基本实现了地价—地用的适配。其中劳动密集型产业地价略高于本研究预期价格，考虑到劳动密集型产业主要生产与衣、食、住有关的生活必需品，在外围骨干城市、次级骨干城市未做好相应的产业承接情况下，此类商品的生产经营对主核心城市来讲不可或缺，故而，存在一定的土地竞价也属正常。副中心城市技术、资本和劳动密集型产业地价出现了倒挂现象，这一情况与其产业高度的趋势保持一致，反映了其比较分工优势及由此导致的土地竞价趋势。

综合上述分析，产业高度随中心地等级的提高呈现上升趋势，其中技术密集型产业较为显著。从京津冀制造业全部产业综合情况看，中低级和低级中心地与高级中心地之间产业梯度过大。

技术—资本—劳动密集型产业的产业高度对比分析显示，近年来技术密集型产业高度的波峰由北京向天津转移，并形成比较显著的由次核心—区域副中心—骨干—次级骨干次第衰减的趋势；资本密集型产业高度的波峰在区域副中心、骨干城市和天津之间轮流出现，近三年也逐渐形成由次核心—区域副中心—骨干—次级骨干次第衰减的趋势；劳动密集型产业高度波峰基本上稳定在区域副中心城市，天津近年来逐渐成为第二波峰，次级骨干城市的劳动密集型产业高度较为稳定，一直保持较高水平。

从不同等级中心地看，随着非首都功能疏解和京津冀产业协同发展，主核心城市北京制造业产业高度均呈现下降趋势，该城市群内制造业产业重心逐渐转向次核心城市天津和区域副中心城市及部分骨干城市；主核心和次核心城市制造业产业高度与其功能定位相符合，区域副中心和骨干城市的产业调整仍未到位，部分产业高度与其功能定位仍不甚符合，需进一步加强与次级骨干、潜在骨干等城市的产业转移与协同发展。

不同技术水平的产业之产业高度与地价的对比分析显示，主核心城市制造业产业—地价相对较为适配，次核心城市制造业产业用地地价出现明显反超，区域副中心城市和骨干城市制造业产业用地出现明显"价值洼地"，城市群内优地优用、劣地劣用的产业—地价双优化的理想状态尚未实现。

第7章 城市群地价—产业耦合演进的互动机理

本章宗旨：结合前述第 3 至第 5 章的实证检验，假设前提与现实情况的契合度较高，在合理假设的背景下，对第 3 章所提出的城市群地价—产业双螺旋演进过程中的耦合互动机理进行深入剖析，并对京津冀城市群地价—产业耦合度进行评价。

7.1 土地价格增值与产业高级化耦合演进的机理分析

7.1.1 生产要素演化与土地要素的回归

生产要素是区域形成、发展和演化的客观基础。随着时代的发展，生产要素的内涵日益丰富、范畴不断扩大，如表 7-1 所示。

表 7-1 生产要素演化表[①]

生产要素理论	具体要素	代表人物
二元论	土地、劳动	威廉·配第、理查德·坎蒂隆、庞巴维克
三元论	土地、劳动、资本（节制）	萨伊、约翰·穆勒、威廉·罗雪尔
四元论	土地、劳动、资本、组织（企业家才能）	阿尔弗里德·马歇尔

---

① 徐斌、李燕芳. 生产要素理论的主要学派与最新发展 [J]. 北京交通大学学报（社会科学版），2006，9：20—24.

续表

生产要素理论	具体要素	代表人物
六元论	人力（体力和智力）、物力（能源、原材料）、财力（固定资产、流动资产等）、运力（物流、人流）、自然力（土地、大气、水、矿藏、天然生物等）、时间	徐寿波

工业化的进程表明，随着产业结构的变化，各要素作用也在发生变化。在杜能的"孤立国"中，由于农业生产对土地资源的绝对依赖性，土地要素对农业生产的选址布局具有重大意义。正如威廉·配第所说，土地为农业生产的"财富之母"。[1] 发达国家的工业化进程中，"工业技术路线的实质是资源技术路线"，而这一路线在越来越多的发展中国家工业化道路上被扩展和强化[2]。工业生产中大规模开发并加以利用的自然资源包括土地、水源、能源和原料等四大类。工业化初期，土地资源稀缺性并不明显，企业区位选择受到土地要素的制约较少，主要取决于由原料、能源燃料及产成品的运费和劳动力费用决定的生产成本费用的大小[3]。随着部门内分工的深化，集聚（分散）因素对区位选择的影响变得越来越重要。当技术革新、交通条件改善、通信业大发展、跨国跨地区企业陆续出现后，工业企业区位选择摆脱了原材料或市场区的束缚，为寻求更低的生产成本，更多地受到劳动力要素的吸引。第二次世界大战后，以信息产业成长为标志，服务业迅速扩张，技术创新的区位条件受到企业的追逐。[4] 由此，随着产业结构的演进和价值倒金字塔的出现，土地要素在企业区位选择以及由此形成的产业布局中的影响力似乎越来越低。

那么，是否可以认为，在技术创新等非土地生产要素逐渐成为区域经济增长和产业演进的主要推动力后，可以轻视甚至忽略土地要素的作用

---

[1] 威廉·配第. 赋税论 [A]. 配第经济著作选集 [M]. 北京：商务印书馆，1981.
[2] 金碚. 中国工业化的资源路线与资源供求 [J]. 2008，2：5—19.
[3] 阿尔弗雷德·韦伯. 工业区位论 [M]. 北京：商务印书馆，1997.
[4] 陈秀山，张可云. 区域经济理论 [M]. 北京：商务印书馆，2009.

呢? 由表 7-1 可知,不论是在 17 世纪的生产要素二元论中,还是在 19 世纪至 20 世纪初的三元论、四元论中,或是 20 世纪中后期提出的六元论中,作为一种特殊的稀缺的自然资源,土地均是人类生产生活必不可少的最重要的生产要素之一。与农业生产相似的是,工业的资源之母也是土地。首先,作为不可或缺的空间载体,土地承载着各类工业生产活动;其次,土地向工业生产提供必需的化石、矿物及各类动植物,土地距离市场区和原料、燃料产地的自然地理位置和基础设施完备度等条件历来都是工业生产最重要的基础条件,直接影响工业成本;再次,间接的,土地能够为工人提供住房等各类生活资料条件进而对工业成本产生的影响;最后,即便在技术创新要素中,是否靠近大学和其他科研机构、是否有良好的基础设施和生活配套设施等区位条件也必须借由土地得以实现。故而,土地从来都是人类生产极为重要但并不唯一的生产要素,土地在企业布局、产业升级及经济发展中的作用从未降低。"土地在产业升级中的原始积累作用无非是由工业化初期阶段的显性走向了产业升级到一定阶段后的隐性。"① 这也意味着无论怎样界定价值的创造,土地仍旧是财富之母。

土地要素的作用被低估,除了代表先进生产力发展方向的新生产要素的出现这一原因外,还在于土地成本在生产成本中的占比,以及土地投入对产出的拉动都呈现下降的趋势。那么,这种趋势是什么原因造成的呢? 一方面,由于工业对自然资源的开发利用程度更深,相比之下,工业用地比农业用地更集约,对土地投入的数量大大少于农业生产;另一方面,由于土地制度和土地资源配置机制中的缺陷,在市场竞争不充分的情况下,工业地价被低估,土地成本转移到其他生产要素成本中。值得注意的是,当工业化进程步入中后期,自然资源的稀缺性日益凸显、人地矛盾日益突出时,以充分的市场竞争机制促使工业地价合理显化将成为各国、各经济区域必然的选择,土地要素作为产业布局、产业结构演进的推助器和协调

---

① 孙国峰. 土地作为基础财富的积聚效应与产业演进中原始积累的显性向隐性转化分析 [J]. 当代经济研究,2007,3:7—10.

器的作用，也将逐步回归。

7.1.2 非均质空间下的要素流动、产业集聚与土地增值

从要素流动性角度看，土地、地形、水文和气候等自然资源是不可流动的区内投入要素①，加上其分布的不均匀性，形成了此类要素富集区域的绝对优势。与之相反，有些生产要素如劳动力、资金、知识和技术的流动和溢出相对较为容易，即为可流动要素。生产要素的不完全流动性、趋利性和资源禀赋分布的不均匀性，加上经济活动的不完全可分性、创新能力的区位锁定作用和知识溢出的局部性、地方政府的补偿作用和地方财政等因素的共同作用，区域经济呈现"块状经济"。② 块状经济是非连续的、间断的和非均质的，这意味着不同区域之间必然存在某种内在的促使生产要素流动的非均衡力。这种非均衡力"是聚集力与分散力相互抵消后的剩余"。③ 企业在生产成本和非均衡力引发的聚集或分散效应之间进行权衡，当由市场接近效应和生活成本降低效应引发的聚集力之和大于市场拥挤效应引发的分散力时，非均衡力表现为聚集力。这种力量促使企业集聚，并随着非土地要素的流动，不断自我强化，吸引更多的企业集聚到相同区位上。

产业集聚的过程中，土地等要素条件发生动态变化，而这一变化恰恰是区域经济发展的根本动力。传统的城市和区域经济学通常将产业集聚产生的经济效应划分为三大类：企业内部规模经济效应、产业内部的定域化经济效应（又称地方专业化效应）、产业和企业外部的城市化经济效应。④ 如图 7-1 所示。

---

① 不论在农业生产还是工业生产中，或是基础设施建设中，土地要素均是重要的只能从区内获取的投入要素，除土地和地形、气候等自然条件外，其他投入要素和产出要素均是可转移的。
②③ 安虎森．新区域经济学 [M]．大连：东北财经大学出版社，2010.
④ 保罗・切希尔．城市与区域经济学手册（第三卷）[M]．北京：经济科学出版社，2003.

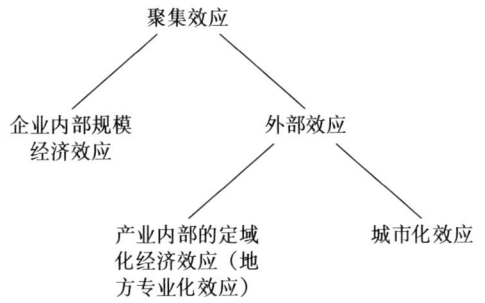

图 7-1 聚集效应的划分①

其中,后两类外部效应对区域产业结构的形成与调整具有重大意义,因而也是一般区域经济研究的主要关注点。当同一行业内不同企业大量集聚于同一区位时,这些企业均会由于这种集聚而降低单位成本,从而产生定域化经济,即地方专业化效应。在此基础上,各种不同行业的企业以及不同行为主体进一步在该区位上集聚,带来销售市场的扩大、训练有素的劳动力市场的形成、基础设施和生活配套设施的完善和社会服务业的兴起,从而产生城市化效应。地方定域化经济效应和城市化效应改善了工业土地的区位条件,进一步提高了土地供给的质量内涵,由此,受到资源刚性供给边界的约束,土地要素虽然在自然空间上不可能无限扩展,但是其经济承载力不断提高,集约利用水平不断优化,实现了内涵式的空间动态累积。同时产业集聚加大了对土地等要素的需求,在供给质量内涵提高、需求引致的双重作用下,土地要素的价值与价格不断提升。

7.1.3 最佳集聚规模、企业投入要素最优解及区域产业结构高级化

随着要素集中度的提高,市场拥挤效应也变大,当要素集中度达到一定程度时,企业盈利能力下降,工业地价迅速上升,对劳动力成本和技术创新成本有显著影响的商业和住宅房地产价格以更快速度上升,直至要素

---

① 陈秀山,张可云. 区域经济理论 [M]. 北京:商务印书馆. 2009.

价格过高，造成企业利润逐步下滑，则聚集带来的市场接近效应和生产成本降低效应消失，产业趋于分散。由此，在土地要素不流动、其他要素流动性可能受到地方保护政策或者民族文化等因素限制且市场区容量有限等前提条件下，某一产业或某一地区存在最佳聚集规模。这一聚集规模可由生产函数求解。

具体研究中，可选择灵活的生产函数，如蒙马瓦采用柯布－道格拉斯生产函数估计经济聚集度。

$$y_j = g(S_j) L_j^\alpha K_j^\beta \tag{7.1}$$

其中，y 表示产出；K、L 表示资本和劳动力；$g(S_j)$ 表示规模经济。最佳聚集规模的图解如图7-2所示。

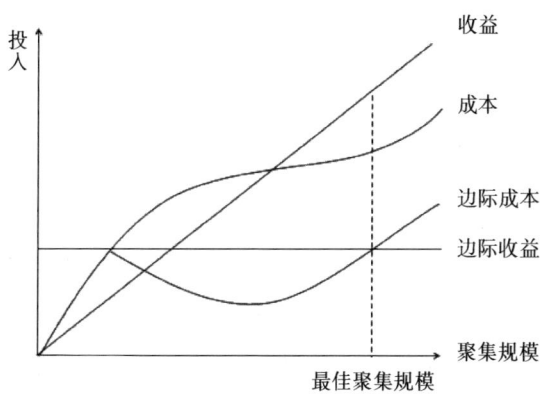

图7-2 最佳聚集规模①

当边际成本等于边际收益时，收益和成本之间差额最大，由城市扩大形成的积极效应正好被消极效应抵消，聚集度达到最佳。

对某一企业来讲，最佳集聚规模即实现利润最大化、成本最小化。参考阿朗索②和郝寿义③及 Varian④ 对厂商利润最大化问题的数学求解过程，

---

① 陈秀山，张可云. 区域经济理论 [M]. 北京：商务印书馆，2009.
② 威廉·阿朗索. 区位和土地利用 [M]. 北京：商务印书馆，2010.
③ 郝寿义. 区域经济学原理 [M]. 上海：上海人民出版社，2007.
④ Hal R. Varian, Microeconomic Analysis (Third Edition)[M]. W. W. Norton&Company, 1992.

构建利润函数如式（7.2）所示。

利润 $\pi = Y - C - R - A$ (7.2)

生产函数 $Y = f(L, q_1, q_2)$ (7.3)

其中，L 假设为区位因子，q_1 为投入土地的数量，q_2 为技术投入量。

$C = C(Y, L, q_1, q_2)$ (7.4)

$R = P_1(L) q_1$ (7.5)

$A = P_2(L) q_2$ (7.6)

$\pi = f(L, q_1, q_2) - C(Y, L, q_1, q_2) - P_1(L) q_1 - P_2(L) q_2$ (7.7)

对式（7.7）微分，得到：

$d\pi = dY - dC - dR - dA$

∵ 企业追求利润最大化，即 π 值最大，则，$d\pi = 0$

∴ $dY - dC - dR - dA = 0$ (7.8)

分别对上述 Y、C、R、A 求微分，并代入到式（7.8）中，得到：

$F_L dL + f_{q1} * dq_1 + f_{q2} * dq_2 - C_y dY - C_L dL - C_{q1} dq_1 - C_{q2} dq_2 - P_1(L) dq_1 - q_1 * dP_1(L) dL/dL - P_2(L) dq_2 - q_2 * dP_2(L) * dL/dL = 0$ (7.9)

将式（7.7）代入式（7.9）中，并整理同类项，得到：

$[f_L - C_y f_L - C_L - q_1 dP_1(L)/dL - q_2 * dp_2(L)/dL] * dL + [f_{q1} - C_y f_{q1} - C_{q1} - P_1(L)] * dq_1 + [f_{q2} - C_y f_{q2} - C_{q2} - P_2(L)] * dq_2 = 0$ (7.10)

令，q_1 即土地投入数量为常数，q_2 技术投入量为常数，$dq_1 = 0$，$dq_2 = 0$，则得到区位方程：

$f_L - C_y f_L - C_L - q_1 * dP_1(L)/dL - q_2 * dP_2(L)/dL = 0$ (7.11)

其中，f_L 表示区位向远离中心的方向移动 dL 引起的边际收入损失；$C_y f_L$ 表示生产量变动 f_L 所导致的边际生产成本的变化；C_L 表示由区位变化 d_L 引起的边际生产成本的增加；$q_1 * dP_1(L)/dL$ 表示随区位变化，土地价格变化引起的土地成本的变化。

令 q_1 为常数，L 为常数，则得到技术投入方程：

$$F_{q2} - C_y f_{q2} - C_{q2} - P_2(L) = 0 \qquad (7.12)$$

其中，F_{q2} 表示技术投入增加 dq_2 引起的边际收入的变化；$C_y f_{q2}$ 表示技术投入增加 dq_2 引起的边际收入变化进而导致的生产成本的变动；C_{q2} 表示技术投入增加 dq_2 直接导致的生产成本边际变动；$P_2(L)$ 表示技术投入的边际成本。

令 q_2、L 为常数，则得到土地投入方程：

$$F_{q1} - C_y f_{q1} - C_{q1} - P_1(L) = 0 \qquad (7.13)$$

其中，F_{q1} 表示土地面积增加 dq_1 引起的边际收入的变化；$C_y f_{q1}$ 表示土地面积增加 dq_1 引起的边际收入变化进而导致的生产成本的变动；C_{q1} 表示土地面积增加 dq_1 直接导致的生产成本的边际变动；$P_1(L)$ 表示土地面积的边际成本。

由式 (7.11)、式 (7.12)、式 (7.13)，可求得 L、q_1、q_2。

由上述推导过程可知，当集聚规模越过最佳点，分散力大于聚集力，企业又一次面临权衡。

A. 在土地、劳动力、技术等要素投入不变的前提下，要保持利润水平，不得不进行区位转移。企业微观层面上的区位转移，带来产业在空间上扩散和转移，这往往是区域产业结构高级化的开始。无论是产业扩散还是产业转移，都表现出一定的等级层次性，如图 7-3 所示。产业扩散是产业从"扩散源向周围地区逐次地、由近及远地扩散，扩散强度随距离的阻碍作用而逐渐减弱"。[①] 产业转移则更多地表现为有层次但可能跳跃式地扩散。两者都可能带来产业转出地区位环境的改善与产业转入地产业结构的升级优化，从而不仅促使产业转出、转入地产业结构的优化，而且促使当地土地价格，特别是工业用地价格上涨。

---

① 安虎森. 新区域经济学 [M]. 大连：东北财经大学出版社，2010.

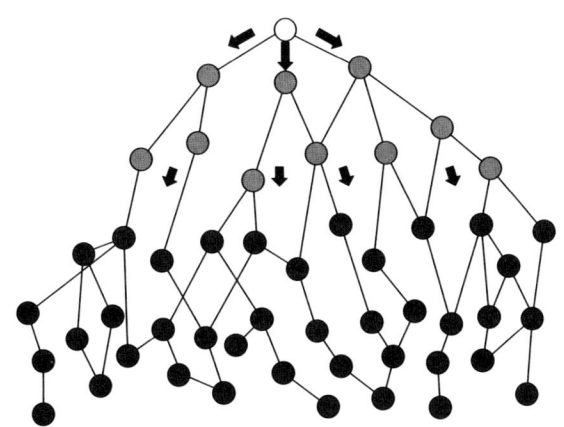

（○代表高级中心地即产业转出地，　●代表次级中心地即产业转入地和产业转出地，
●代表低级中心地即产业转入地）

图 7-3　产业扩散、转移的等级层次性①

B. 在劳动力、技术等要素投入不变且区位不变化的前提下，要保持利润水平，必须减少土地要素投入数量，提高土地集约利用水平，这不仅可能带来宗地价格的提升，而且通常意味着企业技术要素投入的改变。

C. 在土地、劳动力、原材料等要素投入不变且区位不变的前提下，企业将加大技术创新和技术进步的投入，提高投入产出比，通过提升产品附加值、技术节能降低产品生产成本，以保持利润水平。这无疑将促使企业自身产业升级，在领头羊效应下，区域内的上下游关联企业可能迅速仿效，从而带动整个区域的产业结构高级化，促进区域经济质量的提升。

实际上，无论上述任何一种情况出现，最终都会改善和优化当地以及周边地区的产业结构，促进产业结构高级化，而产业结构的优化，又进一步提高了区域内大多数企业的利润水平，在逐利作用下，吸引新的符合产业结构优化方向的上下游企业进入，加大了"极化效应"，地价也将因工业用地区位条件的进一步优化而升高并在城市群内不同等级中心间进一步扩散。

---

①　毛广雄. 区域产业转移与承接地产业集群的耦合关系［J］. 华东师范大学学报，2011，4：68.

7.2 地价—产业"四象限"互动机理分析

7.2.1 地价—产业相关关系检验

如前述分析，产业结构高级化受到多种因素的推动，与经济发展和多种经济要素之间存在一定的相关关系。国内外学者对产业聚集规模、产业结构高级化及其影响因素之间的关联关系进行了较多的实证研究与理论探讨。从产业结构高级化与经济发展的关系来看，产业结构变动是影响生产率增长的一个重要原因。[1] 对引入随机前沿生产函数的分析框架进行研究发现，产业结构和制度对经济规模产生直接影响，通过影响要素产出效率，对经济增长产生间接影响，而且改革开放以来的数据显示，产业结构和制度对经济增长的作用具有明显的阶段演进特征[2]。值得注意的是，虽然改革开放以来产业结构变迁对我国经济增长的贡献一度十分显著，但是随着市场化程度的提高，产业结构变迁对经济增长的贡献呈现不断降低的趋势，并逐渐让位于技术进步[3]。采用技术选择、产业结构升级与经济增长的关系模型，对1991—2007年31个省市（区）面板数据的分析则表明，"技术选择效果和合理的资本深化"能够促进产业结构升级，产业结构升级又进一步提升劳动生产率，实现经济快速增长[4]。

从区域经济发展角度看，区域产业结构的升级是区域经济发展和提高地区经济增长质量的关键。[5] 汪斌（2001）以国际区域产业结构为研

---

[1] 李小平和卢现祥. 中国制造业结构变动和生产率增长 [J]. 世界经济，2007，5：52—64.

[2] 郑若谷、干春晖和余典范. 中国产业结构变迁对经济增长和波动的影响经济研究 [J]. 2011，5：4—16.

[3] 刘伟，张辉，黄泽华. 中国产业结构高度与工业化进程和地区差异的考察 [J]. 经济学动态，2008，11：4—8.

[4] 黄茂兴和李军军. 技术选择、产业结构升级与经济增长 [J]. 经济研究，2009，7：143—151.

[5] 陈淮和江林. 中国产业结构高加工度化的战略思考 [J]. 经济科学，1996，2：24—31.

究对象,系统分析了国际区域产业结构的一般规律及中国问题,探讨国际区域产业结构的成长及其内在运行机理,通过考察国际区域间各产业结构体相互关联、互相波及的互动传导机制,比较不同国际区域产业结构体系的演化模式及其特征,以及当代国际分工的变化,阐述在未来面临的多年格局中对中国产业结构作战略性调整的主要思路及若干政策选择。①

从区域产业聚集、结构高级化与要素关系的角度,国内学者也有较丰富的研究成果。部分资源丰富的区域产业结构层次低、经济落后,其主要原因在于,动态要素在区域区际分工中的重要性的加强,垂直型产业分工将资源富集地区的产业日益固化在资源型产业上,抑制了经济发展。②王业强和魏后凯(2007)建立了一个基于产业特征分析的空间竞争理论框架,实证结果表明,传统的劳动力等比较优势逐渐成为抑制中国制造业地理集中的主要因素,而制造业地理集中主要由产业的技术偏好、市场规模和产业关联等因素推动。制造业地理集中主要表现出较为明显的区域技术外溢效应,临近区域之间的后向关联效应较强。产业的规模经济特征的作用效果不明显,限制了产业的空间集中和扩散。③ 路江涌和陶志刚(2007)的研究表明,地方保护主义在很大程度上限制了中国制造业的区域集聚。同时,溢出效应、运输成本和自然禀赋也是影响行业集聚的重要因素④。

卢福财,罗瑞荣(2010)以中、美产业就业人均产值之比构建人均GDP 增值指数,运用协整和误差修正模型,对全球价值链分工条件下产业高度和人力资源之间的关系进行实证研究。结果表明:全球价值链分工条件下,"第二产业人力资源是第二产业产业内分工高度的直接影响原因"。

---

① 汪斌. 国际区域产业结构分析导论 [M]. 上海:上海人民出版社,2001.
② 孟昌. 区际分工转型中的西部地区产业结构转变 [J]. 财经科学,2005,4:142—147.
③ 王业强,魏后凯. 产业特征、空间竞争与制造业地理集中——来自中国的经验证据 [J]. 管理世界,2007,4:68—77.
④ 路江涌,陶志刚. 我国制造业区域集聚程度决定因素的研究 [J]. 经济学季刊,2007,3:801—816.

"人力资源质量因子对产业内分工高度起正向促进作用",而"人力资源数量因子对产业内分工高度起反向消极作用"。①

孙斐、陈静（2007）以第一、二、三产业就业人员百分比构成作为被解释变量，同时选择以外商的直接投资额 FDI 和城市化水平系数作为解释变量，构建对数回归方程，以 1986 年至 2005 年的时间序列数据为基础进行回归分析，研究表明：FDI 确实引起了第一产业就业百分比变小，第三产业就业百分比增多。②

从已有研究看，尽管国内外学者早已认识到，利用成本函数构建模型并把要素价格纳入到对厂商行为的研究是一种比较完善的做法，如阿朗索通过构建利润函数，对厂商区位选择中土地、劳动、资本等要素投入的作用进行了较深入的研究。

事实上，学者们在构建成本函数时，常因缺少变量而感到苦恼。从理论上讲，所有对生产有贡献的要素投入，包括劳动力、资本、土地、原材料、中间产品、区域内基础设施和公共配套设施的投入等，均应纳入到生产函数中。忽略任何一个变量，均可能导致对其他要素贡献度的有偏估计。但是一方面有些要素（如基础设施）价格存在明显外部性，难以准确度量，另一方面，带有具体产业地点信息的土地价格资料通常难以大量获取③，因而，尽管学者们深知，忽略土地同样使得估计值有偏差，正如中村所述，"只包含资本和劳动力的产业的生产函数，其规模参数的综合，同内部化的定域化经济的精确量度是不一致的。"④ 但是在以往的大多研究中，对土地要素价格与产业集聚规模、产业结构高度的相关关系的研究甚少，特别是以定量分析的方式将土地要素的价格对产业结构高级化的影响单独显化基本属于空白。类似研究中往往将土地要素投入作为一种特殊的

---

① 卢福财，罗瑞荣. 全球价值链分工条件下产业高度与人力资源的关系 [J]. 中国工业经济. 2010，8：77—79.
② 孙斐，陈静. ＦＤＩ与产业结构高级化相关性研究 [J]. 浙江金融，2007，8：55—56.
③ 保罗·切希尔. 城市与区域经济学手册（第三卷）[M]. 北京：经济科学出版社，2003.
④ Nakamura, R. Agglomeration economies in urban manufacturing industries: a case of Japanese cities, Journal of Urban Economics, 1985, 17: 109.

资本投入方式,合并在资本要素中。

借鉴国内外相关研究的经验,结合本书前述章节实证研究的结果和互动关系分析的结论,从理论上看,地价与产业高度间存在耦合互动的关系,本节则拟将土地要素从资本要素或者其他要素中剥离出来,对土地要素价格与产业高度的关系进行直接的定量研究。在模型构建时,考虑到数据的可得性,以及要素数据之间可能存在的多重共线性关系,忽略其他所有要素,仅引入土地要素价格,对土地要素价格与产业高度之间的关系进行检验。由前述"双螺旋"互动关系分析可知,城市群内工业地价与工业产业高度存在沿不同等级城市互为正相关的关系,即地价上升,促使产业结构升级,产业高度化进一步推升土地价格。由此,构建土地单因素变化下产业高度的变化模型,如式(7.14)所示:

$$IH_t = A_t + \alpha P_t + \varepsilon_t \tag{7.14}$$

其中:IH_t 表示某地区或者某产业 t 时刻的产业高度;P_t 表示 t 时刻该产业对应的地价;A_t 代表 t 时刻的综合技术水平;α 代表回归系数;ε_t 为扰动项。

如上所述,尽管产业高度与经济发展受到多种要素投入结构的影响,但是本章不考虑其他因素对产业高度的影响,且生产效率不会随规模的扩大而提高。即,假设 A 为常数。

采用 Spss 相关分析与回归分析,对京津冀城市群内不同等级中心地的产业高度与地价之间的相关关系进行检验。结果如表 7-2 所示:

表 7-2　　　　　　　　　　地价—产业高度相关性

产业类型		技术密集型		资本密集型		劳动密集型	
		产业高度	地价	产业高度	地价	产业高度	地价
产业高度	Pearson 相关性	1	.193*	1	-.209*	1	-.063
	显著性(双侧)		.038		.027		.504
	N	117	117	116	112	116	115

*. 在 .05 水平(双侧)上显著相关。

由上述相关关系分析显示,技术和资本密集型产业的皮尔森相关系数显著,并对此进行曲线估算回归分析。劳动密集型产业的相关系数不显著。

表7-3　　技术密集型地价—产业高度(因变量)回归模型

方程	模型摘要			参数估算值			
	R方	F	显著性	常量	b1	b2	b3
对数	.044	5.282	.023	-1.137	.380		

模型拟合结果显示:所考察的自变量 X(地价)和因变量 Y(产业高度)之间的相关系数为 0.193,显著性为 0.027 小于 0.05,其对数回归方程为:

$$Y = 0.380 \text{Ln} X - 1.137 \quad R^2 = 0.044$$

虽然该方程 R^2 较低,考虑到产业高度的实际影响因素较多,在假定其他因素不变的情况下,该方程也可一定程度上反应地价和产业高度的相关关系。

表7-4　　资本密集型地价—产业高度(因变量)回归模型

方程	模型摘要			参数估算值			
	R方	F	显著性	常量	b1	b2	b3
线性	.044	5.006	.027	2.101	-.001		

模型拟合结果显示:所考察的自变量 X(地价)和因变量 Y(产业高度)之间的相关系数为 -0.209,显著性 0.027 小于 0.05,其线性回归方程为:

$$Y = -0.01X + 2.101 \quad R^2 = 0.044$$

与前者类似,虽然该方程 R^2 较低,考虑到产业高度的实际影响因素较多,在假定其他因素不变的情况下,该方程也可一定程度上反应地价和产业高度的相关关系。

以地价为自变量,产业高度为因变量,对家具制造业等 5 个行业

2009—2017年、13个城市产业高度和地价数据进行相关性检验和线性回归分析，结果如表7-5、7-6所示。其显著性均小于0.05，符合显著性要求。其中通信设备、计算机及其他电子设备制造业，和家具制造业及工艺品制造业等行业的方程解释力和F值均满足要求。表明该类行业的产业高度与地价之间存在显著的相关和回归关系。

表7-5　　　　　　　　　个别行业线性回归模型

方程	线性回归模型摘要			参数估算值	
	R方	F	显著性	常量	b1
家具制造业	0.1302	10.7744	0.0016	-0.4690	0.0132
金属制造业	0.0400	4.6227	0.0337	1.9204	-0.0013
交通运输设备制造业	0.0494	4.8813	0.0296	0.5850	0.0007
通信设备、计算机及其他电子设备制造业	0.2067	20.3194	0.0000	0.0389	0.0015
工艺品及其他制造业	0.1134	7.0357	0.0104	0.2446	0.0024

表7-6　　　　　　　　　个别行业的回归方程

行业	方程	R^2
家具制造业	$Y = -0.4690 + 0.0132X$	0.1302
金属制造业	$Y = 1.9204 - 0.0013X$	0.0400
交通运输设备制造业	$Y = 0.5850 + 0.0007X$	0.0494
通信设备、计算机及其他电子设备制造业	$Y = 0.0389 + 0.0015X$	0.2067
工艺品及其他制造业	$Y = 0.2446 + 0.0024X$	0.1134

综合上述分类型和分行业分析，在其他因素不变的情况下，部分产业的地价与产业高度之间存在显著的正相关关系。

7.2.2 地价—产业耦合互动关系的"四象限"分析

基于前述理论和实证检验,在一定的假设前提下,某一具体企业的区位选择、产业选择和企业利润间存在某种动态均衡。将产业高度(IH)、地价(P)、成本(C)、利润(π)之间的函数关系联立在一起,构成地价—产业四象限互动模型,如图7-4所示,以揭示在这样一个动态均衡的过程中,地价与产业高度之间的耦合互动关系。

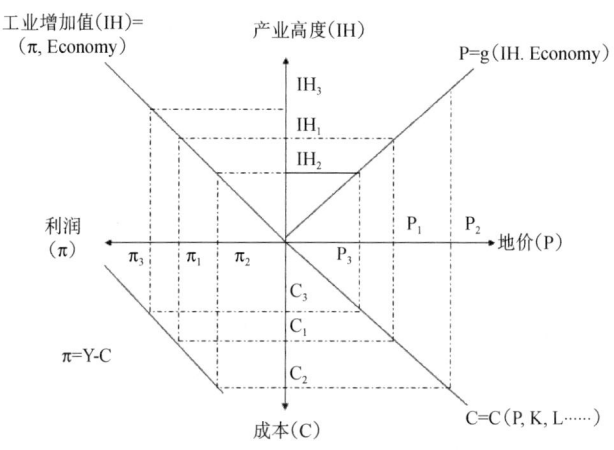

图7-4 地价—产业四象限互动关系模型

第一象限:地价与产业高度的回归关系函数

由前述论述可知,城市群内不同等级城市的产业高度与地价间存在相似的波动趋势,且显著相关。通常情况下,在不同城市群内该相关关系程度有所不同,故将二者之间的这一关系采用上述函数关系简化表示为:

$$P = g(IH, Economy) \tag{7.17}$$

其中 Economy 代表除地价外的其他经济变量。

第二象限:产业高度与利润的回归关系函数

按照收入法计算的工业增加值=固定资产折旧+劳动者报酬+生产税净值+营业盈余,由此,工业增加值与企业利润有明显正相关关系。一般情况下,当固定资产折旧、劳动者报酬不变的情况下,企业利润高,则生产税净值、营业盈余高,工业增加值也愈高。进一步看到,工业增加值是衡量产业高度的重要的有效指标之一，通常情况下，工业增加值越高，该企业所处的产业高度也越高。由此，在不考虑其他影响因素变动的情况下，将产业高度（工业增加值）与利润的关系简化表述为：

$$IH（或工业增加值） = D（\pi, Economy） \qquad (7.18)$$

其中，IH 代表企业所属产业的产业高度（或工业增加值）π 代表企业利润，Economy 代表其他经济变量。

第三象限：利润与成本的回归关系函数

微观经济学中，利润被定义为企业家（或投资者）承担风险的报酬。企业的经济利润是企业总收益减去经济成本的余额[①]。在收益不变的情况下，利润与成本间呈现负相关关系。由此，将利润与成本间关系表述为：

$$\pi = Y - C \qquad (7.19)$$

其中，Y 代表总收益，C 代表总成本。

第四象限：成本与地价的回归关系函数

如前述章节的分析，土地要素价格是企业生产成本的重要组成部分。除此之外，劳动力投入、资本投入等均构成企业生产成本的一部分。在其他要素投入不变的情况下，土地价格越高，土地成本也越高，生产成本因而增加，二者呈现明显的正相关关系。故，采用一般形式将二者相关关系表述为：

$$C = C（P, K, L, \cdots） \qquad (7.20)$$

将上述函数关系联立在同一个四象限模型中，可比较清楚地看到产业高度、地价与成本、利润间的互动关系。

如图 7-4 所示，假设某一地区、某一产业中某企业以利润最大化为生产目标，在地价 P_1、成本 C_1、利润 π_1、产业高度 IH_1 处的区位选择、产业选择与企业利润实现首次均衡。在某一因素的影响下，当地价由 P_1 上涨至 P_2 时，在其他要素投入不变的情况下，成本 C 由 C_1 上涨至 C_2；相应地，在收入不变的情况下，企业利润由 π_1 下降到 π_2；在其他因素不变的情况下，利润的下降，可能进一步造成工业增加值等企业产出水平的下降，进而，

[①] 张连城. 经济学教程 [M]. 北京：经济日报出版社，2009.

当同一区位的越来越多的同类企业均出现类似情况时，该地区该产业在基准产业分工体系中的产业高度由 IH_1 下降至 IH_2；在其他因素不变的情况下，所属区位产业高度的下降，可能带来两种后果，要么，因竞价的不充分以及土地集约程度的降低，同一区位的地价由 P_2 下降至 P_3，则企业生产成本降低至 C_3、企业利润得以回升至 π_3，当所属区位上越来越多的同类企业出现这一情况时，该类产业的产出水平回升，产业高度提高至 IH_3；要么，企业为了追求利润最大化，改变区位选择，迁至地价更为便宜的区位（此处地价 $= P_3$），以降低成本，在市场等条件假设不变的情况下，企业利润得以回升，进而产业高度提高至 IH_3。由此，循环往复，直至实现新的均衡。当然，区位的选择对任何企业而言，均不是一蹴而就的事情，企业地点的迁移具有一定的"粘性"，故而上述第一种情况更好地揭示了产业高度与地价的互动过程。由这一互动过程可知，加强要素市场的调控管理，由土地价格梯度差影响企业生产成本梯度差，进而形成合理、有序的城际间产业布局梯度，并由产业高度差反作用于土地价格，是促进城市群内产业结构和土地利用结构不断优化的有效路径。

7.3 地价—产业高度耦合度评价

7.3.1 耦合度评价模型

"耦"在汉语中原意是指"两人并耕"，"耦合"则指"取其合力加乘"。在物理学上，指"两个或两个以上的体系或两种运动形式间通过相互作用而彼此影响以至联合起来的现象"[①]。如放大器中信号的逐级放大量通过阻容耦合或变压器耦合；两个线圈之间通过磁场耦合而互感。近年来，将这一概念被广泛运用到经济管理领域以描述原本相互独立、存在某种交流和联系的两个或两个以上系统或要素之间相互作用、相互影响、相

---

① 中国社会科学院语言研究所词典编辑室. 现代汉语词典（2002年增补本）[M]. 北京：商务印书馆，2002.

互依存，并逐步联合起来产生一定功能作用的状态。

从系统论的角度看，不同系统或要素之间的耦合，以耦合各方存在某种关联关系为基本前提，以耦合各方原有属性被放大或缩小为必然结果。两个或多个系统或要素在关联性的基础上，通过耦合过程，不仅促使系统内部或者要素自身综合水平的提高，而且在磨合、重构的过程中，实现系统间或要素间的集聚性、协调性、整体性。

从上节对区域内工业用地要素价格与产业高度的"双螺旋"互动关系的理论分析和实证检验来看，产业高度和工业地价分别代表着区域经济体系中产业结构高级化和土地要素利用集约化这两个子系统的发展水平，二者互为影响因素，存在密切的正相关关系。此外，二者的正向、协调发展，不仅将提高区域内土地要素集约利用水平、实现产业结构的合理优化，而且最终促使区域经济系统更好更快的发展。由此，产业高度与工业地价之间具备耦合的基本前提，符合耦合结果的要求。

根据不同的划分标准，耦合也具有不同的类型。按系统的发展方向，可以将耦合分为正耦合和负耦合，前者指耦合各方的发展是向上的、积极的、正面的，后者指耦合各方中至少有一方出现了向下发展的态势；从耦合发展的时间看，耦合可以分为静态耦合和动态耦合，前者指某一时刻的耦合状态，后者指各方在不同时点上随时间变化相互作用实现耦合的状态。

很显然，产业高度与工业地价之间的耦合属于动态的正耦合。在这一耦合过程中，二者的耦合度可能发生变化。耦合度，即系统或要素相互彼此作用影响的程度。"系统由无序走向有序的关键在于系统内部序参量之间的协同作用，它左右着系统相变的特征与规律"，耦合度正是用于描述这种协同作用的度量指标。[①] 如何相对准确地度量出某个区域经济系统某一时刻的产业高度和地价是否实现了良性的正向耦合？而这恰恰是制定相关产业发展或用地政策、采取必要的调控措施的重要前提。

借鉴物理学中容量耦合系数模型，将之推广到多个系统中，得到多系

---

① 吴大进，曹力，陈立华. 协同学原理和应用［M］. 武汉：华中理工大学出版社，1990.

统耦合度模型，如式（7.21）所示。

$$C_n = \{(u_1, u_2, \cdots u_m)/[\prod(u_i + u_j)]\}^{\frac{1}{n}} \qquad (7.21)$$

式（7.21）中，C_n 为 n 个系统或要素的耦合度，在 0—1 之间变动；变量 u_i（i = 1，2，…，m）为耦合系统序参量，u_{ij} 为第 i 个序参量的第 j 个指标 X_{ij}（j = 1，2，…，n）对系统的功效贡献系数，如式（7.22）所示；α_{ij}、β_{ij} 为系统稳定临界点上序参量的上下限值。

$$u_{ij} = (X_{ij} - \beta_{ij})/(\alpha_{ij} - \beta_{ij}) \qquad (7.22)$$

在上式基础上，参考郭凤城（2009）[①]、陈菁（2010）[②]、武京涛等（2011）[③] 以往研究经验，构建产业高度与地价的耦合度函数，如式（7.23）所示。

$$C = \sqrt{\frac{u_1 \times u_2}{(u_1 + u_2) \times (u_1 + u_2)}} = \frac{\sqrt{u_1 \times u_2}}{u_1 + u_2} \qquad (7.23)$$

引入功效函数对 u_i 对应的原始指标值 X_i 进行预处理，以消除数据量纲的影响。数据处理公式如下：

$$u_i = \begin{cases} \dfrac{X_i - \min(X_i)}{\max(X_i) - \min(X_i)} & (1) \\ \dfrac{\max(X_i) - X_i}{\max(X_i) - \min(X_i)} & (2) \end{cases} \qquad (7.24)$$

式中，u_i 为处理后的数据，当指标 X_i 对系统具有正功效时采用公式（1），具有负功效时采用公式（2）。经过正规化处理，使其值在 0—1 范围内变动[④]。在本章中，u_1、u_2 分别相当于产业高度和地价对耦合系统的功效贡献度，则可将产业高度值与地价值分别代入（1）中，进行无量纲化处理。

[①] 郭凤城. 产业群、城市群的耦合与区域经济发展 [D]. 吉林大学，2008.
[②] 陈菁. 基于图谱分析的福建省生态环境与城市化耦合关系研究 [J]. 水土保持研究，2010，12：163—166.
[③] 武京涛，涂建军，阎晓，周艳. 中国城市土地利用效益与城市化耦合机制研究 [J]. 城市发展研究，2011，8：42—45.
[④] 方方. 江苏省经济发展与土地非农化耦合关系分析与测度 [J]. 安徽农业科学，2010，22：12153—12155.

计算得到耦合度值后，可结合表 7-7 中耦合度变动区间进行分析。由均值不等式，C 值在 0—0.5 范围内变动。又依据关键小数法则，结合产业高度与地价耦合度量化计算结果确定：当 $0 < C \leq 0.25$ 时，为低度耦合；当 $0.25 < C \leq 0.4$ 时，为中度耦合；当 $0.4 < C \leq 0.5$ 时，为高度耦合。

表 7-7　　　　　　　　　　耦合度变动区间

取值范围	耦合度	系统状态
C = 0	无耦合	产业高度与地价之间处于无关状态、系统无序发展
$0 < C \leq 0.25$	低度耦合	双方相互依赖性较弱
$0.25 < C \leq 0.4$	中度耦合	颉颃时期，产业高度化、土地需求量较大、地价较快上涨
C > 0.4	高度耦合	良性的、高水平耦合阶段

7.3.2　京津冀城市群地价—产业高度的耦合度检验

将该城市群内不同等级的各类产业之产业高度与地价值分别代入上述式（7.21）、式（7.22）、式（7.23）、式（7.24），计算各自功效系数及耦合度，结果如附表 E 所示。分别从不同等级城市、不同密集度类型产业两个角度对结果进行进一步分析。

7.3.2.1　不同等级城市产业高度—地价耦合度

由于北京工业用地交易宗地数逐年下降，部分年份因缺少地价数据无法计算耦合度，故耦合度数值小于 5 年的行业省略不计。如图 7-5 所示，主核心城市北京各产业的产业高度与地价的耦合度差别较大，且多数为低度耦合，仅有纺织服装、鞋、帽制造业、专用设备制造业的产业高度与地价耦合度属于中度耦合，医药制造业和通信设备、计算机及其他电子设备制造业的耦合度属于高度耦合，其余行业皆为低度耦合。这反映出主核心城市中，技术密集型产业的产业高度与地价的耦合程度相对较好，但整体偏低，应进一步加快产业转移，并完善工业地价的市场机制。

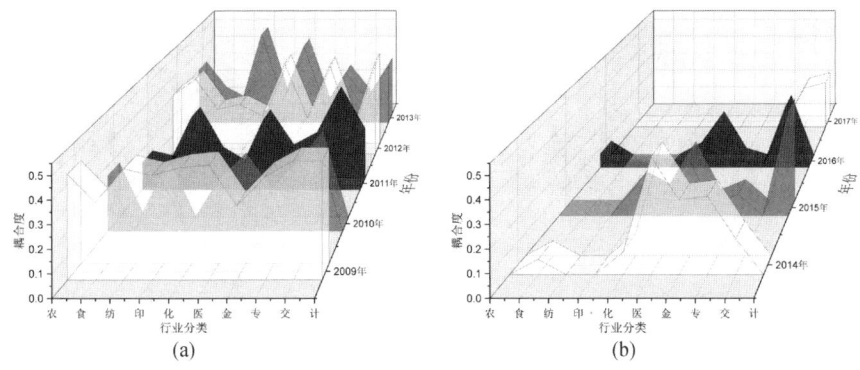

图 7-5 主核心城市产业高度—地价耦合度

由图 7-6 可知，天津制造业产业高度与地价耦合度大多处于高度耦合状态，纺织服装、鞋、帽制造业、家具制造业、造纸及纸制品业、印刷业和记录媒介的复制、医药制造业等行业属于中度耦合，木材加工及竹、藤、棕、草制品业的耦合度较低，属于低度耦合。资本密集型产业的耦合度处于较高水平。

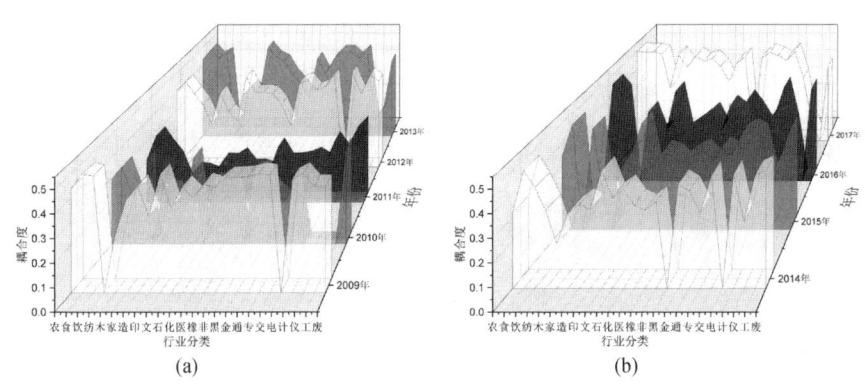

图 7-6 次核心城市各行业产业高度—地价耦合度

由图 7-7 可知，区域副中心城市各行业产业高度与地价大多数处于高度耦合，但交通运输设备制造业、通信设备、计算机及其他电子设备制造业、仪器仪表及文化、办公用机械制造业等技术密集型产业的产业高度与地价处于低度耦合状态，该类产业用地的地价未充分显化。

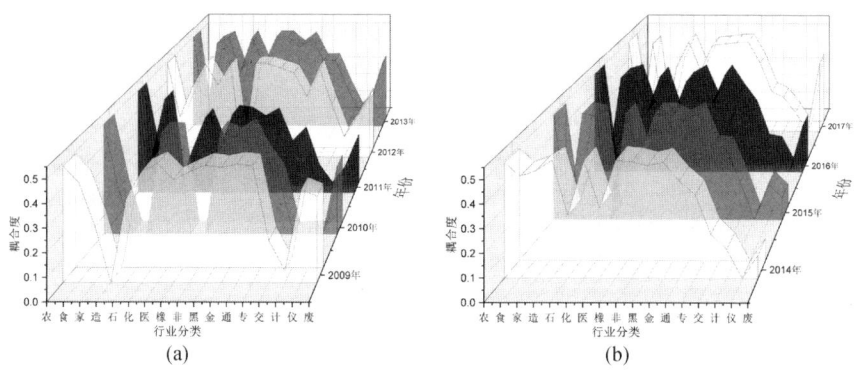

图 7-7 区域副中心城市各行业产业高度—地价耦合度

由图 7-8 可知,骨干城市技术密集型产业中的交通运输设备制造业、通信设备、计算机及其他电子设备制造业和仪器仪表及文化、办公用机械制造业、工艺品及其他制造业处于中度耦合,劳动密集型产业中纺织业、皮革、毛皮、羽毛(绒)及其制品业、木材加工及竹、藤、棕、草制品业和家居制品业呈现低度耦合,资本密集型产业中的黑色金属冶炼及压延加工业呈现低度耦合。其他行业均为高度耦合。

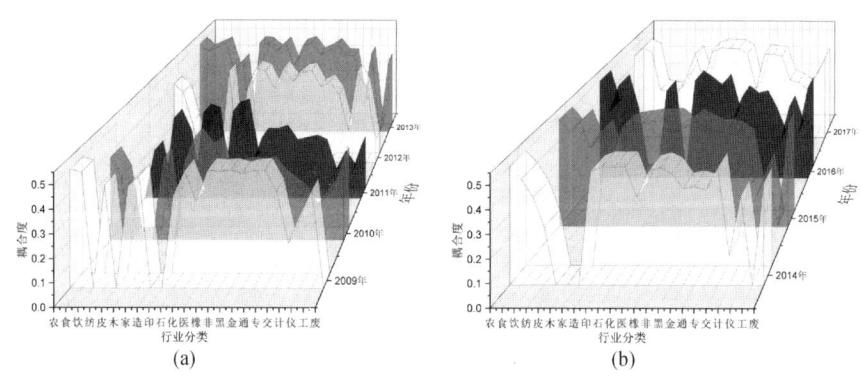

图 7-8 骨干城市产业高度与地价耦合度

总体上看,各等级城市中,除了主核心城市北京耦合度较低外,其他城镇等级产业高度与地价的耦合程度均相对较高;此外,较高等级城市中劳动密集型的产业高度与地价的耦合度过低,中等城市技术和资本密集型产业的产业高度与地价的耦合度亦过低。

7.3.2.2 不同类型产业之产业高度与地价耦合度

由图 7-9 可知,三类产业的耦合度整体均属于中高度耦合,其中技术密集型产业的最低,资本密集型稍好,劳动密集型产业的产业高度与地价的耦合度最高。不同城市中各类具体产业的产业高度与地价耦合度如图 7-10、图 7-11、图 7-12 所示。同一类型产业耦合度由该类行业耦合度取均值得到。

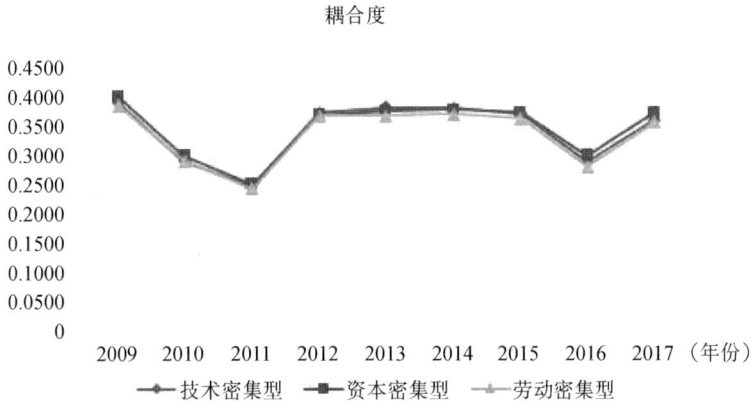

图 7-9 不同类型的产业之产业高度与地价耦合度对比

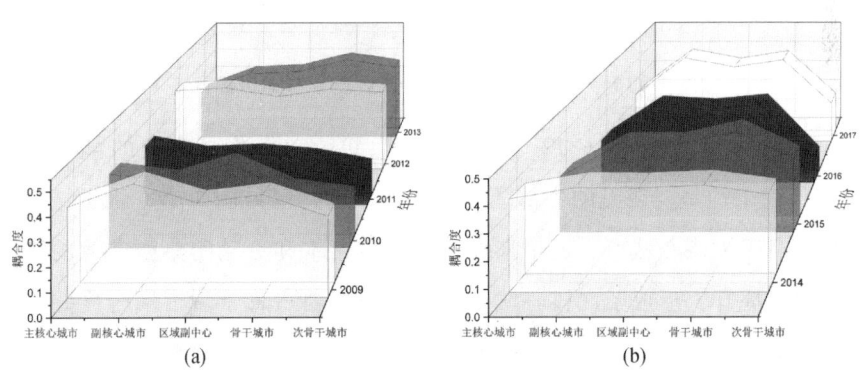

图 7-10 技术密集型产业之产业高度与地价耦合度

技术密集型产业里,除区域副中心城市外,其他各等级城市的耦合度均与城镇等级基本呈正相关。区域副中心城市的耦合度在大多数年份既低于次核心城市也低于骨干城市,出现明显波谷,这一定程度上反映其地价一地用的效果较不理想。

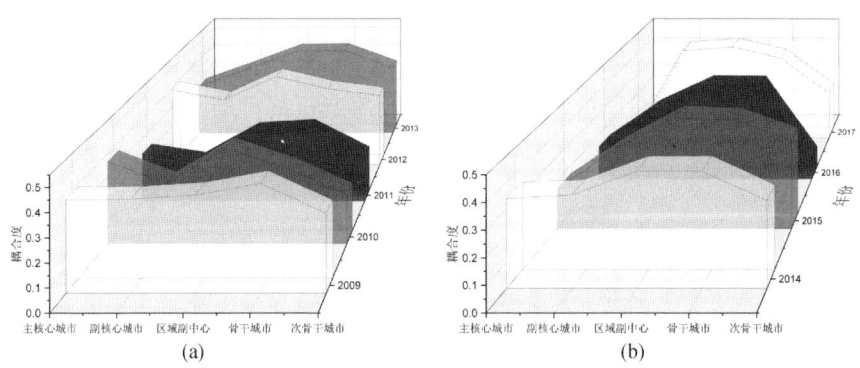

图 7-11　资本密集型产业之产业高度与地价耦合度

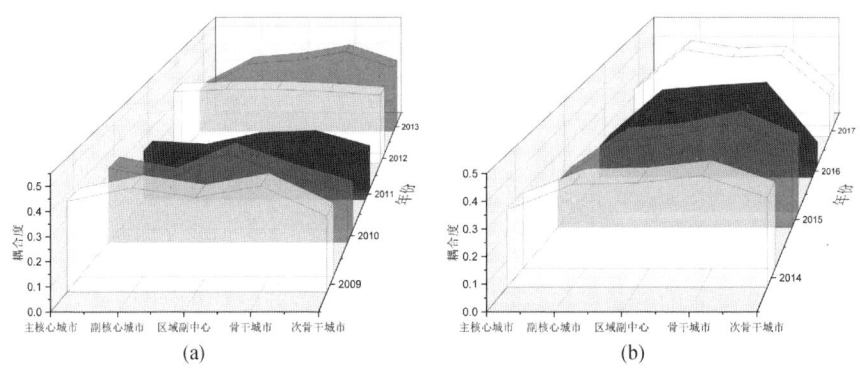

图 7-12　劳动密集型产业之产业高度与地价耦合度

由图 7-11 和图 7-12，资本密集型和劳动密集型产业的耦合度自 2010 年以来均呈现明显的中部隆起的趋势，即，区域副中心、骨干城市的耦合度高于主核心城市，近年来次核心城市资本和劳动密集型产业的耦合度有明显提升，形成了次核心城市、区域副中心、骨干城市耦合度并驾齐驱且均高于主核心城市北京的态势，这一方面反映了京津冀中等级城市较有效地承接了资本密集型和劳动密集型产业，很大程度上实现了地价—地用双优化，另一方面反映了非首都功能疏解的同时，主核心城市的资本密集型和劳动密集型产业尚有待进一步调整。

综合前述分析，当工业化进程步入中后期，自然资源的稀缺性日益凸显,土地要素作为产业布局、产业结构演进的推助器和协调器的作用,也将逐步回归。受资源刚性供给边界的约束,在要素集聚的过程中,土地实现内涵式的空间动态累积,加上需求引致的作用,土地要素的价值与价格将不断提升。

在土地要素不流动、其他要素流动性可能受限且市场区容量有限等前提条件下,某一产业或某一地区存在最佳聚集规模。若假设 L 为区位因子,q_1 为投入土地的数量,q_2 为技术投入量,最佳集聚规模可通过利润函数求解,即 $\pi = f(L, q_1, q_2) - C(Y, L, q_1, q_2) - P_1(L)q_1 - P_2(L)q_2$。微分求解后,可得到区位方程、技术投入方程和土地投入方程,进而求得 L、q_1、q_2 的合理规模。当集聚规模越过最佳点时,企业将面临区位转移、减少土地投入或加大技术投入等抉择,最终促进产业结构优化和地价的扩散、增值。

从柯布—道格拉斯生产函数关系式[①]出发,构建土地单因素变化下产业高度的对数变化模型:采用 Spss 相关分析,得到自变量(地价)和因变量(产业高度)之间存在显著的相关关系。

在一定的假设前提下,某一具体企业的区位选择、产业选择和企业利润间存在某种动态均衡,将产业高度(IH)、地价(P)、成本(C)、利润(π)之间的函数关系联立在一起,构成地价—产业四象限互动模型,由该模型可知,加强要素市场的调控管理,由土地价格梯度差影响企业生产成本梯度差,进而形成合理、有序的城际间产业布局梯度,并由产业高度差反作用于土地价格,是促进城市群内产业结构和土地利用结构不断优化的有效路径。

由物理学中容量耦合模型的实证检验可知,京津冀城市群中产业高度与地价的耦合度总体较高。从城市等级看,主核心城市北京各产业的产业—地价耦合度差别较大,技术密集型产业耦合度相对较好,多数产业呈低

---

① 该生产函数是经济学中使用最广泛的一种生产函数形式,主要用以研究在技术经济条件不变的情况下,产出与劳动力、资本投入的关系。

度耦合；次核心城市天津产业高度与地价大多呈高度耦合；区域副中心城市大多数行业的产业高度—地价呈高度耦合，部分技术密集型产业和劳动密集型产业呈低度耦合。从产业技术水平看，资本密集型产业耦合度最高，劳动产业耦合度好于技术密集型产业。综合城市等级和产业技术类型来看，城市等级越高，其产业类型越偏向技术型，低等级城市的资本和劳动密集型产业耦合度明显高于其技术密集型产业。

第8章 促进京津冀地用—地价双优化的对策建议

8.1 完善工业用地市场机制,提升土地要素配置效率

在人地矛盾日益突出、建设用地供求缺口不断加大、转换经济发展方式要求产业结构加快升级优化、城市群内大部分地区尚处于工业化的中期至中后期这一背景下,工业用地的利用一方面要与我国仍属于发展中国家的国情和工业化的进程相一致,另一方面必须合理、高效地配置土地资源。由此,工业用地的配置应以集约利用、保障企业生产成本的区域竞争力为前提。这两大前提存在辩证的对立、统一关系。集约利用,要求单位面积土地上的产出增加,相应的,土地价格增加,而地价的上涨,则造成企业用地成本的增加,进而生产成本上升,企业乃至产业在区域内外的竞争力因而下降,这往往是企业不愿意看到的。但是一味地以低地价优势参与竞争,必然影响企业创新以及区域产业结构的优化,从长期来看,这种情形也并非企业以及政府愿意看到的。由于这两大前提的矛盾与统一,相比居住和商业用地,工业用地的配置与利用过程中政府与市场的平衡显得更为重要。

从我国的周边邻国韩国及我国台湾省的发展历程看,都经历了及时调整政府和市场在工业用地配置与利用中的角色以适应工业化发展需要的历程。以韩国为例,1945 年至 20 世纪 50 年代末为加速工业和经济发展,政府仅控制城市规划,土地按照市场机制自由开发;20 世纪 60 年代到 70 年代,经济飞速发展,工业用地需求激增,政府采用协议出让方式供给土

地；80年代以后，市场体制比较完善、成熟，工业化进程已基本完成，除大型项目或重点投资建设项目采用协议出让外，一般工业用地的出售或出租均以市场机制为基础。可见，在工业化初期至中期，为了满足集约利用与控制企业生产成本这两大前提的需要，采用政府主导的土地供给方式，是科学可行的。当经济发展进入工业化中后期甚至后工业化时期，在保证政府的必要监管前提下，逐步引入市场机制，并最终以市场机制作为工业用地配置的主要方式，也是符合工业用地优化利用要求的发展趋势所在。由此来看，我国自改革开放以来，所采用的工业用地配置与利用的方式总体上是正确的，但是存在一定程度的政策措施细节设计不到位、执行监管力度不足等问题。

自 2007 年起，我国工业用地市场开始强制推行招拍挂的市场竞价方式，工业用地供给制度与居住、商业用地接轨。但是在地方与中央的博弈过程中，工业用地招拍挂的"公示效应"高于"竞价效应"，地方政府"量身定做"等选商行为仍然主导工业用地供给市场。在这种市场供给方式下，工业用地一级市场的价格不仅远低于二级市场的价格（普遍存在 50% 以上的差价），甚至明显低于土地的前期取得和开发成本。①

由工业用地出让底价评估经常采用的成本逼近法可知：

$$V = E_a + E_d + T + R_1 + R_2 + R_3 = V_E + R_3 \tag{8.1}$$

式中，V 为土地价格；E_a 为土地取得费；E_d 为土地开发费；T 为税费；R_1 为利息；R_2 为利润；R_3 为土地增值；V_E 为土地成本价格。

其中，土地取得费和土地开发费占较大比例，是土地一级开发过程中必须支付的成本。在不同的土地取得方式下，土地取得成本有所不同。对一级开发后土地的出让价格而言，E_a 土地取得费即为集体土地征用成本或国有土地拆迁成本。我国《物权法》《土地管理法》及《国有土地上房屋征收与拆迁补偿条例》中对集体土地和国有土地的征收、拆迁标准进行了

---

① 赵松，曹子剑．"低价引资"还能走多远——中日两国工业地价水平比较的启示 [J]．中国土地，2012，3：12—15.

规定。在征用集体土地的情况下，土地取得成本主要包括土地补偿费、人员安置补助费、地上附着物和青苗补偿费等。土地补偿费、人员安置补助费可以采用年产值、征地区片价、农地基准价、征地案例比较修正、农地收益、农地租金等多种方式估算。地上附着物和青苗补偿费原则上按照实物量估算。国有土地拆迁成本主要包括土地使用权补偿费用、房屋拆迁补偿安置费用和其他相关费用。

土地开发费用主要为土地平整及道路修建、供电、供水、供气、供暖、通信、排水基础设施等建设费用。

T 税费主要指土地取得和开发过程中必须支付的税收和费用，不同的取得方式下该税费有所不同。农地征用方式下主要包括耕地占用税、耕地开垦费、新菜地开发建设基金、土地管理费等，拆迁方式下包括房屋拆迁管理费、房屋拆迁服务费、房屋拆迁估价服务费及其他费用。

R_1 资金利息为全部资金包括借贷资金和自有资金的机会成本。

R_2 为以土地取得费、土地开发费和有关税费之和为基数计算的土地投资应获取的平均客观利润。

R_3 是集体土地转为国有土地的过程中产生的土地增值。这一增值主要基于以下原因产生：

（1）土地所有权性质从集体土地转为国有土地，允许流转和建设，权能得到释放，从而产生增值；

（2）土地用途由农用地转为建设用地，产生的增值；

（3）征地开发带来的土地经济区位条件和利用条件的优化，产生的增值等。

由上述价格构成分析可知，当政府倾向于低价出让工业用地时，出让价格至少应能够补偿一级开发的主要成本，包括土地取得费 E_a、土地开发费 E_d、部分税费 T'（如拆迁安置过程中支付给其他市场主体的房屋拆迁服务费、房屋拆迁估价服务费等）、借贷资金利息 R_1'。其他税费、自有资金利息、土地增值收益 R_3 及利润 V_E 等，为政府获取的收益或补偿部分，在招商引资的竞争压力下，在出让工业土地时，可不予考虑或以某种方式抵减。即：

工业用地一级出让价格 ≥ 应补偿的土地成本 $V_c = E_a + E_d + T' + R_1'$

(8.2)

但是在地方政府的实际操作中，工业用地的出让价格远低于 V_c，不足以弥补土地征收与开发的成本，为弥补这一财政缺口，各地不同程度地存在降低征收标准、牺牲农民土地财产权利，进而降低工业化城镇化成本的现象。

党的十八届三中全会提出："建立有效调节工业用地和居住用地合理比价机制，提高工业用地价格"的战略任务。但现行工业用地供给方式及其价格形成机制导致城市用地结构不合理、工业用地利用效率偏低、产业同构现象严重等问题。

为此，工业用地市场的培育应着力于完善工业用地市场供给的配套措施，保障"以市场配置资源的基础作用"的真正实现。

8.1.1 重新修订工业用地最低出让标准

由前述第3章中京津冀城市群地价空间分布规律的分析可知，京津冀城市群内存在明显的工业地价偏低的现象。由图8-1可知，在长三角、珠三角地区存在与京津冀地区类似的工业地价明显低于其他类型用地的情形，工业用地价格仅为住宅用地价格的1/10左右。

进一步地，从全国2000年至2019第一季度的地价指数来看，工业地价指数也明显低于住宅、商服等其他用地价格指数。即，工业地价低于其他各类用地价格在全国范围内普遍存在。

由城市经济学的一般规律可知，城市土地利用过程中呈现比较明显的竞租规律，如图8-2所示。通常情况下，随到城市中心距离的加大，商业、居住和工业用地的竞价地租依次下降。从这一规律来看，包括京津冀城市群在内的我国大多数地区普遍出现的工业地价低于商业和居住用地的

第 8 章 促进京津冀地用—地价双优化的对策建议 | 185

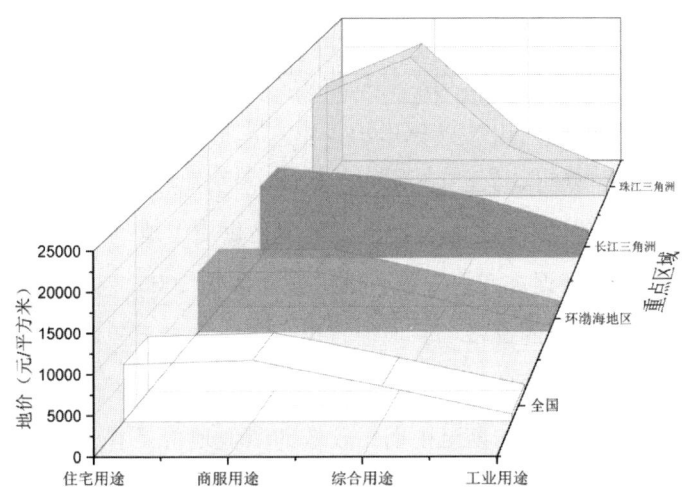

图 8-1 2019 年第一季度全国及重点区域各类用地价格水平①

现象是符合城市土地竞价规律的②。

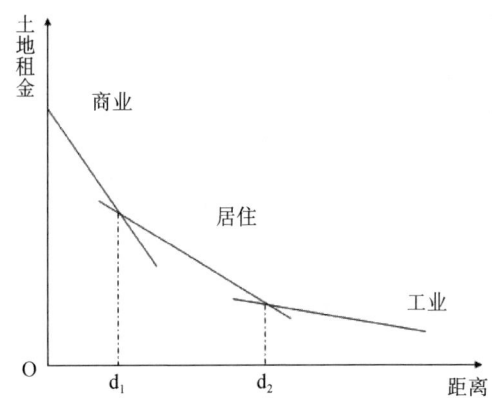

图 8-2 不同用途土地的竞租曲线③

为谋求工业化进程的加快,通过较低的工业地价吸引企业投资,从而带动地区经济的发展,是大多数处于工业化进程中的发展中国家都曾经或

---

① 图表数据来源:全国主要城市地价动态监测网。
② 值得注意的是,我国过去较长时间内存在居住用地的价格反超商业用地价格的现象。
③ 王德起.土地资产管理理论 [M].北京:首都经济贸易大学出版社,2009,转引自丹尼斯·迪帕斯奎尔(2002).

正在采用的主要竞争策略之一。以荷兰为例，荷兰工业用地中，约有75%由公共机构提供，若在工业用地统计中纳入港口用地，则有80%的工业用地由公共机构提供。由于区域内地方政府之间相互竞争提供工业用地，使得工业用地价格较低乃至接近成本。与私人企业相比，"软预算约束"的市政府能够比其他潜在供应商以更低的价格供应土地[1][2]。以我国台湾省为例，自1991年《促进产业升级条例》颁布起至2006年，由工业主管机关开发的工业区土地的价格"一般而言仅为市价之1/3至2/3"[3]。

故而，无论是从土地利用的基本规律来看，还是从工业化时期的发展需求来看，在工业化的初期至中期，较低的工业地价是有利于区域经济发展的。但是当工业化进程进入到中后期，继续采用以往低价引资的策略，将不利于产业的升级。为此，我国台湾省及韩国等邻国在步入工业化中后期后，都采取了多种措施，逐步提高土地出售或出租价格。值得注意的是，与我国不少地方政府不计成本的低地价甚至"零地价"有所不同，韩国、中国台湾等实行的协议地价，虽然明显低于市场价格，但是基于政府取得及开发成本制定，并未低到企业不受购地成本的制约产生过度拿地，甚至以地谋利的冲动。由表8-1可知，我国台湾省和韩国最低价约为平均价的48%至66%，我国京津冀地区最低价仅为平均价的0.1%。尽管由于核心城市与农村腹地间区位条件差别显著必然产生较大地价差异，但是受合理征地成本制约，地价差异不应如此悬殊。这一地价梯度的形成与地方政府不计成本地出让工业用地有密切关系。

---

[1] NEEDHAM B, LOUW E. Institutional economics and policies for changing land markets: the case of industrial estates in the Netherlands [J]. Journal of property research, 2006, 23 (1): 75 – 90.

[2] MACLENNAN D, ALISON M. The future of social housing: key economic questions [J]. Housing studies, 1997, 12 (4): 531 – 547.

[3] 胡波波. 我国与周边若干国家和地区工业用地价格的比较和实施策略 [D]. 浙江大学硕士论文，2007, 25—99.

表 8-1　　　　　　　　中、韩、日、台工业地价比较①

		韩国	中国台湾省	日本	京津冀
工业用地价格	平均价	102	362	99	580
	最高价	161	543	275	43
	最低价	67	174	6	1
	最低价/平均价	0.657	0.481	0.065	0.001

为限制地方政府以过低价格出让工业地价的行为，我国中央政府于 2006 年出台了《全国工业用地出让最低价标准》，并于 2009 年对这一标准进行了修订。2009 年修订通知中界定工业用地出让底价的最低标准时指出，工业项目拟定的出让底价低于该项目实际土地取得成本、土地前期开发成本和按规定应收取的相关费用之和的，应按不低于实际各项成本费用之和的原则确定出让底价。这一价格范围与式（8.2）界定的范围基本相似。但是由于 2009 年修订通知实际上放宽了 2006 年出台的最低标准的执行条件，并且允许各省级国土资源部门自行制定本地区最低出让标准，使得 2006 年最低标准在实践中形同虚设。

从 2009 年以后各地工业用地的出让情况，结合本书第 3 章与第 5 章分析结果可知，京津冀城市群内工业用地出让价格与区域经济发展的水平和工业化进程不相符合，地价梯度与产业梯度分布耦合度偏低。为促进地价梯度的合理化，应在 2006 年、2009 年规定基础上，二次评估并修订出让最低价标准。

仍旧以韩国为例，其工业用地一般分为"专用工业用地""一般工业用地"和"准工业用地"三种。专用工业用地价格一般为"一般工业用地"价格的 1/5 至 1/7，准工业用地价格为"一般工业用地"价格的 1/2 至 1/4。② 日本工业地价中也存在传统制造业用地的价格明显低于软件业和

---

① 韩、日、台最高价、最低价和平均价数据来自胡波波《我国与周边若干国家和地区工业用地价格的比较及实施策略》73 页；京津冀数据根据我国土地市场网数据换算得到。
② 胡波波. 我国与周边若干国家和地区工业用地价格的比较和实施策略 [D]. 浙江大学硕士论文，2007，25—99.

商务用地价格的情况。

由此,结合各地产业发展战略和具体情况,按照产业类别,重新制定并定期更新各地的工业用地最低出让保护价标准,能够比较有效地引导产业用地的合理布局,对促进产业地用—地价双优化有积极意义。

在修订这一标准时,应对不同地区不同等级的土地分别估算出上述必须补偿的土地成本价格 V_c,同时考虑按照级差收益,结合生产函数,采用收益还原法,显化不同地区不同行业不同等级工业用地的资产价值 V_a,按照一定的标准,综合对比 V_c 和 V_a,确定不同地区不同等级下不同产业的最低工业地价出让标准。

2009 年修订标准的通知中,将全部产业划分为优先发展的产业、一般产业和以(农、林、牧、渔业)产品初加工为主的工业,并允许优先发展的产业和(农、林、牧、渔业)产品初加工工业按照最低标准的 30% 计算出让地价。这一划分标准过于宽泛,且不能很好地反映由于产业类别的不同带来的土地产出的差异。故本书认为应在此基础上,采用级差收益还原的方式估算不同产业用地价格,并与成本价相比较确定出让底价。可借鉴柯布—道格拉斯生产函数关系式,将具体产业的企业利润与劳动、资本、土地的关系表述为:

$$p = AK^{\alpha}W^{\beta}L^{\gamma} \tag{8.3}①$$

式(8.3)中,p 表示企业单位土地面积上的净利润;K 表示企业单位土地面积的资本投入量;W 表示企业单位土地面积的工资;L 表示企业占用土地的质量等级数;α、β、γ 分别为资本、劳动力和土地对于企业利润形成的贡献率;A 为技术进步常数。

对上式进行对数变化后,代入具体行业的企业数据,可得到 α、β、γ 的数值。则:

$$土地纯收益 = \gamma \times p \tag{8.4}$$

---

① 刘卫东,段洲鸿. 工业用地价格标准的合理确定[J]. 浙江大学学报(人文社会科学版),2008,7: 146—153.

将式（8.4）代入收益还原公式中，即可得到土地级差收益还原价格。

通常情况下，"基于级差收益法的土地要素价格普遍高于基于成本法的土地出让最低价"①。可在此基础上，结合产业高度的测算，划分高梯度产业—低梯度产业—需特殊扶持的产业，对高梯度产业用级差收益还原价格，低梯度产业适用成本价，需特殊扶持的产业在成本价基础上按一定比例扣减得到出让地价。

8.1.2 引入年租制以促进工业用地供给方式的多元化

尽管在部分国家和地区的实施过程中，年租制曾出现因标准厂房缺少个性化需求设计，遇冷难以租出的情况，但是这一制度仍然是发达国家普遍采用的工业用地供应模式之一。"欧美国家一半以上的工业发展空间是通过工业厂房租赁的方式投入市场的"②。

年租制（又称短租制）与我国现行的土地出让制（批租制）实际上都是租赁方式的一种。二者最大的不同在于，年租制的租金按一个较短的期限（通常为1年或者数年）分期收取，而出让制则将一个较长期限内（我国工业用地法定最高年限为50年）的租金一次性收取。租金收取方式和期限的不同，进一步造成二者权能上的区别。按照我国《土地管理法》的规定，土地使用权出让期限内受让人实际享有对土地占有、使用、收益和处分的权利，其使用权在使用年限内可以进行依法转让、出租、抵押等经济活动，由于土地出让期限相对较长，使得出让土地使用权实际上具有了明显的物权性质。但是在年租制下，受期限制约，对其租赁权能的性质存在"债权""物权""债权物权化"等多种不同观点③。从签订合同并提前缴纳年租金的实施过程看，以年租制获取的土地使用权具有债权的性质。

---

① 林坚，张沛，刘诗毅，肖丹. 基于生产函数的工业用地级差收益研究——以国家级开发区典型企业数据为例［J］. 城市发展研究. 2010, 6: 80—85.
② 陈立定. 工业用地推行年租制的主要障碍及其对策研究［J］. 中国集体经济, 2010, 4: 28—29.
③ 黄木易，吴次芳，黄明，岳文泽. 关于我国开发区工业用地实行短租制的探讨［J］. 合肥工业大学学报（社会科学版），2009, 2: 76—80.

不过，随着国内外相关理论和实践探索的深入，为了巩固债的关系、保护交易安全，债权的效力范围得到了扩张，使得这一债权具有了一些"突破相对性的效力"①，从而呈现出明显的债权物权化的趋势。

从运行实效来看，无论是在协议出让方式下，还是在招拍挂出让方式下，我国工业用地市场资源配置效果均不理想。虽然不应据此完全否定这一土地供给方式，但是应当清楚地认识到，在土地快速增值、产业结构亟待升级的背景下，年租制可以比较有效地解决土地出让方式带来的一些问题。

从政府监管层面看，我国正处于快速工业化和城市化阶段，一次性出让50年（法定最高年期）的土地使用权，不仅可能造成土地增值收益的流失，而且长达半个世纪的使用期加大了监管难度。年租制下，政府不仅可根据市场状况定期调整租金，更多地分享土地增值收益，而且避免了一次征收造成的土地财政的代际失衡，给未来的政府留有余地，减少了政府官员的权力寻租行为。此外，年租制可有效防止企业通过低价受让土地后高价转让获利，减少了各类"圈地"和土地投机行为。

从用地企业层面看，年租制虽然可能带来一定的不稳定预期，但是可以避免一次性支出土地出让金，减少了资金周转的压力，操作起来也较为灵活，便于根据自身的要求进行选择和调整。

总体来看，年租制"弱化了工业用地的资产属性"，促使其作为生产要素基本属性的回归②，从根本上起到扼制工业用地出让与受让双方非理性、不合规的诉求的作用，是促进土地集约利用及产业结构升级的有效途径之一。由此应进一步增加工业用地供地弹性，可采取出让、长期租赁、租让结合、先租后让、弹性年期等多种方式相结合的供地模式。

在具体实施过程中，结合国内外经验，应当特别注意以下问题的妥善解决：

---

① 张俊浩. 民法学原理（下册）[M]. 北京：中国政法大学出版社，2000.
② 陈立定. 工业用地推行年租制的主要障碍及其对策研究[J]. 中国集体经济，2010，4：28—29.

（1）合理选择租赁期限。租赁期太长，不仅影响产业结构升级，而且容易带来土地收益的流失，可能面临与土地出让相似的一系列问题；租赁期太短，可能造成投资者缺乏应有的保障和稳定的预期[①]。依据国内外工业企业平均寿命，结合本地情况，制定租赁期限的做法较为可行。据调查显示，我国"中小企业的平均寿命是 2.5 年，集团企业的平均寿命是 7—8 年"[②]，美国和日本企业平均寿命分别是 8.2 年、12.5 年[③]。应根据不同企业的类型、产业特点和市场需求等因素，科学确定工业用地租赁期限。适当考虑仅租赁土地情形下厂房建设所需时间，一般企业的年租期限在 12 - 15 年左右较为理想，国有企业可酌情选择法定最高出让年限 50 年或中长期年限。

（2）确定合理的租金标准，并及时调整。市场经济国家常用的确定年租金标准的做法包括"比例租金制、分成式租金和固定租金加定期调整"[④]。我国有学者提出采用基准地价还原得到年租金的方法[⑤]。考虑到我国基准地价体系覆盖率较高，且其更新逐步规范、愈益及时，基准地价修正法也已经成为目前土地评估中较具有法律权威性的方法之一，采用基准地价还原的方法是比较符合国情的、可操作性强的办法。进一步地，可令年租金与基准地价更新（3 年）同步进行。

（3）从供应主体选择上看，以工业园区管理机构为主体，由园区下设的开发企业负责土地开发及厂房建设等环节、管理机构负责招商引资及日常管理等工作的政企合作模式，更有利于实现在土地集约利用的前提下，推动园区的发展。

---

① 鲍克. 新加坡科技工业园区的制度安排 [R]. 国务院发展中心研究报告，2002：1—13.
② 张利平，楼江. 工业用地年租制模式探讨——借"土地二次开发"之机推进工业用地供给方式的转变 [J]. 上海国土资源 2011，2：51—55.
③ 吴晓波. 大败局 [M]. 杭州：浙江人民出版社，2003.
④ 李建建. 国有土地租赁制辨析 [J]. 福州师专学报，2000，20：78—80.
⑤ 詹蕾. 城市土地年租制理论与运作分析 [D]. 四川大学，2003：118.

8.1.3 提高土地征收补偿标准

从各地情况综合来看,在式(8.2)的各项成本费用构成中,土地取得成本、土地开发成本和政府收益(包括税费、土地增值收益等在内)大致各占1/3。在人地关系紧张、工业由核心区向外围扩散转移的背景下,征收集体建设用地成为工业用地最重要的来源。在这一土地取得途径下,土地补偿费、安置补助费以及地上附着物和青苗的补偿费构成了土地取得成本的主体。即,以成本逼近法估算的工业地价中,支付给农民的补偿费用不足积算价格的1/3。

按照我国《土地管理法》第四十七条相关规定:"征收耕地的补偿费用包括土地补偿费、安置补助费以及地上附着物和青苗的补偿费。征收耕地的土地补偿费,为该耕地被征收前三年平均年产值的六至十倍。征收耕地的安置补助费,按照需要安置的农业人口数计算。……每一个需要安置的农业人口的安置补助费标准,为该耕地被征收前三年平均年产值的四至六倍。但是,每公顷被征收耕地的安置补助费,最高不得超过被征收前三年平均年产值的十五倍","土地补偿费和安置补助费的总和不得超过土地被征收前三年平均年产值的三十倍","征收其他土地的土地补偿费和安置补助费标准,由省、自治区、直辖市参照征收耕地的土地补偿费和安置补助费的标准规定","被征收土地上的附着物和青苗的补偿标准,由省、自治区、直辖市规定"。

在"二元"制度框架下,集体土地权能的不完整性使得农地征收补偿较国有土地征收补偿更为复杂。这一规定实施以来,失地农民普遍反映补偿标准过低,长期稳定的生活得不到有效保障。近年来,关于完善集体土地同权不同利这一制度缺陷、提高征收补偿标准的呼声日高。从政策的时效性看,按照2004年经济发展水平和农业产出水平制定的这一土地征收补偿标准①，的确已经与当前社会经济发展水平和土地产权制度改革的趋势明显不相符合。为此，2012年11月国务院常务会议讨论通过了《中华人民共和国土地管理法修正案（草案）》，较大幅度地提高了农民集体所有土地征收补偿标准。这一标准的提升，将提高政府征地的成本，并倒逼工业用地出让底价的提高。在提高征收补偿标准的同时，应当注意以下问题：

（1）既要避免过低补偿，也应认识到以高于被征地价值的标准进行补偿，会带来另一个有关公平的问题——"不劳而获"或"天上掉馅饼"②。

（2）提高土地标准的同时，更要注重加强征地补偿过程中的监管，防止因层层截留造成的农民实际受偿额远低于国家补偿标准的情况出现。

（3）应注意到现行法律规定下，以非公共利益为目的的征收过程中"农民土地发展权可能造成的侵害"③。首先，按照现行法律规定，农村集体土地必须先征为国有土地，才可转为居住、工业或商业等其他用途。这意味着集体土地所有者土地发展权受到了极大的限制。此外，按照我国《土地管理法》第四十七条相关规定，"征收土地的，按照被征收土地的原用途给予补偿"。这意味着"集体土地所有者能获得的补偿仅仅限于基于农业用途的土地价值"④。由此，集体土地所有权者的土地发展权受到双重损害。

朱道林（2006）曾对农地转用后的价格总额与征地补偿额之差（即农地专用增值额）进行了测度，结果显示，"1990—2003年间，农民集体在国家工业化、城市化进程中在土地征收环节贡献值约在3.53万亿元"，扣除基础设施对地价影响的增值部分，这一数值仍高达2.5万亿⑤。这从一

---

① 2004年至今，全国GDP增长了280%，产出水平亦有较大增长，但是耕地征收补偿的标准却未相应增长。

② 丁成日．中国征地补偿制度的经济分析及征地改革建议［J］．中国土地科学，2007，10：4—10.

③④ 黄祖辉，汪晖．非公共利益性质的征地行为与土地发展权补偿［J］．经济研究，2002，5：66—95.

⑤ 朱道林，强真，毕继业．中国农地征转用的价格增值分析［J］．中国土地科学，2006，8：24—27.

定程度上体现出农民在国家建设征收农用地过程中的利益损失程度。

为此,从完善市场机制、实现同权同利的角度出发,本书认为,应当借鉴待开发国有用地价格评估中"最高最佳使用原则"的要求,在非公共利益征收行为中,以征收后拟转用的规划许可用途下的土地价值确定农地补偿标准而非农业现状用途。而由这一补偿基准的变化造成的价格差异,恰恰是造成农地拆迁过程中被拆迁农民与拆迁人难以达成价格共识的重要原因。在现实操作中,往往出现这样的情形:经过多次谈判、博弈,最终以低于按照拟转用途估算的补偿价、高于按照农用用途估算的补偿价达成拆迁协议。

8.2 科学实施差异化政策,实现产业空间布局的优化

工业化初期至中期以来逐步形成的以价格为主的竞争战略,导致了"技术进步对降低成本的路径依赖"。在外源性增长中,即便技术能力提升,也将因为价格竞争的战略定位,导致"收入增长缓慢和贸易条件恶化"。在内生性增长中,依靠低廉的要素价格,虽然加快了经济增长,但扭曲的要素价格加剧了资源和环境的矛盾,并最终由于重化工资本的密集,降低劳动力所得的比重。由此可见,不改变经济发展对价格(特别是土地资源价格)路径的依赖,很难实现产业结构的升级优化乃至区域经济发展方式的转变[①]。

事实上,随着我国经济水平的逐步上升及周边相邻国家和地区的快速发展,虽然与日本、韩国及我国台湾省等较发达的周边邻国和地区相比,与长三角和珠三角城市群相比,京津冀城市群现阶段仍然具有工业地价的比较优势,但是这种生产要素价格水平的差距"已经小于经济水平的差距,并且这种趋势还将在各种客观的、刚性的压力下强化",低地价引资

---

① 国家发改委宏观经济研究院课题组. "十二五"时期我国产业结构调整 [J]. 经济研究参考 . 2010, 10:28—61.

的策略将面临极大的挑战①。

因此,及早将竞争战略由价格竞争转为非价格的内涵竞争上来,通过产业梯度的优化参与更高水平的国际、地区竞争,是促进区域乃至整个国民经济更好、更快发展的关键步骤。结合本书第4章及第5章所做分析,京津冀城市群尤其应着力从以下方面理顺、培育区域内部的产业梯度。

8.2.1 北京

技术密集型制造业是指制造业中新出现的"具有高技术含量、高附加值、强竞争力的行业"②,通常情况下,技术密集型的高端制造业处于产业链的高端环节,即"包括传统制造业的高端部分,也包括新兴制造业的高端部分"③,具有明显的"高技术知识密集、高风险、高成本、高附加值、成长性好、关联性强、带动性大"等特点。在2007年次级贷危机后的国际竞争中,传统制造业已经逐渐边缘化,高端制造业正在成为主旋律。美、德、日等发达国家在席卷全球的金融危机中,深刻感受到金融资本和虚拟经济过度发展之危害,纷纷制定新兴战略产业规划、采取有力措施促使经济增长的主动力重回高端制造业。从国内情况看,东部发达城市均已明确提出发展高端制造业的战略计划。上海等地的部分老牌制造业基地对待产业梯度转移的态度发生较大转变,由被动变主动,积极采取措施吸引高端制造业、驱赶中低端制造业。由此,面对产业重新布局和国内外竞争,京津冀城市群必须把握住高端制造业的发展机遇,推动制造业的结构调整与优化。

至2018年,北京三次产业生产总值的比例已经达到0.4:18.6:81。这一水平与欧美发达国家比较接近,已经由"二、三、一"调整为"三、二、一"。服务业在地区生产总值的比重超过80%,其发展日益受到"天

---

① 赵松,曹子剑."低价引资"还能走多远——中日两国工业地价水平比较的启示[J]. 中国土地,2012,3:12—15.
② 刘阳. 我国高端制造业发展的战略取向[J]. 生产力研究,2011,3:92—94.
③ 周晔,郭春丽. 我国高端制造业发展研究[J]. 开发研究,2012,1:27—31.

花板"的限制。产业结构高级化的重心由三大部类间的升级，逐步转向产业内部结构的优化和生产环节的高端化。尽管第二产业的比例下降，但是第二产业增加值并未回落。其中，技术密集型的高端制造业的比重占全部制造业的比重由2000年的52.6%上升至2018年的74.5%。由前述第4章产业高度的分析可知，北京交通运输设备制造业、通信设备、计算机及其他电子设备制造业和医药制造业、仪器仪表及文化、办公用机械等高端制造业的产业高度均大于1，在全国具有较明显的比较优势。经过"十一五"时期的发展，北京中关村科技园区、北京经济技术开发区金融街、临空经济区、北京商务中心区（CBD）、奥林匹克中心区六大高端产业功能区已经初具规模。"十二五"时期，北京进一步坚持"优化一产、做强二产、做大三产"，其中，"做强二产"主要依靠"提升高技术和现代制造业发展水平"。"十三五"时期，北京一方面坚持以推进供给侧结构性改革为主线，促进首都现代产业发展，大力发展战略性新兴产业，促进制造业智能精细发展；另一方面，优化产业空间布局，引导高端产业功能区集约高效发展，积极推进京津冀产业协作。由此，作为城市群的主核心城市，北京在知识和技术创新能力、生产性服务业配套能力等方面已经具备了较为良好的高端制造业发展基础，其制造业产业结构高级化的重点在于"着力发展高端现代制造业，改造提升传统制造业"，同时保留部分与高端制造业密切相关的中端产业，逐步、分层次地转移其他中低端产业。北京在发展高端制造业时，应特别注意解决好以下问题：

（1）充分发挥隐性成本优势，降低高端制造业综合成本。

时慧娜、魏后凯、吴利学（2010）对我国长三角、珠三角及环渤海地区的26个主要城市进行了高端制造业综合成本的比较研究，结果显示，北京市高端产业发展的"综合成本优势主要在隐性成本[①]，显性成本[②]存在明

---

① 主要包括政府工作效率、政策保障能力、市场发育程度等制度成本，生态环境、科教创新环境、投融资环境、服务业发展环境等环境成本。
② 主要包括企业生产所需要的土地购置费用、劳动力工资、企业税收负担、水电路讯等费用。

显劣势"。从敏感度分析来看，北京高端制造业对隐性成本较显性成本更为敏感，故而，"降低隐性成本是降低综合成本的主要方向"。从具体指标来看，北京应在"政府工作效率、生态环境和市场发育程度"等方面加大改进力度，进一步降低这些方面产生的隐性成本，继续强化"科技教育及创新能力、投融资环境、政策保障能力和服务业发展环境"等方面的优势。①

（2）加强与生产型服务业互动发展，提高产业配套能力

生产性服务是指"为生产、商务活动和政府管理提供的中间服务，而非直接向个体消费者提供的最终服务"②。生产性服务业具有专业性和知识性的特点，并且提供的服务通常属于资本、技术和知识密集型服务。生产服务业的快速、健康发展，是高端制造业快速发展的基本保障，是提升高端制造业产业配套能力的关键。

《北京市生产性服务业发展策略研究报告》显示，北京市目前主要的生产性服务业包括：信息传输计算机服务和软件业（占北京生产性服务业的比重为16.2%，以下同）、租赁和商务服务业（15%）、交通运输及仓储业（14%）、综合技术服务业（12.9%）、金融保险业（12.9%）、批发零售贸易业（7.5%）、住宿和餐饮业（5.2%）、其他社会服务业（5%）、文化体育娱乐、科学研究事业、房地产业（1%）。从产出占比上看，信息传输计算机服务和软件业、交通运输仓储业（交通物流）、综合技术服务是北京生产性服务业发展的重要增长点和主导行业。科学研究事业的生产性服务功能则有待提高。2017年《北京市"十三五"时期现代产业发展和重点功能区建设规划》中提出，要加快构建高精尖经济结构，服务业增加值占地区生产总值的比重达到80%以上，生产性服务业增加值占地区生产总值的比重达到53%左右。

要推动高端制造业的发展，必须积极发展生产性服务业，利用产业间

---

① 时慧娜，魏后凯，吴利学. 地区产业发展综合成本评价与改进政策——以北京市高端制造业为例的研究 [J]. 经济管理. 2010，6：29—38.
② 刘绍坚. 生产性服务业发展趋势及北京的发展路径选择 [J]. 财贸经济，2007，4：96—101.

的关联效应，向研发设计和服务贸易环节延伸制造业产业链，推进制造业与服务业的融合发展。北京应该着眼于突破制约行业发展的制度瓶颈，推动金融服务、信息服务、科技服务、商务服务、流通服务等重点领域的改革，并充分发挥技术、人才、信息等比较优势，促进信息、汽车、医药、创意四大产业集群中制造业与服务业的融合与发展。

此外，产业配套能力是反映发展环境好坏的重要影响因素之一。在要素价格低廉和产业配套条件好之间进行选择时，后者无疑是大多数高端制造企业的首要选择。北京已经具备了一定的产业配套能力，尚需在资源跨区整合、避免园区低水平建设上下更多功夫。

8.2.2 天津

2019年天津生产总值达到14104.28亿元，三次产业结构为：1.3:35.2:63.5。从经济发展所处阶段来看，天津仍处于上中等收入地区和工业化后期阶段。按照世界大都市的发展规律，工业化进程基本由第二产业主导，随着工业化的推进，第二产业内部结构将逐步呈现出"重工业化、深加工化、技术集约化和高端化等趋势"。凭借其特殊的资源禀赋和产业基础优势，在近年来滨海新区快速发展的推动下，天津"第二产业已经呈现深加工、集约化和高端化趋势"[①]，具备了发展高端制造业的基础条件。从2007年起天津先后分五批实施了120项重大工业项目，形成了航空航天、石油化工、装备制造、电子信息、生物医药、新能源新材料、轻工纺织、国防科技八大优势支柱产业，初步构筑起了高端产业发展框架。

但是在发展过程中，天津应特别注意处理好在高端制造业领域中与北京的分工与合作。由于特殊的地缘关系、差异互补的资源禀赋和历史演进中不同的发展机遇，从元明清以来，北京成为全国政治中心，天津则发展为"京畿重镇和北方经济中心"，京津之间形成"唇齿相依、天然互补"

---

① 祝尔娟.试析天津"十二五"发展阶段与趋势特征［J］.天津社会科学，2011，1：83—86.

的关系。① 新中国成立后，由于种种原因，京津之间曾经一度出现了产业结构同构化、竞争大于合作的局面。过度的产业同构化影响了区域经济资源配置效率，进而减缓了区域经济一体化的进程。从陈晓永、张会平（2012）与邢子政、马云泽（2009）的研究结果比较来看，京津之间、津冀之间产业同构的情况近年来有明显改善，但是产业相似系数仍然高达0.74、0.83。② 一般认为，两地间如果同构系数大于0.5即表示产业结构过于趋同，应予以调整。从具体产业来看，京津之间采矿业、轻纺工业、石油化学工业、原材料加工业、装备制造业、电力、燃力、水生产供应业的相似系数均较高，其中装备制造业高达0.98，③ 而装备制造业恰恰是高端产业发展的重要领域。近年来，京津均主动通过产业发展规划的调整减少产业同构，并在一定程度上初步形成了分工合作的良好态势，以合作代替竞争，不仅有利于京津各自的发展，也有利于区域经济的协调。由于北京在高端制造业中占据了先发优势，天津在把握高端制造业发展机遇的同时，应特别注意与北京的优势互补，主动避免新一轮产业同构。

此外，结合前述产业高度的分析可知，天津的产业结构略显单一，第三产业相对薄弱，第二产业内部各细分产业所处生命周期、在全国产业分工体系中所处的地位均比较接近。由弗农的产品生命周期理论可知，产业的发展也经历着创新—扩张—成熟—成熟后（淘汰、转移）的不同生命阶段。一个地区的产业比较集中地处于同一生命阶段、同一发展地位，可能会造成地区经济的迅速繁荣以及迅速衰退。故而，培育处于不同生命周期的产业，形成合理的产业梯度，是极为必要的。由此，天津应在强化主导产业发展优势的同时，加强新兴产业的培育。

8.2.3 河北

河北省内环京津，是首都的畿辅地区，是京津重要的生态和安全屏

---

① 祝尔娟. 京津冀都市圈发展新论［M］. 北京：中国经济出版社，2008.
②③ 陈晓永，张会平. 基于梯度差异视角的京津冀产业同构及成因的新认识［J］. 改革与战略，2012，6：98—102.

障。在京津快速发展的同时，河北省也获得了长足发展。2019年河北省实现总产值35104.5亿元，三次产业结构为9.3∶44.5∶46.2，尚处于工业化中期，工业制造业对经济发展起主导作用。尽管近年来河北省已经成长为农业和基础原材料生产大省，并拥有突出的交通和港口资源优势，但是由于京津（特别是北京）的极化和"孤岛"效应过强，"空吸"现象严重，加上自然资源条件的逐步恶化以及产业政策的滞后等原因，河北省的发展严重滞后与城市群内核心城市的发展速度，出现了区域产业梯度过大等影响区域经济一体化的问题，甚至出现了"环京津贫困带"。就制造业产业结构而言，河北省存在如下明显的问题：

（1）产业结构趋同，内部竞争严重。

依托类似的资源基础，河北省内各市工业产业结构十分相似。大多数地市均以能源、原材料、电力、热力、黑色金属冶炼及延压加工、化学原料及化学制造品等行业作为重点发展的产业。据统计，11个地级市中，72.7%的城市选择将化工作为支柱产业，54.5%的城市选择机械、63.6%的城市选择建材[①]。从本书前述产业高度的分析来看，地方骨干城市和潜在骨干城市的产业结构比较单一，过于倚重某一具体行业的发展，且次级骨干城市与潜在骨干城市及一般县市之间没有明显的产业梯度差。

（2）以传统资源性产业为主，产业层次不高。

从城市群产业高度总体变动趋势来看，石家庄等城市高端与中端制造业产业仍较为薄弱，与区域副中心的城市地位不相符合；中低级和低级中心地与高级中心地之间出现了产业"悬崖"，从一定程度上反映出中低级中心地与高级中心地间的产业衔接不到位，中低级中心地的产业层次偏低，大多数产业都位于产业价值链"微笑曲线"的底部。以石家庄医药产业为例，虽然石家庄的医药产业在全国有较大知名度，但是其中化学药的原料药比重过大，生物制药偏低，产品附加值偏低。

---

① 梁晓林，谢俊英. 京津冀区域经济一体化的演变、现状及发展对策[J]. 河北经贸大学学报 2009，11：66—74.

由此，河北省应考虑从以下几方面加强省内工业制造业的培育：

（1）加强对区域副中心城市中端及中高端产业的培育力度，及以之为中心的次级城市群的培养。一般而言，城市群各城市间的联系强度随距离衰减，"中心城市与一般功能城市间的交流强度在 150 千米之内变化很小"，超过 250 千米，则"一般功能城市接收中心城市辐射的能力已相当低"。[①] 而冀中南的石家庄、邢台、衡水、邯郸距京津的距离均超出 250 千米，这意味着，这四座城市的发展受到京津的辐射带动作用较弱。作为河北省会城市，石家庄位于京津冀的西南部，处于京津与河南、山东、山西等中原地带联系的通道上。通过加大石家庄中端及中高端产业的培养，提升城市制造业的吸引力和集聚力，能够有效地弥补核心城市辐射力不足带来的区域发展不均衡，从而带动冀中南以及整个京津冀地区的经济发展活力。从产业发展的基础条件看，石家庄尚不具备直接发展高端制造业的条件，应着力于中端及中高端制造业的优势培养，并大力发展高端产业的配套产业及生产性服务业，为高端产业的发展创造条件，同时逐步转移污染较重的低端产业。

（2）提高骨干城市、次级骨干城市承接中端及低端产业的能力。一方面，应加快产业发展的软、硬环境建设，完善产业配套条件，提升产业承接能力，主动与京津及区域副中心城市产业对接；另一方面，培育各具特色的较大规模的工业聚集区，加大中低级中心地的制造业对企业、资本、技术和人才的吸引力。

8.3 培育城际产业链和产业集群，促进产业园区协同发展

8.3.1 产城融合视角下城市群产业园区协同发展机制的完善

在新型城镇化发展的大背景下，城市群已经成为我国经济发展中最具

---

① 李雪峰. 石家庄建设京津冀城市群副中心城市研究 [D]. 河北师范大学，2010，3：18.

活力的区域。但国内各大城市群的资源配置存在明显的多区位组合效益差异,且投入产出效率各不相同,其中京津冀城市群的集合能效低于长三角、珠三角等城市群。作为城市群内各类先进生产要素集中配置的重要载体和产业集聚的重要平台,产业园区在区域内的空间区位关系与产城功能的合理配置,是城市群空间结构提升和运营效率提高的关键性因素之一。

京津冀城市群内有各级各类产业园区200余个,其中国家级经济技术开发区13个、国家级高新技术开发区7个、国家级保税区10个,省市级开发区175个(北京16家,天津21家,河北138家)。其空间分布如图8-3所示。

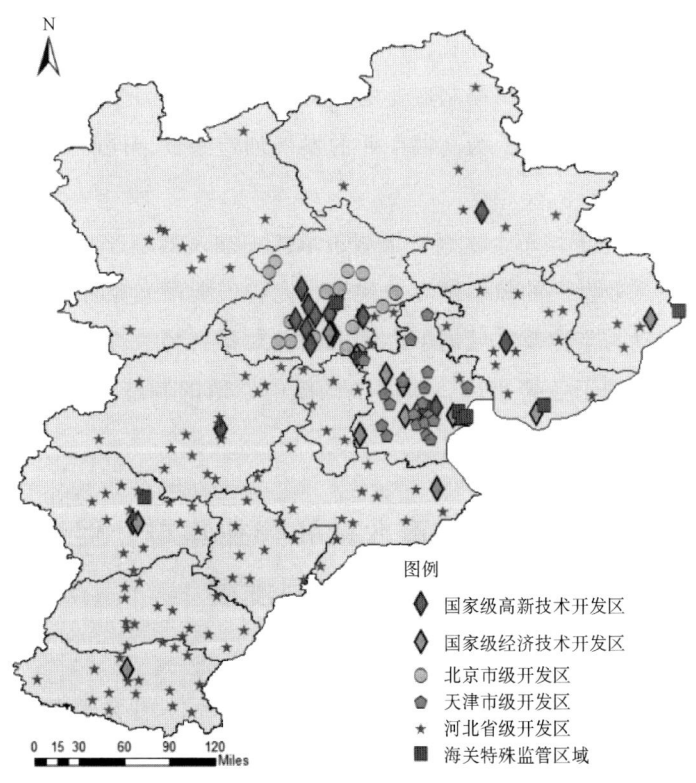

图8-3 京津冀城市群各级各类产业新区分布图

21世纪以来，产业园区在空间布局上已由原来的散点布局演变为依托重要的经济核心或者区域积聚发展的新格局。这些特殊的区域经济空间单元在实现了土地、人口和产业城市化的同时，也不同程度地存在空间布局的不合理，并由此带来了职住失衡、产业同构、土地配置低效、土地收益流失等一系列问题，抑制了各类创新要素的累积与培育。这不仅极大制约了产业的转型升级和城市间有效网络的形成，而且直接导致了城市及城市群的过度蔓延与各类非合作博弈现象。在此背景下，各类产业园区开始探索产城融合视角下的协同发展道路。

产业园区曾先后出现极点化、组团化及网络化等协同发展模式。基于生产网络中间中心度、结构洞模型的研究显示，省域或市域内的产业园区协同程度较弱、发展水平差异显著，影响协同的主要因素是产业链和价值链互动而不是地理临近[①][②]。基于"城市群—开发区—产业集群"协同互动以及区域科技创新复合系统协同度等评价模型的实证研究表明，目标区域存在协同度整体偏低、子系统有序度差异性及短板明显等问题[③]。

2015年《京津冀协同发展规划纲要》、2016年《"十三五"时期京津冀国民经济和社会发展规划》和《京津冀产业转移指南》、2017年《关于加强京津冀产业转移承接重点平台建设的意见》等系列政策文件的出台标志着京津冀以功能转型升级为主的产业协同的顶层设计基本完成。作为产业和非首都功能疏解承载地，通州副中心和雄安新区的建设进一步加快了京津冀协同发展的步伐。京津冀产业园区协同发展涉及机制创新、空间管治、合作模式、限制性因素和战略选择等各方面。中关村科技园区作为京津冀标志性产业园区之一，其总部经济的跨区域创新合作、产业技术联盟的跨区域创新合作、"飞地经济"等产业园区协同模式仍面临着京津经济

---

① 边慧夏. 基于生产网络的上海市普陀区科技园区协同发展研究 [J]. 世界地理研究, 2015, 04: 103—110.

② 党兴华. 区域协同视角下科技园区的创新发展模式——以陕西省科技园区为例 [J]. 科技管理研究, 2016, 17: 36—40.

③ 杨珍丽, 唐承丽, 周国华, 吴佳敏, 陈伟杨. 城市群—开发区—产业集群协同发展研究——以长株潭城市群为例 [J]. 经济地理, 2018, 38 (01): 78—84.

资源输出地政府意愿不足、统筹协调和利益分享机制不完善、发展对接错位、资金投入有限等障碍[1][2]。共建产业园区作为协同的一种重要方式，逐步形成了多主体共同参与、分工合作的协同共治模式，但其规划实施模式、治理模式、利益机制、政策环境均有待改善。为此，应积极探索如何以产业园区为基本单元，实现京津冀据点—轴线—域面的精密协同与空间优化，加快完善共建产业园等主要协同模式的多主体产值分计和税收分享机制及区域协同创新网络体系等关键路径。

在城市群协同发展的国家战略背景下，产城融合不仅是产业新区自身用地功能和空间结构优化的目标，也是城市群内社会和经济空间再造、经济—社会—自然等复合生态系统协调发展的重要手段。通过优化增量、盘活存量，从单一制造业发展向服务业并举发展，即"三次创业"，以产城融合的产业园区作为优化城市群网络体系的关键节点，提升各级中心地的扩展效应和回波效应，最终实现城市群整体空间的优化。[3] 但是由于难以摆脱原有的"路径依赖—结构惯性—空间孤立"等多重内在缺陷影响，开发区产城融合的过程容易受到"经济风险—社会失衡—空间隔离—发展鸿沟—区域失控"等传统问题的挑战。为此，首先应构建多目标均衡下的产业用地布局决策的科学机制，以产、地、人、城、生态等多要素的协调发展为导向，以产业协同发展度、空间高效利用度、职住均衡度、生活宜居度、城市功能完善度为衡量标准，判断各产业新区的功能定位与分化发展路径，并合理优化产业用地布局。其次，完善产业园区多中心治理模式。以市场为资源配置的决定机制，总结国内外产业新区建设中先进的治理经验，对比市场、政府和第三方治理的目标和效率，归纳其各自"失灵"的领域及诱因，厘清作用边界、互动机理，特别是"第三方"组织的作用机

---

① 蒋海军. 科技园区推动区域协同创新研究——以中关村科技园区为例［J］. 中国特色社会主义研究. 2016, 03: 36—41.

② 郭洪. 跨区域创新合作模式研究——以中关村为例［J］. 北京社会科学, 2014, 05: 124—128.

③ 顾朝林, 辛章平, 贺鼎. 服务经济下北京城市空间结构的转型［J］. 城市问题, 2011 (9): 2—6.

理和"非营利失灵"(或"志愿失灵")的防范机制,如图8-4所示。

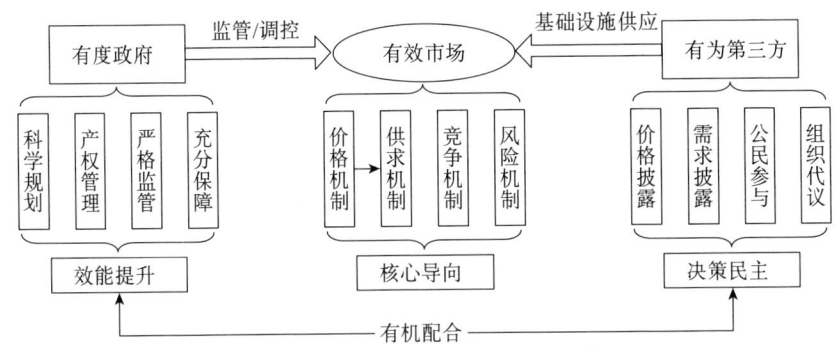

图8-4 新区多中心治理模式的构想

8.3.2 城际产业链和产业集群的构造与培育

相比长三角、珠三角地区,京津冀城市群产业链的构造和培育较为滞后,存在明显的"断环、掉环","产业的传递梯度落差大",甚至形成了产业"悬崖"。区域内仅电子、轻工、生物制药等少数产业有产业链联系,而且这些联系主要表现在企业研发总部设在北京,生产基地设在天津或河北,未能形成完整的产业链,相关配套产业发育不齐全或不完整。[①] 全诗凡(2016)等研究发现:总体来说随着经济水平发展京津冀产业链联系也日益紧密;食品制造及烟草加工业、纺织服装业、其他制造业和电力蒸气热水、煤气自来水生产供应业等对其他部门成本推动的效应越来越明显,而木材加工及家具制造业、造纸印刷及文教用品制造业、交通运输设备制造业和电力蒸气热水、煤气自来水生产供应业对其他部门的需求拉动效应越来越明显;京津区域对河北省的中间投入联系在加强,河北省对京津区域的中间投入联系在减弱。[②]

[①] 忻红,李振奇,李冰.京津冀电子信息产品制造业产业链构建的实证研究[J].工业技术经济,2010,29(10):73—78.

[②] 全诗凡,江曼琦.京津冀区域产业链复杂度及其演变[J].首都经济贸易大学学报,2016,18(02):42—49.

从生产工艺流程看，产业价值链包括"总部、R&D、产品设计、原料采购、零部件生产、装配、成品储运、市场营销到售后服务"①等各环节。由前述第五章分析可知，产业—地价的耦合以城市群全域内实现"优地优用、劣地劣用"为逻辑前提。从国际产业结构高级化的趋势看，基于同一产业价值链条的不同产业环节的分工与升级正在代替产业间的分工与升级。由此，在城市群内，将产业链上不同价值环节配置到不同的经济空间中，各城市"按照产业链的不同环节、工序乃至模块进行专业化分工"④，联结为具有更密切产业联系的一体化区域。故而，寻找、接通和延伸区域内的城际产业链特别是城际战略产业链，是区域产业一体化及空间结构优化的关键所在。

周艺杰等（2010）通过产业结构相似系数的测算，分析了京津冀制造业产业分布现状，提出该地区应选择航空航天、汽车、电子信息、新能源、生物医药作为城际战略产业链。李冰（2010）基于对三大都市圈产业链形成与发展的对比分析，提出京津冀应该重点优先发展电子信息产品制造业链、医药产业链等区域产业链。进一步地，以京津冀电子信息产品制造业产业链的构建为主线，李冰（2011）建立了产业链优选模型，找出最适合该区域电子信息产业发展的产业链，提出应该重点优先发展通信设备制造业产业链②。母爱英（2016）等通过分析研究京津冀海洋产业链在产业、科研和政治环境三方面的基础，发现海洋产业链存在产业链不对称、产业关联性差、政府推动力不足等问题，亟需从区域的视角，构建培育完整的京津冀海洋产业链，在制度、政策和技术保障下，壮大京津海洋产业、加强区域间产业协作、延伸已有产业链条③。

在选择城际产业链时，首先应深入城市群内部，研究各城市的产业分

---

① 朱英明. 长三角城市群产业一体化发展研究城际战略产业链的视角 [J]. 产业经济研究. 2007，6：48—57.

② 李冰. 京津冀电子信息产品制造业产业链构建的实证研究 [J]. 商业经济，2011，2：66—68.

③ 母爱英，冯盼，武建奇. 京津冀协同发展中海洋产业链的构建研究 [J]. 河北经贸大学学报，2017，38（01）：91—96.

工与布局现状及潜力，做到优势互补、层次分明；其次，"高新技术产业、高端服务业等具有高附加值行业所引领的新产业价值链"，更有利于促进城市产业空间布局优化与环境的友好；再次，国内外城市群的发展经验表明，区域内产业结构的升级均是从核心城市率先开始，城际战略产业链的选择应首先选择在核心城市已经具有一定比较优势的技术型高端产业。从本书第4章产业高度计算结果及上述已有研究成果看，通信设备制造业、交通运输设备制造业、医药制造业、仪器仪表及文化、办公用机械制造业等高端制造业不仅在核心城市的产业高度均较高，而且在中级和中低级城市上有一定发展基础，比较适合作为城际战略产业链。李程骅（2008）在确定城际战略产业链后，一方面应加强核心城市的产业优势，另一方面应加强其他低级中心地对该产业的配套和承接，通过"缺失链条的弥补，中断链条的接通，短缺链条的延伸"，实现城际战略产业链各环节在城市群空间内的优化布局[①]。

在加快培育以高端制造业为发展重点的城际战略产业链的同时，通过产业链的回顾效应、前瞻效应和旁侧效应带动上下游产业的横向与纵向的产业集聚，并依托产业链的有机集合，结合各城市自身特点，采取积极措施促进信息流、资金流、服务流、人才流在城市群内的合理流动，在京津冀城市群内形成各具特色的、分工与合作密切的产业集聚，进而实现区域内产业空间配置的优化。

此外，为促进城市群的协调发展，还应考虑加强各级地方政府合作，构建城市群内协调发展统一机构，以便于进行区域产业发展和资源利用的统筹规划、快速解决纠纷，并借鉴欧盟经验，成立城际间共同发展基金，交由协调发展统一机构管理，用于解决跨区域的环境治理等问题。

---

① 朱英明. 长三角城市群产业一体化发展研究城际战略产业链的视角 [J]. 产业经济研究，2007，6：48—57.

第9章 本书主要结论、不足与展望

9.1 主要结论

本书通过理论分析与大量的实证检验相结合的方法,以京津冀城市群为例,对城市群内产业地价—地用互动耦合规律进行了较深入的研究,主要得出以下结论:

(1)依据多指标主成分分析和聚类分析,京津冀所有城镇可以划分为主核心城市(北京)—次核心城市(天津)—区域副中心城市(石家庄、唐山)—地方骨干城市(邯郸市、保定市等)—地方次级骨干城市(邢台、承德等)—地方潜在骨干县市(任丘市、迁西县)——般县市(其他县级市及县城)等7个层级;同一级中心地的人口规模、行政级别可能存在很大的差异,甚至低等级中心地的人口规模、行政级别可能超过高一级的中心地人口规模、行政级别;京津冀城市群中围绕主、次核心城市和区域副中心城市的次级城市群已经形成。

(2)与住宅、商业等其他用途用地相比,工业地价受开发程度、容积率等价格影响因素较小,呈极弱相关性;城市群内不同等级中心地间工业用地价格呈波浪状次第衰减趋势,在京津冀城市群中,这一衰减趋势表现为:

$$Y = 7.2416X^2 - 238.69X + 2546.1$$

京津与河北省间存在明显的地价"悬崖";城市群中地价衰减呈现与单体城市相似的空间变异性和方向差异性;在单中心区域内,城市边缘区的工业地价不一定按照原有的衰减规律继续下降,可能呈现出一定的回升;不同等级的单体城市及以之为中心的次级城市群间地价衰减规律有所不同。

(3)基于区域产业结构演进的一般规律,本书进一步指出:当区域经济进入工业化中后期阶段,城市群内逐渐形成了技术密集型的高端产业(或产业环节)布局在高级中心地、资本密集型的中端产业(或产业环节)布局在中等中心地、劳动密集型的低端产业(或产业环节)布局在低级中心地的趋势;当区域经济趋于一体化时,产业高度随中心地等级升高而次第升高的总趋势依然存在,但是不同等级中心地之间形成更加合理、更为密切的互补与协作关系,产业梯度差明显缩小,甚至在个别产业上出现反梯度的情形。京津冀的实证研究显示:从不同等级城市的对比来看,产业高度呈现明显的随中心地等级下降而波浪状降低的趋势。

从制造业全部产业综合情况看,中低级和低级中心地与高级中心地之间出现了产业"悬崖",说明中低级中心地与高级中心地间的产业衔接不到位;次级骨干城市与潜在骨干城市及一般县市之间没有明显的产业梯度差,说明中低级中心地尚未在产业分工体系中形成有效优势,其中心地职能尚有待完善;从技术—资本—劳动密集型产业对比分析看,技术型产业的产业高度呈现明显的沿城市等级的下降而次第下降的趋势,资本密集型产业的产业高度也逐渐形成由次核心—区域副中心—骨干—次级骨干次第衰减的趋势;劳动密集型产业的产业高度随城镇等级下降而降低的趋势不明显,波峰基本稳定在区域副中心城市。从不同等级中心地看,随着非首都功能疏解和京津冀产生协同发展,主核心和次核心城市制造业产业高度与其动能定位相符合,区域副中心和骨干城市的产业调整仍未到位,区域副中心城市承接和发展了过多高能耗、低技术含量的低端产业;产业与地价的对应分析则显示,次级核心城市的产业用地地价出现明显反超,区域副中心和骨干城市制造业产业用地地价被显著低估,出现明显"价值洼地",未达到优地优用、劣地劣用的产业—地价双优化的理想状态。

(4)借鉴生命科学中的 DNA 双螺旋结构,城市群地价梯度与产业高度随城市等级的升高而交互攀升的过程呈现"双螺旋"规律；工业化中后期阶段，土地要素作为产业布局、产业结构演进的推助器和协调器的作用将逐步回归；基于企业最优解等分析，将产业高度（IH）、地价（P）、成本（C）、利润（π）之间的函数关系联立在一起，构成产业—地价四象限互动耦合模型，由该模型可知，加强要素市场的调控管理，由土地价格梯度差影响企业生产成本梯度差，进而形成合理、有序地城际间产业布局梯度，并由产业高度差反作用于土地价格，是促进城市群内产业结构和土地利用结构不断优化的有效路径；京津冀地价—产业高度实证分析显示：技术和资本密集型产业产业高度与地价呈显著正相关关系。

（5）京津冀城市群地价—产业高度总体上处于高度耦合状态，不同级别城市间有明显差异，其中，北京作为主核心城市耦合度整体偏低；副核心城市天津耦合度很高，区域副中心石家庄、唐山耦合度整体上处在中高水平。

9.2 本书研究中的不足

（1）首先，对地价、产业高度的实证分析，以京津冀城市群全域内的整体分析为主，缺少对次级城市群的深入分析。考虑到京津冀城市群区域覆盖面积较大，对城市群西南部远离北京、天津的区域而言，京津的影响力已经较弱，应更多地考虑石家庄区域副中心及以之为中心的次级城市群对区域经济的辐射作用。但是受篇幅和时间所限，本书未对次级城市群中地价与产业高度进行深入分析。其次，产业高度的计算，由于缺少部分地级市、全部县级市和县的分行业增加值数据，为保证数据的可比性，采用工业总产值数据进行计算，不如工业增加值数据更能反映出产业的附加值水平；由于数据的不可获取，所估算的骨干城市、次级骨干城市、潜在骨干城市和一般县市的产业高度平均水平存在一定的片面性。

（2）参考其他相关研究中的耦合度评价标准，作为产业高度与地价耦合度的评判依据，带有一定的主观性和片面性。应借鉴不同工业化进程中，国外发达城市群产业—地价耦合发展的经验，提炼耦合度评价标准，并构建耦合度评价指标体系，进行耦合度比对。

（3）本书在一定的理想假设前提下，提出工业地价—产业高度互动耦合模型，但是在现实的区域经济发展中，可能存在多种与理想假设不相符的阻抗因素，主要包括：

①一体化假设的阻抗因素。城市群中较高的通勤成本和物流成本等因素均会对城市群一体化产生不利影响；城市间的竞争，比如不同城市政府行政主体的非合作博弈，地方保护主义及区域贸易壁垒等都将影响双螺旋的耦合度。

②环境效益的诉求及资源约束。自然资源（丰度及品味）与自然条件（如地形地貌等）的非均质性、资源供给的约束以及土地利用中环境保护要求等部分地决定了产业布局及其价格的空间差异性；若简单地按照"双螺旋"、进行"双优化"布局，则可能会出现小城镇的产业效益差、污染重等问题，这便要求政府调控干预。

此外，本书未提及公共服务部门对工业地用—地价耦合度可能产生的影响，而大城市公共服务设施的完善恰恰是吸引工业企业布局的重要原因。

9.3　展望

随着工业化和城市化的快速推进，人与环境、增长与资源之间的关系引起人们越来越多的关注，响应中央提出的"调结构、转方式"的发展战略，区域经济结构的优化将成为区域经济协调发展、城市群一体化的重要落脚点，相应地，"自然资源禀赋及其市场化程度（产权制度）与区域产业分工、产业结构形成和演变的关系与机理"[1] 也将成为未来一段时间我国区域经济以及产业结构领域研究的重点问题之一。在过去相当长的一段时间里，土地资源作为工业生产极为稀缺的重要的生产要素，其市场价格

---

[1] 孟昌. 产业结构研究进展述评 [J]. 现代财经（天津大学学报）. 2012, 1: 97—103.

却未能体现这一稀缺性。通过加强对土地要素市场的管理，特别是价格管理，引导产业用地结构及产业结构的优化，也将成为这一研究领域的热点问题之一。在居住、商业用地市场化框架已经基本搭建完成，相应的监管措施也已逐步完善的背景下，理顺工业用地的监管机制和市场竞价机制，正在成为不动产经济领域中新的热点问题之一。国外学者对土地资源的研究，侧重于土地要素投入在经济发展中的作用。国内有个别学者从土地要素投入数量对二、三产业经济增长的作用的角度[①]进行了定量研究，但是从生产要素贡献的角度看，对土地要素与产业结构高级化演进关系的研究几乎是空白。由此，工业用地（进一步地，各类产业用地）价格与产业布局、产业结构及其相关关系的研究已经并将继续成为上述交叉领域的热点研究问题。

就土地要素促进产业用地结构与产业结构双优化而言，本书仅对工业用地价格与产业高度的互动耦合关系进行了理论分析与实证检验，尚有下列问题值得进一步深入研究：

（1）上述阻抗因素及例外研究。如上所述，对相关阻抗因素及例外情况的研究，是对这一互动耦合关系的有益的补充；

（2）结合国内外先进城市群的经验数据，在容量耦合模型基础上，进一步开发双梯度耦合的评价工具，并设计产业—地价适配指数体系，构建耦合度评价标准；

（3）产业升级—地用及地价双优化模型研究。可考虑在地价—产业高度互动耦合模型基础上，研究产业结构及其用地结构所产生的用地效益，对产业用地进行空间分配与优化，构建给定条件下的产业结构与地价结构的双优化理想标准模型，结合各产业发展限制条件，探讨该模型的修正体系及适用性；基于双优化模型，求解京津冀城市群内产业用地效益最优化的用地结构及其修正体系，促进京津冀城市群内双优化模式的实现；

---

① 张孝宇，张安录，蔡银莺.土地要素投入对二、三产业经济增长的计量分析——我国35个大中城市的实证［J］.生产力研究，2011，9：154—156.

（4）双优化模型的典型案例验证。以首钢、北京市东部产业带、天津滨海新区以及河北香河—大厂—三河"北三县"等进行典型性研究；

（5）工业化中后期阶段，工业制造业仍然是城市群经济联系的主要纽带，重要的输出性基础部门，相比之下，商业服务业主要面向本地市场。故而本书将研究的重点放在工业制造业的地价与产业高度上，未对商业服务业等产业进行深入研究。可考虑对单体城市的商业服务业地用—地价关系分别进行研究；

（6）对城市群内城际产业链和产业集群进行更深入地剖析，提出更为具体的不同层级城市产业链及产业集群发展建议。

附　　录

附表 A　　2017 年京津冀各市县城市发展得分

城市（含县）	主成分1	主成分2	主成分3	排序
北　京	9.57175	-1.80449	0.33404	1
天　津	5.77198	0.87962	-0.52939	2
唐山市	1.45278	1.65462	1.31846	3
石家庄市	1.10595	2.17559	-1.42335	4
邯郸市	0.74434	0.12131	0.41254	5
廊坊市	0.13671	3.32002	2.01859	6
保定市	0.53715	0.32705	-0.13124	7
沧州市	0.20431	1.96144	0.76054	8
张家口市	0.18169	1.34567	1.14641	9
秦皇岛市	0.23596	0.43717	1.63125	10
衡水市	0.09829	1.96581	0.48338	11
邢台市	-0.01931	1.36289	1.99616	12
迁安市	0.10663	1.71885	-0.35067	13
任丘市	-0.05573	2.80989	-0.54472	14
承德市	-0.08099	1.76601	0.95315	15
三河市	0.00539	1.27025	0.06935	16
涿州市	-0.14605	0.79003	1.71229	17
遵化市	-0.07399	1.04107	0.82871	18
乐亭县	-0.14676	0.75029	0.44404	19
滦　县	-0.24913	0.85419	2.25807	20
固安县	-0.15835	1.29225	1.02172	21
迁西县	-0.07148	2.30836	-1.00690	22
正定县	-0.19897	0.04509	2.45871	23
霸州市	-0.09186	2.10672	-0.66366	24
武安市	-0.14863	0.35309	1.59901	25
辛集市	-0.07049	1.72300	-0.65432	26

续表

城市（含县）	主成分1	主成分2	主成分3	排序
滦南县	0.04802	0.78955	-0.81558	27
黄骅市	-0.06885	1.84872	-1.03609	28
故城县	-0.13108	0.43596	0.98856	29
新乐市	-0.12442	0.42890	0.78340	30
河间市	-0.13469	0.53742	0.32672	31
定州市	-0.26007	1.17687	1.09826	32
大厂回族自治县	-0.23750	-0.24761	2.38973	33
怀来县	-0.21624	0.15748	1.33942	34
沙河市	-0.12003	0.59099	-0.04420	35
井陉县	-0.08995	0.33143	-0.04458	36
香河县	-0.13557	0.55518	0.05858	37
玉田县	-0.12935	1.04666	-0.58492	38
涉县	-0.22089	-0.45398	1.72709	39
晋州市	-0.13915	0.47366	-0.03310	40
永清县	-0.20798	-0.04109	1.08664	41
沧县	-0.24192	-0.78676	2.15291	42
东光县	-0.14419	0.45250	0.00454	43
蔚县	-0.14803	0.82809	-0.48727	44
昌黎县	-0.14930	1.41720	-1.15316	45
献县	-0.25266	-0.85930	2.02643	46
平山县	0.02566	0.06280	-1.27695	47
涞水县	-0.20175	2.20094	-0.58103	48
肃宁县	-0.20073	-0.37271	1.00548	49
清河县	-0.17631	-0.02765	0.37762	50
吴桥县	-0.25015	-0.75499	1.69902	51
宽城满族自治县	-0.13923	0.62509	-0.71962	52
青龙满族自治县	-0.23920	-1.06486	1.90661	53
怀安县	-0.25927	-0.46025	1.37325	54
赵县	-0.15170	1.39414	-1.50525	55
元氏县	-0.15575	0.32269	-0.37884	56
无极县	-0.15834	0.47840	-0.53989	57
大名县	-0.12185	-0.52697	0.21962	58
涿鹿县	-0.23859	-0.70017	1.34190	59
阜平县	-0.26650	-0.94615	1.74469	60
大城县	-0.16816	-0.39693	0.33416	61
泊头市	-0.11319	-0.01715	-0.54712	62

续表

城市（含县）	主成分1	主成分2	主成分3	排序
武邑县	-0.23890	0.43275	-0.00204	63
成安县	-0.16502	0.37167	-0.58175	64
曲阳县	-0.16221	-0.83848	0.68021	65
平泉市	-0.15206	-0.48091	0.19180	66
青　县	-0.15834	-0.23738	-0.03854	67
滦平县	-0.16079	-0.12532	-0.15033	68
深州市	-0.17087	-0.55566	0.36355	69
南宫市	-0.18652	-0.53191	0.41529	70
威　县	-0.17900	-0.48216	0.17294	71
临漳县	-0.17717	-0.66257	0.26111	72
魏　县	-0.12161	-0.37375	-0.55025	73
宁晋县	-0.21196	-0.59945	0.43287	74
枣强县	-0.21016	-0.53894	0.30005	75
安国市	-0.07317	0.77676	-2.24636	76
卢龙县	-0.16497	-0.10751	-0.55239	77
行唐县	-0.15643	-1.05465	0.38525	78
高碑店市	-0.19856	-0.79393	0.60629	79
涞源县	-0.14666	-0.68743	-0.12248	80
广平县	-0.23953	0.34545	-0.46056	81
安平县	-0.19445	-0.30650	-0.14436	82
围场满蒙自治县	-0.17328	-0.78792	0.13241	83
磁　县	-0.18148	-0.65037	0.04922	84
武强县	-0.19128	-0.61535	0.07577	85
鸡泽县	-0.20980	-0.79949	0.41079	86
丰宁满族自治县	-0.14832	-0.51546	-0.41623	87
南皮县	-0.15987	-0.78325	-0.03805	88
灵寿县	-0.12116	-0.29931	-0.90336	89
临西县	-0.21086	-0.02182	-0.46860	90
定兴县	-0.19963	-0.58196	0.00968	91
承德县	-0.19670	-0.42008	-0.20246	92
景　县	-0.16425	-0.93498	0.05912	93
阜城县	-0.24319	-1.02492	0.80122	94
内丘县	-0.13341	-0.72333	-0.43946	95
邱　县	-0.16711	0.57704	-1.57553	96
隆化县	-0.18912	-0.22811	-0.57154	97
阳原县	-0.10990	-0.24858	-1.24818	98

续表

城市（含县）	主成分1	主成分2	主成分3	排序
易　县	-0.21388	-0.99895	0.36829	99
盐山县	-0.21958	-1.10200	0.42504	100
赞皇县	-0.17474	-0.72147	-0.36160	101
文安县	-0.19704	-0.82534	-0.06541	102
南和县	-0.19210	-0.57836	-0.37212	103
任　县	-0.22608	-0.76077	0.09490	104
兴隆县	-0.20102	-0.88457	0.01165	105
安新县	-0.17753	-0.05040	-1.11657	106
馆陶县	-0.16987	-1.15972	-0.01917	107
饶阳县	-0.13462	0.35337	-1.95337	108
平乡县	-0.10580	-0.34543	-0.57333	109
高邑县	-0.17497	-0.87155	-0.32463	110
邢台县	-0.11877	-0.56333	-1.24852	111
隆尧县	-0.20443	1.03962	-1.23711	112
高阳县	-0.15268	-0.39692	-1.16234	113
赤城县	-0.21539	-1.26271	0.27446	114
唐　县	-0.14255	-1.13990	-0.47116	115
深泽县	-0.16427	-0.19374	-1.32852	116
孟村回族自治县	-0.17247	-0.11569	-1.36255	117
巨鹿县	-0.18403	-1.32690	-0.03073	118
柏乡县	-0.22449	-0.99557	-0.12295	119
张北县	-0.14277	-0.69749	-1.20501	120
曲周县	-0.11098	-0.14648	-2.06453	121
蠡　县	-0.12727	-0.62395	-1.49965	122
海兴县	-0.19133	-0.88548	-0.74636	123
望都县	-0.18923	-1.02338	-0.65150	124
博野县	-0.20225	-1.15105	-0.42858	125
临城县	-0.15998	-0.52651	-1.47396	126
顺平县	-0.19882	-1.31238	-0.31635	127
广宗县	-0.20311	-1.09146	-0.60331	128
新河县	-0.22220	-1.04494	-0.51205	129
容城县	-0.18715	-0.97238	-0.90502	130
沽源县	-0.19586	-1.22090	-0.66858	131
尚义县	-0.20610	-1.16240	-0.75007	132
康保县	-0.19980	-1.22960	-0.73344	133
雄　县	-0.15137	-0.57734	-1.88020	134

附表 B   2017 年京津冀城镇不同群集数划分结果

城镇	主成分1	主成分2	主成分3	综合得分_A	8群集	7群集	6群集	5群集	4群集
北京市	9.5718	-1.8045	0.3340	7.5148	1	1	1	1	1
天津市	5.7720	0.8796	-0.5294	4.6633	2	2	2	2	2
石家庄市	1.4528	1.6546	1.3185	1.4606	3	3	3	3	3
唐山市	1.1059	2.1756	-1.4233	0.9724	4	4	4	3	3
邯郸市	0.7443	0.1213	0.4125	0.6484	5	5	5	4	4
廊坊市	0.1367	3.3200	2.0186	0.6446	5	5	5	4	4
保定市	0.5371	0.3271	-0.1312	0.4513	6	5	5	4	4
沧州市	0.2043	1.9614	0.7605	0.4382	6	5	5	4	4
张家口市	0.1817	1.3457	1.1464	0.3940	6	5	5	4	4
秦皇岛市	0.2360	0.4372	1.6313	0.3909	6	5	5	4	4
衡水市	0.0983	1.9658	0.4834	0.3271	6	5	5	4	4
邢台市	-0.0193	1.3629	1.9962	0.3166	6	5	5	4	4
迁安市	0.1066	1.7188	-0.3507	0.2281	7	6	6	5	4
承德市	-0.0810	1.7660	0.9532	0.2082	7	6	6	5	4
任丘市	-0.0557	2.8099	-0.5447	0.1914	7	6	6	5	4
三河市	0.0054	1.2702	0.0694	0.1414	7	6	6	5	4
涿州市	-0.1460	0.7900	1.7123	0.1289	7	6	6	5	4
遵化市	-0.0740	1.0411	0.8287	0.1274	7	6	6	5	4
大厂回族自治县	-0.2491	0.8542	2.2581	0.1054	7	6	6	5	4
乐亭县	-0.1584	1.2923	1.0217	0.1041	7	6	6	5	4
滦县	-0.0715	2.3084	-1.0069	0.0828	7	6	6	5	4
固安县	-0.1990	0.0451	2.4587	0.0819	7	6	6	5	4
迁西县	-0.0919	2.1067	-0.6637	0.0788	7	6	6	5	4
正定县	-0.1486	0.3531	1.5990	0.0711	7	6	6	5	4
霸州市	-0.0705	1.7230	-0.6543	0.0575	7	6	6	5	4
武安市	0.0480	0.7896	-0.8156	0.0410	7	6	6	5	4
辛集市	-0.0688	1.8487	-1.0361	0.0349	7	6	6	5	4
滦南县	-0.1311	0.4360	0.9886	0.0349	7	6	6	5	4
黄骅市	-0.1244	0.4289	0.7834	0.0198	7	6	6	5	4
故城县	-0.2601	1.1769	1.0983	0.0182	7	6	6	5	4
怀来县	-0.2375	-0.2476	2.3897	0.0143	7	6	6	5	4
新乐市	-0.2018	2.2009	-0.5810	0.0084	7	6	6	5	4
河间市	-0.1468	0.7503	0.4440	0.0022	7	6	6	5	4
沙河市	-0.1347	0.5374	0.3267	-0.0213	8	7	6	5	4

续表

城镇	主成分1	主成分2	主成分3	综合得分_A	8群集	7群集	6群集	5群集	4群集
井陉县	-0.2162	0.1575	1.3394	-0.0282	8	7	6	5	4
香河县	-0.1200	0.5910	-0.0442	-0.0397	8	7	6	5	4
玉田县	-0.0899	0.3314	-0.0446	-0.0423	8	7	6	5	4
涉县	-0.1356	0.5552	0.0586	-0.0460	8	7	6	5	4
晋州市	-0.1294	1.0467	-0.5849	-0.0525	8	7	6	5	4
永清县	-0.2209	-0.4540	1.7271	-0.0574	8	7	6	5	4
沧县	-0.1392	0.4737	-0.0331	-0.0660	8	7	6	5	4
东光县	-0.2080	-0.0411	1.0866	-0.0663	8	7	6	5	4
蔚县	-0.2419	-0.7868	2.1529	-0.0674	8	7	6	5	4
昌黎县	-0.1442	0.4525	0.0045	-0.0686	8	7	6	5	4
献县	-0.1480	0.8281	-0.4873	-0.0805	8	7	6	5	4
平山县	-0.1493	1.4172	-1.1532	-0.0851	8	7	6	5	4
涞水县	-0.2527	-0.8593	2.0264	-0.0956	8	7	6	5	4
定州市	0.0257	0.0628	-1.2769	-0.0959	8	7	6	5	4
肃宁县	-0.2007	-0.3727	1.0055	-0.1023	8	7	6	5	4
清河县	-0.1763	-0.0276	0.3776	-0.1077	8	7	6	5	4
吴桥县	-0.2502	-0.7550	1.6990	-0.1144	8	7	6	5	4
宽城满族自治县	-0.1392	0.6251	-0.7196	-0.1166	8	7	6	5	4
青龙满族自治县	-0.2392	-1.0649	1.9066	-0.1175	8	7	6	5	4
怀安县	-0.2593	-0.4602	1.3733	-0.1228	8	7	6	5	4
赵县	-0.1517	1.3941	-1.5052	-0.1233	8	7	6	5	4
元氏县	-0.1558	0.3227	-0.3788	-0.1281	8	7	6	5	4
无极县	-0.1583	0.4784	-0.5399	-0.1297	8	7	6	5	4
大名县	-0.1218	-0.5270	0.2196	-0.1306	8	7	6	5	4
涿鹿县	-0.2386	-0.7002	1.3419	-0.1339	8	7	6	5	4
阜平县	-0.2665	-0.9461	1.7447	-0.1427	8	7	6	5	4
大城县	-0.1682	-0.3969	0.3342	-0.1433	8	7	6	5	4
泊头市	-0.1132	-0.0172	-0.5471	-0.1451	8	7	6	5	4
武邑县	-0.2389	0.4327	-0.0020	-0.1472	8	7	6	5	4
成安县	-0.1650	0.3717	-0.5817	-0.1500	8	7	6	5	4
曲阳县	-0.1622	-0.8385	0.6802	-0.1506	8	7	6	5	4
平泉市	-0.1521	-0.4809	0.1918	-0.1527	8	7	6	5	4
青县	-0.1583	-0.2374	-0.0385	-0.1549	8	7	6	5	4
滦平县	-0.1608	-0.1253	-0.1503	-0.1561	8	7	6	5	4

续表

城镇	主成分1	主成分2	主成分3	综合得分_A	8群集	7群集	6群集	5群集	4群集
深州市	-0.1709	-0.5557	0.3636	-0.1589	8	7	6	5	4
南宫市	-0.1865	-0.5319	0.4153	-0.1641	8	7	6	5	4
魏县	-0.1058	-0.3454	-0.5733	-0.1754	8	7	6	5	4
枣强县	-0.2044	1.0396	-1.2371	-0.1761	8	7	6	5	4
安国市	-0.1790	-0.4822	0.1729	-0.1763	8	7	6	5	4
卢龙县	-0.1986	-0.7939	0.6063	-0.1822	8	7	6	5	4
行唐县	-0.1772	-0.6626	0.2611	-0.1848	8	7	6	5	4
高碑店市	-0.1216	-0.3737	-0.5503	-0.1887	8	7	6	5	4
涞源县	-0.2120	-0.5995	0.4329	-0.1897	8	7	6	5	4
广平县	-0.2102	-0.5389	0.3001	-0.1948	8	7	6	5	4
宁晋县	-0.0732	0.7768	-2.2464	-0.1951	8	7	6	5	4
安平县	-0.1650	-0.1075	-0.5524	-0.1964	8	7	6	5	4
围场满蒙自治县	-0.1564	-1.0547	0.3852	-0.1965	8	7	6	5	4
磁县	-0.1467	-0.6874	-0.1225	-0.1999	8	7	6	5	4
武强县	-0.2395	0.3454	-0.4606	-0.2007	8	7	6	5	4
鸡泽县	-0.1945	-0.3065	-0.1444	-0.2011	8	7	6	5	4
丰宁满族自治县	-0.1733	-0.7879	0.1324	-0.2070	8	7	6	5	4
南皮县	-0.1815	-0.6504	0.0492	-0.2074	8	7	6	5	4
灵寿县	-0.1913	-0.6153	0.0758	-0.2091	8	7	6	5	4
临西县	-0.2098	-0.7995	0.4108	-0.2106	8	7	6	5	4
定兴县	-0.1483	-0.5155	-0.4162	-0.2118	8	7	6	5	4
承德县	-0.1599	-0.7833	-0.0381	-0.2121	8	7	6	5	4
景县	-0.1212	-0.2993	-0.9034	-0.2147	8	7	6	5	4
阜城县	-0.2109	-0.0218	-0.4686	-0.2163	8	7	6	5	4
内丘县	-0.1996	-0.5820	0.0097	-0.2187	8	7	6	5	4
邱县	-0.1967	-0.4201	-0.2025	-0.2202	8	7	6	5	4
隆化县	-0.1642	-0.9350	0.0591	-0.2219	8	7	6	5	4
阳原县	-0.2432	-1.0249	0.8012	-0.2229	8	7	6	5	4
易县	-0.1334	-0.7233	-0.4395	-0.2234	8	7	6	5	4
盐山县	-0.1671	0.5770	-1.5755	-0.2263	8	7	6	5	4
赞皇县	-0.1891	-0.2281	-0.5715	-0.2299	8	7	6	5	4
文安县	-0.1099	-0.2486	-1.2482	-0.2337	8	7	6	5	4
南和县	-0.2139	-0.9989	0.3683	-0.2385	8	7	6	5	4
任县	-0.2196	-1.1020	0.4250	-0.2481	8	7	6	5	4

续表

城镇	主成分1	主成分2	主成分3	综合得分_A	8群集	7群集	6群集	5群集	4群集
兴隆县	-0.1747	-0.7215	-0.3616	-0.2489	8	7	6	5	4
安新县	-0.1970	-0.8253	-0.0654	-0.2489	8	7	6	5	4
馆陶县	-0.1921	-0.5784	-0.3721	-0.2491	8	7	6	5	4
饶阳县	-0.2261	-0.7608	0.0949	-0.2501	8	7	6	5	4
平乡县	-0.2010	-0.8846	0.0116	-0.2507	8	7	6	5	4
高邑县	-0.1775	-0.0504	-1.1166	-0.2548	8	7	6	5	4
威县	-0.1699	-1.1597	-0.0192	-0.2570	8	7	6	5	4
邢台县	-0.1346	0.3534	-1.9534	-0.2596	8	7	6	5	4
隆尧县	-0.1750	-0.8715	-0.3246	-0.2609	8	7	6	5	4
临漳县	-0.1188	-0.5633	-1.2485	-0.2731	8	7	6	5	4
高阳县	-0.1527	-0.3969	-1.1623	-0.2749	8	7	6	5	4
赤城县	-0.2154	-1.2627	0.2745	-0.2758	8	7	6	5	4
唐县	-0.1426	-1.1399	-0.4712	-0.2766	8	7	6	5	4
深泽县	-0.1643	-0.1937	-1.3285	-0.2793	8	7	6	5	4
孟村回族自治县	-0.1725	-0.1157	-1.3625	-0.2812	8	7	6	5	4
巨鹿县	-0.1840	-1.3269	-0.0307	-0.2866	8	7	6	5	4
柏乡县	-0.2245	-0.9956	-0.1229	-0.2939	8	7	6	5	4
张北县	-0.1428	-0.6975	-1.2050	-0.3020	8	7	6	5	4
曲周县	-0.1110	-0.1465	-2.0645	-0.3026	8	7	6	5	4
蠡县	-0.1273	-0.6240	-1.4996	-0.3103	8	7	6	5	4
海兴县	-0.1913	-0.8855	-0.7464	-0.3160	8	7	6	5	4
望都县	-0.1892	-1.0234	-0.6515	-0.3194	8	7	6	5	4
博野县	-0.2023	-1.1510	-0.4286	-0.3214	8	7	6	5	4
临城县	-0.1600	-0.5265	-1.4740	-0.3241	8	7	6	5	4
顺平县	-0.1988	-1.3124	-0.3163	-0.3245	8	7	6	5	4
广宗县	-0.2031	-1.0915	-0.6033	-0.3328	8	7	6	5	4
新河县	-0.2222	-1.0449	-0.5120	-0.3346	8	7	6	5	4
容城县	-0.1871	-0.9724	-0.9050	-0.3369	8	7	6	5	4
沽源县	-0.1959	-1.2209	-0.6686	-0.3466	8	7	6	5	4
尚义县	-0.2061	-1.1624	-0.7501	-0.3566	8	7	6	5	4
康保县	-0.1998	-1.2296	-0.7334	-0.3569	8	7	6	5	4
雄县	-0.1514	-0.5773	-1.8802	-0.3615	8	7	6	5	4

附表 C 　　2009—2017 年京津冀各市县聚类结果　　（总人口数单位：万）

2009 年				2010 年			
分类	城市	综合得分	总人口数	分类	城市	综合得分	总人口数
主核心	北京	8.0263	1755.0	主核心	北京市	8.0196	1961.9
次核心	天津	4.5665	1228.2	次核心	天津市	4.6302	1299.3
副中心	唐山市	1.2746	311.3	副中心	唐山市	1.2660	307.3
副中心	石家庄市	1.1689	245.4	副中心	石家庄市	1.1066	243.3
骨干	秦皇岛市	0.4693	94.9	骨干	邯郸市	0.4644	141.4
骨干	沧州市	0.4604	50.8	骨干	秦皇岛市	0.4388	99.0
骨干	邯郸市	0.4527	136.7	骨干	沧州市	0.3817	62.1
骨干	保定市	0.4006	106.5	骨干	保定市	0.3493	111.2
骨干	廊坊市	0.3135	81.3	骨干	迁安市	0.3391	72.2
骨干	迁安市	0.2856	72.1	骨干	廊坊市	0.2931	86.8
骨干	张家口市	0.2105	92.6	骨干	遵化市	0.1792	72.6
骨干	任丘市	0.1867	82.4	骨干	张家口市	0.1776	101.5
次骨干	正定县	0.1443	45.9	骨干	武安市	0.1457	78.2
次骨干	三河市	0.1322	53.1	骨干	任丘市	0.0601	83.6
次骨干	遵化市	0.1271	72.3	次骨干	迁西县	0.1517	38.2
次骨干	邢台市	0.1087	60.5	次骨干	三河市	0.1353	53.9
次骨干	黄骅市	0.1077	43.8	次骨干	正定县	0.1299	46.8
次骨干	迁西县	0.1052	38.0	次骨干	承德市	0.0889	58.8
次骨干	武安市	0.0937	76.4	次骨干	辛集市	0.0865	62.3
次骨干	承德市	0.0783	54.1	次骨干	邢台市	0.0740	74.0
次骨干	衡水市	0.0733	32.0	次骨干	涿州市	0.0509	64.6
次骨干	涿州市	0.0650	63.5	次骨干	黄骅市	0.0420	45.4
次骨干	辛集市	0.0510	61.9	次骨干	乐亭县	0.0251	49.4
次骨干	河间市	0.0344	80.1	次骨干	衡水市	0.0049	46.1
次骨干	怀来县	0.0282	34.9	次骨干	滦南县	0.0022	58.1
次骨干	乐亭县	0.0172	49.7	次骨干	怀来县	0.0016	35.3
次骨干	阳原县	0.0106	27.7	潜在骨干	滦县	-0.0040	55.2
潜在骨干	滦南县	-0.0115	58.3	潜在骨干	井陉县	-0.0072	32.9
潜在骨干	沧县	-0.0117	67.8	潜在骨干	晋州市	-0.0078	53.8
潜在骨干	井陉县	-0.0175	32.8	潜在骨干	河间市	-0.0127	81.1
潜在骨干	晋州市	-0.0267	53.3	潜在骨干	沙河市	-0.0190	48.6
潜在骨干	滦县	-0.0272	55.3	潜在骨干	阳原县	-0.0218	28.1
潜在骨干	丰宁满族自治县	-0.0336	39.5	潜在骨干	霸州市	-0.0247	61.8
潜在骨干	霸州市	-0.0354	59.7	潜在骨干	玉田县	-0.0299	67.5

续表

	2009年				2010年		
分类	城市	综合得分	总人口数	分类	城市	综合得分	总人口数
潜在骨干	怀安县	-0.0378	24.7	潜在骨干	涉县	-0.0331	40.2
潜在骨干	定州市	-0.1424	120.6	潜在骨干	平山县	-0.0339	48.0
潜在骨干	玉田县	-0.0480	67.1	潜在骨干	磁县	-0.0410	63.9
潜在骨干	魏县	-0.0489	89.9	潜在骨干	丰宁满族自治县	-0.0454	39.7
潜在骨干	临漳县	-0.1820	65.4	潜在骨干	宽城满族自治县	-0.0510	24.7
潜在骨干	宁晋县	-0.2234	73.4	潜在骨干	魏县	-0.0620	92.9
潜在骨干	大名县	-0.1887	82.6	潜在骨干	沧县	-0.0645	68.9
一般	磁县	-0.0474	62.8	潜在骨干	新乐市	-0.0653	49.1
一般	平山县	-0.0588	47.5	潜在骨干	怀安县	-0.0691	24.7
一般	肃宁县	-0.0595	34.0	潜在骨干	元氏县	-0.0821	42.2
一般	蔚县	-0.0605	47.7	潜在骨干	临漳县	-0.1857	68.0
一般	阜平县	-0.0720	22.3	潜在骨干	大名县	-0.1831	85.3
一般	东光县	-0.0727	36.4	潜在骨干	定州市	-0.1401	121.5
一般	新乐市	-0.0750	48.5	潜在骨干	宁晋县	-0.1257	74.6
一般	卢龙县	-0.0783	42.2	一般	赵县	-0.0933	58.8
一般	涞水县	-0.0938	35.3	一般	肃宁县	-0.0955	34.5
一般	元氏县	-0.0943	41.4	一般	卢龙县	-0.0995	42.2
一般	泊头市	-0.0946	58.5	一般	蔚县	-0.1018	48.9
一般	涉县	-0.0948	39.7	一般	涞水县	-0.1024	35.3
一般	香河县	-0.1011	31.1	一般	香河县	-0.1053	31.8
一般	吴桥县	-0.1063	28.5	一般	东光县	-0.1111	36.5
一般	围场满蒙自治县	-0.1074	53.2	一般	阜平县	-0.1159	22.4
一般	宽城满族自治县	-0.1116	24.6	一般	邢台县	-0.1174	39.2
一般	赵县	-0.1220	58.3	一般	泊头市	-0.1175	60.0
一般	涿鹿县	-0.1274	34.3	一般	清河县	-0.1176	40.3
一般	无极县	-0.1299	50.1	一般	无极县	-0.1351	51.0
一般	青县	-0.1309	40.5	一般	大厂回族自治县	-0.1371	11.8
一般	临西县	-0.1343	36.5	一般	滦平县	-0.1449	31.5
一般	平泉市	-0.1370	47.5	一般	平泉市	-0.1468	47.4
一般	沙河市	-0.1471	47.3	一般	吴桥县	-0.1495	28.7
一般	昌黎县	-0.1495	55.6	一般	曲阳县	-0.1511	61.0
一般	献县	-0.1522	59.3	一般	涿鹿县	-0.1541	34.6
一般	曲阳县	-0.1527	60.8	一般	隆尧县	-0.1548	52.5
一般	广平县	-0.1582	27.8	一般	青县	-0.1555	41.0

续表

	2009年				2010年		
分类	城市	综合得分	总人口数	分类	城市	综合得分	总人口数
一般	成安县	-0.1659	40.8	一般	文安县	-0.1617	49.3
一般	文安县	-0.1723	48.4	一般	昌黎县	-0.1628	55.8
一般	大厂回族自治县	-0.1726	11.8	一般	兴隆县	-0.1646	32.5
一般	承德县	-0.1737	45.5	一般	临西县	-0.1684	37.1
一般	易县	-0.1744	57.2	一般	围场满蒙自治县	-0.1686	53.5
一般	涞源县	-0.1748	28.5	一般	内丘县	-0.1691	27.6
一般	唐县	-0.1765	59.3	一般	广平县	-0.1754	28.2
一般	滦平县	-0.1773	31.4	一般	承德县	-0.1756	41.8
一般	青龙满族自治县	-0.1775	54.3	一般	涞源县	-0.1791	28.4
一般	兴隆县	-0.1778	32.4	一般	成安县	-0.1804	41.8
一般	南皮县	-0.1846	37.1	一般	灵寿县	-0.1808	33.2
一般	沽源县	-0.1895	22.4	一般	南宫市	-0.1825	47.6
一般	清河县	-0.1896	38.8	一般	行唐县	-0.1830	44.5
一般	定兴县	-0.1905	58.4	一般	青龙满族自治县	-0.1845	54.6
一般	隆尧县	-0.1914	51.5	一般	易县	-0.1852	57.1
一般	孟村回族自治县	-0.1931	20.5	一般	故城县	-0.1856	51.1
一般	行唐县	-0.1954	43.9	一般	安平县	-0.1863	33.0
一般	故城县	-0.1959	50.2	一般	南皮县	-0.1864	38.0
一般	灵寿县	-0.1972	32.7	一般	献县	-0.1908	60.3
一般	安国市	-0.2006	41.2	一般	高邑县	-0.1909	18.9
一般	平乡县	-0.2032	31.6	一般	孟村回族自治县	-0.1928	21.5
一般	尚义县	-0.2047	19.5	一般	安国市	-0.1929	41.0
一般	南宫市	-0.2075	47.0	一般	平乡县	-0.2001	32.6
一般	高邑县	-0.2082	18.4	一般	景县	-0.2006	53.6
一般	深州市	-0.2093	57.2	一般	高碑店市	-0.2053	55.8
一般	隆化县	-0.2120	43.8	一般	深州市	-0.2080	56.9
一般	康保县	-0.2128	28.0	一般	隆化县	-0.2104	43.6
一般	高碑店市	-0.2136	55.3	一般	邱县	-0.2142	24.3
一般	海兴县	-0.2198	22.8	一般	定兴县	-0.2159	58.6
一般	曲周县	-0.2235	44.5	一般	唐县	-0.2200	59.1
一般	任县	-0.2242	34.4	一般	深泽县	-0.2219	25.7
一般	安平县	-0.2258	32.5	一般	曲周县	-0.2238	44.9
一般	景县	-0.2265	53.0	一般	巨鹿县	-0.2304	39.2
一般	盐山县	-0.2277	44.1	一般	海兴县	-0.2321	23.1

续表

	2009 年				2010 年		
分类	城市	综合得分	总人口数	分类	城市	综合得分	总人口数
一般	南和县	-0.2293	34.6	一般	张北县	-0.2331	36.3
一般	邢台县	-0.2296	47.4	一般	高阳县	-0.2347	34.0
一般	巨鹿县	-0.2354	38.7	一般	赞皇县	-0.2351	25.8
一般	内丘县	-0.2379	27.0	一般	馆陶县	-0.2365	33.5
一般	张北县	-0.2384	35.8	一般	南和县	-0.2372	35.2
一般	蠡县	-0.2386	52.4	一般	蠡县	-0.2389	53.2
一般	武邑县	-0.2388	32.5	一般	枣强县	-0.2405	40.5
一般	赤城县	-0.2400	29.3	一般	安新县	-0.2422	44.1
一般	深泽县	-0.2426	25.5	一般	任县	-0.2426	35.0
一般	安新县	-0.2428	43.4	一般	沽源县	-0.2454	22.5
一般	馆陶县	-0.2453	33.0	一般	固安县	-0.2480	43.3
一般	威县	-0.2460	57.7	一般	武邑县	-0.2480	33.0
一般	固安县	-0.2461	42.5	一般	赤城县	-0.2485	29.4
一般	赞皇县	-0.2472	24.8	一般	新河县	-0.2496	17.3
一般	望都县	-0.2521	26.7	一般	鸡泽县	-0.2548	28.9
一般	枣强县	-0.2537	39.7	一般	雄县	-0.2582	37.5
一般	邱县	-0.2584	23.7	一般	望都县	-0.2582	26.6
一般	新河县	-0.2611	17.3	一般	尚义县	-0.2585	19.4
一般	博野县	-0.2644	26.9	一般	康保县	-0.2589	28.1
一般	高阳县	-0.2661	33.5	一般	临城县	-0.2603	20.8
一般	大城县	-0.2704	47.5	一般	武强县	-0.2607	21.9
一般	饶阳县	-0.2740	29.0	一般	大城县	-0.2613	48.0
一般	武强县	-0.2754	21.8	一般	饶阳县	-0.2620	28.9
一般	雄县	-0.2778	36.9	一般	盐山县	-0.2682	45.7
一般	鸡泽县	-0.2883	27.6	一般	威县	-0.2731	58.2
一般	临城县	-0.2898	20.6	一般	博野县	-0.2736	26.9
一般	顺平县	-0.2948	31.6	一般	容城县	-0.2760	26.5
一般	广宗县	-0.2967	29.8	一般	顺平县	-0.2887	31.7
一般	永清县	-0.2987	38.2	一般	阜城县	-0.2888	35.5
一般	容城县	-0.3013	26.5	一般	永清县	-0.2962	38.8
一般	阜城县	-0.3049	35.1	一般	柏乡县	-0.3027	19.6
一般	柏乡县	-0.3134	19.2	一般	广宗县	-0.3180	30.6

续表

2011 年				2012 年			
分类	城市	综合得分	总人口数	分类	城市	综合得分	总人口数
主核心	北京	8.0272	2018.6	主核心	北京	8.0735	2069.3
次核心	天津	4.3383	1355.0	次核心	天津	4.6609	1413.2
副中心	唐山市	1.3240	307.6	副中心	唐山市	1.2029	308.8
副中心	石家庄市	1.0629	289.2	副中心	石家庄市	1.0679	294.8
骨干	邯郸市	0.5175	158.6	骨干	邯郸市	0.4620	145.4
骨干	秦皇岛市	0.5154	95.6	骨干	秦皇岛市	0.4508	106.9
骨干	沧州市	0.4400	59.9	骨干	沧州市	0.3548	84.2
骨干	迁安市	0.4378	72.7	骨干	迁安市	0.3475	60.4
骨干	廊坊市	0.3950	100.2	骨干	廊坊市	0.2919	117.3
骨干	保定市	0.3381	116.1	骨干	保定市	0.2759	73.6
骨干	遵化市	0.1954	73.2	骨干	遵化市	0.1905	106.7
骨干	张家口市	0.1849	108.7	骨干	张家口市	0.1208	74.0
骨干	武安市	0.1798	79.1	次骨干	武安市	0.0897	58.0
骨干	三河市	0.1679	56.1	次骨干	三河市	0.0884	80.0
骨干	任丘市	0.0658	83.3	次骨干	任丘市	0.0872	65.0
次骨干	迁西县	0.1704	38.5	次骨干	迁西县	0.0802	91.2
次骨干	涿州市	0.0995	64.5	次骨干	涿州市	0.0712	46.5
次骨干	黄骅市	0.0952	45.8	次骨干	黄骅市	0.0619	38.9
次骨干	承德市	0.0797	63.9	次骨干	承德市	0.0607	35.7
次骨干	邢台市	0.0779	90.6	次骨干	邢台市	0.0558	49.3
次骨干	乐亭县	0.0711	49.4	次骨干	乐亭县	0.0491	64.4
次骨干	怀来县	0.0661	35.5	次骨干	怀来县	0.0349	48.2
次骨干	正定县	0.0635	47.5	次骨干	正定县	0.0334	57.1
次骨干	滦南县	0.0459	58.2	次骨干	滦南县	0.0294	83.0
次骨干	滦县	0.0334	55.4	次骨干	河间市	0.0070	85.3
次骨干	河间市	0.0298	81.7	次骨干	阳原县	0.0012	97.6
次骨干	阳原县	0.0164	28.0	次骨干	衡水市	-0.0170	68.4
次骨干	玉田县	0.0052	67.7	潜在骨干	滦县	0.0282	27.9
潜在骨干	衡水市	-0.0168	54.0	潜在骨干	玉田县	-0.0126	35.3
潜在骨干	霸州市	-0.0049	62.0	潜在骨干	霸州市	-0.0171	55.7
潜在骨干	井陉县	-0.0059	32.9	潜在骨干	井陉县	-0.0190	22.4
潜在骨干	磁县	-0.0066	63.7	潜在骨干	磁县	-0.0206	24.7
潜在骨干	魏县	-0.0134	95.3	潜在骨干	魏县	-0.0226	54.9
潜在骨干	宽城满族自治县	-0.0210	24.9	潜在骨干	宽城满族自治县	-0.0237	64.7

续表

	2011 年				2012 年		
分类	城市	综合得分	总人口数	分类	城市	综合得分	总人口数
潜在骨干	怀安县	-0.0239	24.7	潜在骨干	怀安县	-0.0337	70.0
潜在骨干	涉县	-0.0247	40.6	潜在骨干	涉县	-0.0381	37.3
潜在骨干	沧县	-0.0258	69.2	潜在骨干	沧县	-0.0510	33.0
潜在骨干	辛集市	-0.0352	62.7	潜在骨干	辛集市	-0.0517	28.7
潜在骨干	涞水县	-0.0369	35.2	潜在骨干	涞水县	-0.0570	35.1
潜在骨干	阜平县	-0.0418	22.3	潜在骨干	阜平县	-0.0690	63.1
潜在骨干	肃宁县	-0.0452	34.5	潜在骨干	肃宁县	-0.0779	35.2
潜在骨干	沙河市	-0.0506	41.8	潜在骨干	沙河市	-0.0829	49.8
潜在骨干	晋州市	-0.0672	54.3	潜在骨干	晋州市	-0.0838	41.0
潜在骨干	东光县	-0.0713	36.9	潜在骨干	东光县	-0.0841	63.1
潜在骨干	蔚县	-0.0743	49.5	潜在骨干	蔚县	-0.0849	42.3
潜在骨干	香河县	-0.0786	32.6	潜在骨干	大厂回族自治县	-0.1189	90.0
潜在骨干	卢龙县	-0.0929	42.2	潜在骨干	元氏县	-0.1242	122.1
潜在骨干	吴桥县	-0.0937	28.7	潜在骨干	青县	-0.1243	70.6
潜在骨干	泊头市	-0.0984	60.4	潜在骨干	定州市	-0.1052	61.2
潜在骨干	定州市	-0.1602	121.2	一般	香河县	-0.0955	54.8
潜在骨干	临漳县	-0.1681	69.8	一般	卢龙县	-0.0996	33.1
潜在骨干	大名县	-0.1780	87.6	一般	吴桥县	-0.1013	62.1
潜在骨干	宁晋县	-0.2029	74.7	一般	泊头市	-0.1037	42.3
一般	大厂回族自治县	-0.1142	12.2	一般	临漳县	-0.1067	25.2
一般	元氏县	-0.1159	42.7	一般	大名县	-0.1138	41.9
一般	青县	-0.1159	41.4	一般	宁晋县	-0.1175	38.5
一般	涿鹿县	-0.1227	34.9	一般	涿鹿县	-0.1283	53.2
一般	清河县	-0.1240	40.7	一般	清河县	-0.1322	57.4
一般	南皮县	-0.1367	37.9	一般	南皮县	-0.1346	53.6
一般	临西县	-0.1368	37.5	一般	临西县	-0.1369	56.2
一般	新乐市	-0.1383	50.0	一般	新乐市	-0.1369	51.5
一般	平山县	-0.1391	48.5	一般	平山县	-0.1395	43.1
一般	曲阳县	-0.1404	61.4	一般	曲阳县	-0.1446	41.3
一般	隆尧县	-0.1462	52.5	一般	隆尧县	-0.1455	12.4
一般	丰宁满族自治县	-0.1481	39.9	一般	丰宁满族自治县	-0.1487	62.3
一般	昌黎县	-0.1541	55.9	一般	昌黎县	-0.1522	38.0
一般	平泉市	-0.1605	47.5	一般	平泉市	-0.1557	47.7
一般	献县	-0.1605	61.1	一般	献县	-0.1564	40.2

续表

2011 年				2012 年			
分类	城市	综合得分	总人口数	分类	城市	综合得分	总人口数
一般	易县	-0.1669	56.7	一般	易县	-0.1566	50.4
一般	滦平县	-0.1693	31.8	一般	滦平县	-0.1630	24.7
一般	故城县	-0.1762	51.5	一般	故城县	-0.1671	45.0
一般	涞源县	-0.1770	28.4	一般	涞源县	-0.1682	55.7
一般	无极县	-0.1785	51.7	一般	无极县	-0.1715	52.1
一般	文安县	-0.1823	49.6	一般	文安县	-0.1730	48.0
一般	孟村回族自治县	-0.1850	21.8	一般	孟村回族自治县	-0.1737	33.1
一般	承德县	-0.1869	41.9	一般	承德县	-0.1758	33.7
一般	安国市	-0.1871	41.1	一般	安国市	-0.1762	32.1
一般	邱县	-0.1874	24.4	一般	邱县	-0.1768	36.2
一般	围场满蒙自治县	-0.1878	53.3	一般	围场满蒙自治县	-0.1780	41.3
一般	安平县	-0.1879	32.9	一般	安平县	-0.1844	42.1
一般	成安县	-0.1881	43.2	一般	成安县	-0.1851	36.0
一般	兴隆县	-0.1881	32.6	一般	兴隆县	-0.1854	76.1
一般	南宫市	-0.1883	47.6	一般	南宫市	-0.1858	59.0
一般	青龙满族自治县	-0.1901	55.0	一般	青龙满族自治县	-0.1859	43.8
一般	赵县	-0.1945	58.8	一般	赵县	-0.1871	23.7
一般	广平县	-0.1962	28.6	一般	广平县	-0.1920	58.9
一般	固安县	-0.2010	43.9	一般	固安县	-0.1921	49.1
一般	平乡县	-0.2011	32.9	一般	平乡县	-0.1951	27.9
一般	内丘县	-0.2081	27.7	一般	内丘县	-0.1953	46.9
一般	高碑店市	-0.2093	56.0	一般	高碑店市	-0.1958	28.3
一般	唐县	-0.2158	58.3	一般	唐县	-0.1963	32.8
一般	鸡泽县	-0.2184	29.7	一般	鸡泽县	-0.1966	22.4
一般	定兴县	-0.2201	58.3	一般	定兴县	-0.1980	28.9
一般	任县	-0.2213	35.4	一般	任县	-0.1983	60.7
一般	高邑县	-0.2215	19.2	一般	高邑县	-0.1997	30.4
一般	隆化县	-0.2221	43.9	一般	隆化县	-0.2019	50.6
一般	南和县	-0.2247	35.7	一般	南和县	-0.2020	40.5
一般	海兴县	-0.2251	23.4	一般	海兴县	-0.2039	22.1
一般	灵寿县	-0.2274	33.5	一般	灵寿县	-0.2100	56.6
一般	曲周县	-0.2302	45.9	一般	曲周县	-0.2147	44.3
一般	景县	-0.2319	54.0	一般	景县	-0.2157	59.6
一般	馆陶县	-0.2328	34.3	一般	馆陶县	-0.2158	57.1

续表

2011 年				2012 年			
分类	城市	综合得分	总人口数	分类	城市	综合得分	总人口数
一般	新河县	-0.2360	17.2	一般	新河县	-0.2165	36.5
一般	沽源县	-0.2374	22.6	一般	沽源县	-0.2186	27.1
一般	行唐县	-0.2380	45.0	一般	行唐县	-0.2226	34.6
一般	深州市	-0.2389	56.9	一般	深州市	-0.2228	27.0
一般	巨鹿县	-0.2390	39.7	一般	巨鹿县	-0.2233	29.0
一般	张北县	-0.2391	36.5	一般	张北县	-0.2245	28.0
一般	康保县	-0.2419	28.0	一般	康保县	-0.2257	19.4
一般	蠡县	-0.2502	52.7	一般	蠡县	-0.2265	17.4
一般	高阳县	-0.2526	33.8	一般	高阳县	-0.2269	54.3
一般	博野县	-0.2536	26.9	一般	博野县	-0.2291	45.6
一般	邢台县	-0.2552	33.5	一般	邢台县	-0.2365	19.3
一般	尚义县	-0.2560	19.4	一般	尚义县	-0.2366	33.9
一般	赤城县	-0.2564	29.6	一般	赤城县	-0.2378	53.5
一般	望都县	-0.2564	26.8	一般	望都县	-0.2414	29.8
一般	深泽县	-0.2627	25.8	一般	深泽县	-0.2430	40.2
一般	盐山县	-0.2645	45.8	一般	盐山县	-0.2456	21.9
一般	安新县	-0.2654	44.4	一般	安新县	-0.2460	32.9
一般	威县	-0.2661	59.3	一般	威县	-0.2474	31.6
一般	武强县	-0.2674	21.9	一般	武强县	-0.2543	39.5
一般	饶阳县	-0.2680	29.1	一般	饶阳县	-0.2543	31.6
一般	枣强县	-0.2701	40.5	一般	枣强县	-0.2674	34.3
一般	容城县	-0.2703	26.6	一般	容城县	-0.2688	44.9
一般	武邑县	-0.2748	33.0	一般	武邑县	-0.2703	49.8
一般	大城县	-0.2750	48.8	一般	大城县	-0.2717	27.0
一般	顺平县	-0.2760	31.3	一般	顺平县	-0.2749	25.9
一般	赞皇县	-0.2784	26.2	一般	赞皇县	-0.2829	20.0
一般	雄县	-0.2798	37.9	一般	雄县	-0.2871	38.4
一般	永清县	-0.3000	38.8	一般	永清县	-0.2879	26.6
一般	广宗县	-0.3028	31.1	一般	广宗县	-0.2884	46.5
一般	临城县	-0.3060	21.0	一般	临城县	-0.2912	34.0
一般	柏乡县	-0.3161	19.8	一般	柏乡县	-0.3031	35.3
一般	阜城县	-0.3289	35.6	一般	阜城县	-0.3187	21.3

续表

2013 年				2014 年			
分类	城市	综合得分	总人口数	分类	城市	综合得分	总人口数
主核心	北京	8.0220	2114.8	主核心	北京	7.9954	2151.6
次核心	天津	4.7743	1472.2	次核心	天津	4.7315	1516.8
副中心	唐山市	1.0934	300.7	副中心	唐山市	1.3617	470.9
副中心	石家庄市	0.9310	246.4	副中心	石家庄市	1.1595	355.1
骨干	邯郸市	0.4254	175.8	骨干	邯郸市	0.4470	175.5
骨干	秦皇岛市	0.4185	107.6	骨干	廊坊市	0.4350	91.5
骨干	廊坊市	0.3810	88.9	骨干	沧州市	0.4034	68.3
骨干	沧州市	0.3742	61.1	骨干	秦皇岛市	0.4023	161.1
骨干	迁安市	0.2926	74.4	骨干	保定市	0.2763	283.0
骨干	保定市	0.2538	118.9	骨干	邢台市	0.2368	93.1
骨干	张家口市	0.2268	110.1	骨干	迁安市	0.2314	75.9
次骨干	遵化市	0.1263	74.7	骨干	张家口市	0.2232	125.9
次骨干	邢台市	0.1016	91.7	次骨干	三河市	0.1276	61.9
次骨干	三河市	0.1009	59.8	次骨干	遵化市	0.1023	75.4
次骨干	武安市	0.0776	81.1	次骨干	怀来县	0.0810	35.8
次骨干	涿州市	0.0769	65.8	次骨干	承德市	0.0738	65.5
次骨干	怀来县	0.0636	35.7	次骨干	涿州市	0.0638	67.1
次骨干	黄骅市	0.0611	46.6	次骨干	正定县	0.0616	49.6
次骨干	迁西县	0.0543	39.2	次骨干	固安县	0.0511	48.7
次骨干	正定县	0.0532	48.9	次骨干	武安市	0.0474	82.7
次骨干	承德市	0.0481	64.9	次骨干	滦南县	0.0334	57.4
次骨干	滦南县	0.0420	57.3	次骨干	乐亭县	0.0265	49.4
次骨干	吴桥县	0.0313	28.4	次骨干	迁西县	0.0239	39.6
次骨干	任丘市	0.0230	86.7	次骨干	任丘市	0.0157	88.8
次骨干	河间市	0.0203	84.9	次骨干	黄骅市	0.0033	47.4
次骨干	乐亭县	0.0178	49.3	次骨干	衡水市	-0.0005	58.9
次骨干	阳原县	0.0157	27.7	潜在骨干	东光县	-0.0051	37.8
次骨干	东光县	0.0064	37.4	潜在骨干	河间市	-0.0063	87.1
次骨干	衡水市	-0.0225	56.4	潜在骨干	吴桥县	-0.0189	28.4
潜在骨干	滦县	-0.0145	56.0	潜在骨干	涞水县	-0.0277	35.9
潜在骨干	蔚县	-0.0214	50.1	潜在骨干	蔚县	-0.0307	50.3
潜在骨干	涞水县	-0.0220	35.7	潜在骨干	玉田县	-0.0330	69.8
潜在骨干	玉田县	-0.0228	69.2	潜在骨干	滦县	-0.0348	56.1
潜在骨干	魏县	-0.0259	99.4	潜在骨干	沧县	-0.0477	72.8

续表

	2013年				2014年		
分类	城市	综合得分	总人口数	分类	城市	综合得分	总人口数
潜在骨干	阜平县	-0.0272	22.8	潜在骨干	井陉县	-0.0497	33.3
潜在骨干	怀安县	-0.0321	24.7	潜在骨干	磁县	-0.0521	64.4
潜在骨干	磁县	-0.0348	65.1	潜在骨干	肃宁县	-0.0659	36.3
潜在骨干	井陉县	-0.0398	33.3	潜在骨干	霸州市	-0.0671	64.0
潜在骨干	沧县	-0.0438	71.2	潜在骨干	魏县	-0.0700	102.1
潜在骨干	肃宁县	-0.0613	35.6	潜在骨干	香河县	-0.0741	34.9
潜在骨干	定州市	-0.1066	123.4	潜在骨干	泊头市	-0.1222	63.0
潜在骨干	大名县	-0.1424	92.2	潜在骨干	大名县	-0.1606	93.2
潜在骨干	临漳县	-0.1436	72.6	潜在骨干	宁晋县	-0.2275	79.2
潜在骨干	宁晋县	-0.1874	77.9	潜在骨干	临漳县	-0.1509	73.7
一般	涿鹿县	-0.0829	35.0	潜在骨干	威县	-0.1390	62.9
一般	香河县	-0.0856	33.7	潜在骨干	辛集市	-0.0967	63.7
一般	涉县	-0.0872	41.5	潜在骨干	曲阳县	-0.0980	64.0
一般	大厂回族自治县	-0.0900	12.4	潜在骨干	定州市	-0.1194	124.0
一般	霸州市	-0.0916	63.0	潜在骨干	献县	-0.1182	64.8
一般	辛集市	-0.0970	63.5	一般	怀安县	-0.0688	24.7
一般	卢龙县	-0.1005	42.5	一般	大厂回族自治县	-0.0168	12.7
一般	泊头市	-0.1021	62.2	一般	阜平县	-0.0462	23.0
一般	宽城满族自治县	-0.1056	25.5	一般	故城县	-0.0885	53.0
一般	曲阳县	-0.1066	63.1	一般	沙河市	-0.0907	44.0
一般	晋州市	-0.1066	55.3	一般	涉县	-0.0910	41.9
一般	南皮县	-0.1108	39.2	一般	临西县	-0.1047	38.7
一般	青县	-0.1125	42.5	一般	卢龙县	-0.1114	42.5
一般	沙河市	-0.1130	43.5	一般	青县	-0.1121	43.4
一般	故城县	-0.1246	52.5	一般	南皮县	-0.1123	39.8
一般	清河县	-0.1275	42.5	一般	围场满蒙自治县	-0.1211	25.8
一般	临西县	-0.1281	38.2	一般	清河县	-0.1237	42.7
一般	昌黎县	-0.1319	52.9	一般	大城县	-0.1253	51.1
一般	献县	-0.1335	63.7	一般	晋州市	-0.1270	56.2
一般	隆尧县	-0.1353	54.3	一般	阳原县	-0.1278	27.6
一般	元氏县	-0.1356	43.6	一般	涿鹿县	-0.1296	35.2
一般	围场满蒙自治县	-0.1361	53.7	一般	平泉市	-0.1363	54.1
一般	威县	-0.1364	62.0	一般	青龙满族自治县	-0.1383	56.5
一般	广平县	-0.1435	29.6	一般	广平县	-0.1395	30.3

续表

2013年				2014年			
分类	城市	综合得分	总人口数	分类	城市	综合得分	总人口数
一般	邱县	-0.1452	25.2	一般	昌黎县	-0.1395	53.0
一般	易县	-0.1484	57.7	一般	深州市	-0.1461	57.7
一般	固安县	-0.1487	46.3	一般	元氏县	-0.1521	44.0
一般	青龙满族自治县	-0.1520	56.1	一般	南宫市	-0.1566	49.7
一般	成安县	-0.1535	44.2	一般	邱县	-0.1570	25.7
一般	平泉市	-0.1540	47.8	一般	成安县	-0.1612	44.9
一般	丰宁满族自治县	-0.1597	40.5	一般	安平县	-0.1631	33.8
一般	新乐市	-0.1597	51.0	一般	易县	-0.1648	58.1
一般	安平县	-0.1628	33.4	一般	宽城满族自治县	-0.1726	40.9
一般	无极县	-0.1694	52.8	一般	南和县	-0.1739	37.8
一般	南宫市	-0.1707	49.0	一般	滦平县	-0.1751	48.2
一般	安国市	-0.1739	41.9	一般	新乐市	-0.1773	51.4
一般	滦平县	-0.1782	32.4	一般	无极县	-0.1785	53.3
一般	平乡县	-0.1807	34.1	一般	巨鹿县	-0.1788	41.8
一般	曲周县	-0.1826	48.3	一般	平乡县	-0.1813	34.9
一般	南和县	-0.1842	37.2	一般	武邑县	-0.1857	32.4
一般	平山县	-0.1866	49.7	一般	安国市	-0.1886	41.8
一般	唐县	-0.1897	60.0	一般	任县	-0.1959	37.4
一般	承德县	-0.1897	42.1	一般	平山县	-0.2022	50.0
一般	鸡泽县	-0.1931	31.4	一般	内丘县	-0.2033	29.1
一般	任县	-0.1931	36.8	一般	景县	-0.2044	55.5
一般	兴隆县	-0.1970	32.8	一般	灵寿县	-0.2052	34.6
一般	定兴县	-0.1986	59.5	一般	隆化县	-0.2057	32.7
一般	海兴县	-0.2020	23.4	一般	广宗县	-0.2109	32.4
一般	康保县	-0.2043	27.7	一般	饶阳县	-0.2118	29.6
一般	馆陶县	-0.2061	35.3	一般	隆尧县	-0.2124	54.9
一般	孟村回族自治县	-0.2097	22.7	一般	鸡泽县	-0.2133	32.3
一般	高碑店市	-0.2114	57.1	一般	承德县	-0.2150	42.4
一般	深州市	-0.2114	57.3	一般	文安县	-0.2162	53.0
一般	文安县	-0.2119	51.6	一般	兴隆县	-0.2165	32.9
一般	行唐县	-0.2122	45.9	一般	海兴县	-0.2165	23.7
一般	景县	-0.2140	55.0	一般	唐县	-0.2170	60.4
一般	巨鹿县	-0.2148	41.3	一般	行唐县	-0.2176	45.9
一般	涞源县	-0.2150	28.7	一般	馆陶县	-0.2230	35.7

续表

| \multicolumn{4}{c|}{2013 年} | \multicolumn{4}{c}{2014 年} |

分类	城市	综合得分	总人口数	分类	城市	综合得分	总人口数
一般	沽源县	-0.2150	22.3	一般	柏乡县	-0.2231	20.4
一般	隆化县	-0.2154	44.4	一般	永清县	-0.2250	40.0
一般	广宗县	-0.2164	31.8	一般	武强县	-0.2253	22.3
一般	赵县	-0.2179	60.4	一般	定兴县	-0.2282	60.0
一般	博野县	-0.2181	27.3	一般	赵县	-0.2289	61.3
一般	饶阳县	-0.2243	29.3	一般	丰宁满族自治县	-0.2291	44.7
一般	内丘县	-0.2280	28.7	一般	博野县	-0.2333	27.5
一般	望都县	-0.2315	27.3	一般	曲周县	-0.2339	49.9
一般	灵寿县	-0.2327	34.2	一般	高碑店市	-0.2351	57.5
一般	新河县	-0.2355	17.6	一般	沽源县	-0.2366	22.4
一般	枣强县	-0.2357	40.7	一般	康保县	-0.2374	27.6
一般	武强县	-0.2374	22.1	一般	孟村回族自治县	-0.2396	20.7
一般	尚义县	-0.2415	19.4	一般	盐山县	-0.2438	48.7
一般	蠡县	-0.2424	54.3	一般	新河县	-0.2471	17.8
一般	高邑县	-0.2448	19.7	一般	张北县	-0.2480	36.5
一般	张北县	-0.2455	36.5	一般	枣强县	-0.2538	41.1
一般	顺平县	-0.2459	31.9	一般	望都县	-0.2544	27.3
一般	永清县	-0.2480	39.4	一般	高邑县	-0.2546	20.0
一般	武邑县	-0.2491	33.2	一般	蠡县	-0.2670	54.7
一般	赤城县	-0.2510	29.7	一般	赞皇县	-0.2687	27.4
一般	赞皇县	-0.2708	27.1	一般	顺平县	-0.2736	32.1
一般	深泽县	-0.2755	26.1	一般	深泽县	-0.2745	26.1
一般	大城县	-0.2763	50.3	一般	涞源县	-0.2777	28.9
一般	盐山县	-0.2812	47.6	一般	安新县	-0.2780	46.3
一般	高阳县	-0.2836	34.9	一般	尚义县	-0.2789	19.3
一般	容城县	-0.2865	27.1	一般	阜城县	-0.2800	35.7
一般	柏乡县	-0.2866	20.3	一般	临城县	-0.2873	21.7
一般	阜城县	-0.2877	35.6	一般	赤城县	-0.2930	29.8
一般	安新县	-0.2898	45.7	一般	邢台县	-0.2976	35.2
一般	邢台县	-0.3081	34.7	一般	容城县	-0.3145	27.3
一般	雄县	-0.3150	39.0	一般	高阳县	-0.3236	35.4
一般	临城县	-0.3196	21.5	一般	雄县	-0.3572	39.4

续表

2015年				2016年			
分类	城市	综合得分	总人口数	分类	城市	综合得分	总人口数
主核心	北京	7.2197	2170.5	主核心	北京	7.6065	2172.9
次核心	天津	4.9765	1547.0	次核心	天津	4.5861	1562.1
副中心	唐山市	1.5752	355.1	副中心	唐山市	2.2011	357.0
副中心	石家庄市	1.1280	470.9	副中心	石家庄市	1.0320	476.3
骨干	保定市	0.6253	283.0	骨干	邯郸市	0.6052	356.2
骨干	迁安市	0.5000	76.2	骨干	保定市	0.5605	284.8
骨干	邯郸市	0.4818	354.1	骨干	迁安市	0.2786	77.3
骨干	沧州市	0.3459	68.3	骨干	廊坊市	0.2431	85.7
骨干	武安市	0.3351	83.7	骨干	武安市	0.1941	83.9
骨干	迁西县	0.2786	39.8	骨干	衡水市	0.1901	94.9
骨干	秦皇岛市	0.2651	161.1	骨干	沧州市	0.1879	70.5
骨干	滦县	0.2601	56.2	骨干	张家口市	0.1143	169.3
骨干	任丘市	0.2458	89.2	骨干	秦皇岛市	0.0952	164.4
骨干	霸州市	0.2170	64.5	次骨干	宁晋县	0.1460	80.7
骨干	辛集市	0.2108	63.7	次骨干	辛集市	0.1431	63.8
骨干	三河市	0.2009	65.2	次骨干	滦县	0.1327	57.3
骨干	衡水市	0.1612	93.6	次骨干	霸州市	0.1313	65.0
骨干	张家口市	0.1499	188.9	次骨干	任丘市	0.1301	89.3
骨干	廊坊市	0.1475	91.5	次骨干	迁西县	0.1263	39.9
骨干	宽城满族自治县	0.1471	26.0	次骨干	雄县	0.0954	39.5
次骨干	雄县	0.0855	39.2	次骨干	三河市	0.0818	69.1
次骨干	遵化市	0.0841	75.8	次骨干	盐山县	0.0604	49.4
次骨干	定州市	0.0804	124.4	次骨干	定州市	0.0597	124.9
次骨干	晋州市	0.0666	56.7	次骨干	赵县	0.0445	61.9
次骨干	赵县	0.0602	61.3	次骨干	邢台县	0.0410	35.9
次骨干	邢台县	0.0523	35.5	次骨干	宽城满族自治县	0.0306	26.2
次骨干	沙河市	0.0424	44.5	次骨干	晋州市	0.0258	57.2
次骨干	承德市	0.0250	65.5	次骨干	献县	0.0196	66.0
次骨干	涉县	0.0249	42.3	次骨干	邢台市	-0.0702	94.2
次骨干	宁晋县	0.0182	79.8	次骨干	承德市	-0.0233	65.6
次骨干	盐山县	0.0169	49.3	潜在骨干	平山县	-0.0034	50.5
次骨干	新乐市	0.0163	51.4	潜在骨干	新乐市	-0.0108	51.7
次骨干	玉田县	0.0075	70.2	潜在骨干	高阳县	-0.0112	35.7
次骨干	滦平县	0.0063	32.8	潜在骨干	遵化市	-0.0130	76.0

续表

	2015 年				2016 年		
分类	城市	综合得分	总人口数	分类	城市	综合得分	总人口数
次骨干	深泽县	0.0029	26.2	潜在骨干	泊头市	-0.0134	63.5
次骨干	平山县	0.0026	50.3	潜在骨干	深泽县	-0.0173	26.2
潜在骨干	香河县	-0.0073	36.2	潜在骨干	曲周县	-0.0196	52.4
潜在骨干	孟村回族自治县	-0.0141	20.9	潜在骨干	文安县	-0.0226	54.5
潜在骨干	文安县	-0.0145	53.8	潜在骨干	孟村回族自治县	-0.0301	23.3
潜在骨干	高阳县	-0.0159	35.7	潜在骨干	无极县	-0.0364	53.8
潜在骨干	高邑县	-0.0185	20.0	潜在骨干	玉田县	-0.0364	70.5
潜在骨干	邢台市	-0.0191	93.1	潜在骨干	蠡县	-0.0397	54.8
潜在骨干	元氏县	-0.0203	44.1	潜在骨干	元氏县	-0.0425	44.3
潜在骨干	无极县	-0.0220	53.3	潜在骨干	高邑县	-0.0466	20.2
潜在骨干	赞皇县	-0.0331	27.6	潜在骨干	赞皇县	-0.0544	27.9
潜在骨干	泊头市	-0.0431	63.4	潜在骨干	涉县	-0.0592	42.4
潜在骨干	涞源县	-0.0580	29.0	潜在骨干	滦平县	-0.0642	33.0
潜在骨干	蠡县	-0.0658	54.9	潜在骨干	安国市	-0.0688	41.7
潜在骨干	行唐县	-0.0706	46.0	潜在骨干	沙河市	-0.0699	44.8
潜在骨干	献县	-0.0742	65.1	潜在骨干	容城县	-0.0707	27.3
潜在骨干	黄骅市	-0.0773	47.7	潜在骨干	景县	-0.0729	55.6
潜在骨干	景县	-0.0789	55.4	潜在骨干	枣强县	-0.0779	40.8
潜在骨干	正定县	-0.0800	50.0	潜在骨干	高碑店市	-0.0812	57.3
潜在骨干	磁县	-0.0848	66.3	潜在骨干	香河县	-0.0874	36.8
潜在骨干	高碑店市	-0.0918	57.9	潜在骨干	馆陶县	-0.0906	36.5
潜在骨干	容城县	-0.0926	27.3	潜在骨干	阜城县	-0.0939	35.7
潜在骨干	临城县	-0.0931	22.0	潜在骨干	行唐县	-0.0942	46.3
潜在骨干	枣强县	-0.0932	40.9	潜在骨干	临城县	-0.0958	22.1
潜在骨干	沧县	-0.0985	73.6	潜在骨干	张北县	-0.0969	36.5
潜在骨干	安国市	-0.1042	41.8	潜在骨干	河间市	-0.1031	89.1
潜在骨干	乐亭县	-0.1061	45.2	潜在骨干	鸡泽县	-0.1073	33.6
潜在骨干	张北县	-0.1127	36.5	潜在骨干	沧县	-0.1092	74.1
一般	承德县	-0.1267	42.6	潜在骨干	成安县	-0.1157	46.2
一般	河间市	-0.1298	88.2	潜在骨干	定兴县	-0.1206	60.4
一般	定兴县	-0.1302	60.4	潜在骨干	安平县	-0.1263	33.7
一般	曲周县	-0.1351	51.4	潜在骨干	涞源县	-0.1323	28.9
一般	赤城县	-0.1398	29.9	潜在骨干	临漳县	-0.1330	75.8
一般	灵寿县	-0.1408	34.6	潜在骨干	武强县	-0.1341	21.8

续表

	2015 年				2016 年		
分类	城市	综合得分	总人口数	分类	城市	综合得分	总人口数
一般	安平县	-0.1416	33.6	潜在骨干	大名县	-0.1373	93.3
一般	昌黎县	-0.1438	52.7	潜在骨干	涿州市	-0.2216	69.2
一般	滦南县	-0.1463	57.4	潜在骨干	威县	-0.2901	64.3
一般	平泉市	-0.1488	48.3	潜在骨干	曲阳县	-0.2101	65.0
一般	成安县	-0.1500	45.8	潜在骨干	魏县	-0.1707	105.1
一般	兴隆县	-0.1521	33.0	一般	承德县	-0.1475	42.8
一般	青县	-0.1525	43.6	一般	易县	-0.1491	58.4
一般	易县	-0.1534	58.4	一般	青县	-0.1495	43.7
一般	隆化县	-0.1538	44.8	一般	清河县	-0.1598	43.8
一般	清河县	-0.1568	43.0	一般	黄骅市	-0.1599	48.1
一般	鸡泽县	-0.1630	33.5	一般	平泉市	-0.1603	48.2
一般	馆陶县	-0.1638	36.4	一般	正定县	-0.1612	50.6
一般	涿州市	-0.1658	68.1	一般	兴隆县	-0.1616	33.0
一般	大名县	-0.1714	94.1	一般	磁县	-0.1664	47.0
一般	安新县	-0.1723	46.6	一般	安新县	-0.1689	46.8
一般	武强县	-0.1832	22.0	一般	昌黎县	-0.1715	56.2
一般	井陉县	-0.1835	33.3	一般	南皮县	-0.1773	40.1
一般	大厂回族自治县	-0.1846	12.9	一般	海兴县	-0.1800	23.8
一般	肃宁县	-0.1911	36.5	一般	赤城县	-0.1895	29.9
一般	阜城县	-0.2015	35.6	一般	隆化县	-0.1897	45.0
一般	内丘县	-0.2177	29.2	一般	灵寿县	-0.1909	35.0
一般	魏县	-0.2190	104.3	一般	隆尧县	-0.1932	56.1
一般	大城县	-0.2239	52.0	一般	乐亭县	-0.1944	45.1
一般	南宫市	-0.2264	50.2	一般	望都县	-0.1947	27.5
一般	丰宁满族自治县	-0.2296	41.0	一般	滦南县	-0.2034	57.6
一般	深州市	-0.2300	57.6	一般	唐县	-0.2116	60.3
一般	唐县	-0.2340	60.4	一般	邱县	-0.2120	25.9
一般	邱县	-0.2387	25.8	一般	大城县	-0.2127	52.8
一般	隆尧县	-0.2392	55.5	一般	顺平县	-0.2149	32.0
一般	海兴县	-0.2394	23.8	一般	丰宁满族自治县	-0.2150	41.1
一般	顺平县	-0.2401	32.1	一般	广平县	-0.2164	31.4
一般	望都县	-0.2431	27.4	一般	南宫市	-0.2166	50.6
一般	东光县	-0.2503	38.2	一般	尚义县	-0.2240	19.0
一般	南皮县	-0.2599	39.9	一般	博野县	-0.2340	27.4

续表

	2015 年				2016 年		
分类	城市	综合得分	总人口数	分类	城市	综合得分	总人口数
一般	广平县	-0.2673	31.0	一般	广宗县	-0.2340	33.3
一般	武邑县	-0.2697	32.3	一般	临西县	-0.2350	39.0
一般	临漳县	-0.2709	75.0	一般	内丘县	-0.2356	29.5
一般	尚义县	-0.2729	19.2	一般	深州市	-0.2373	57.7
一般	曲阳县	-0.2824	64.5	一般	武邑县	-0.2429	32.4
一般	博野县	-0.2887	27.5	一般	肃宁县	-0.2446	36.9
一般	涿鹿县	-0.3002	35.2	一般	井陉县	-0.2476	33.3
一般	平乡县	-0.3037	35.6	一般	新河县	-0.2501	18.0
一般	永清县	-0.3117	40.5	一般	平乡县	-0.2519	36.1
一般	巨鹿县	-0.3168	42.2	一般	任县	-0.2527	38.4
一般	柏乡县	-0.3230	20.4	一般	故城县	-0.2535	53.1
一般	广宗县	-0.3233	32.9	一般	沽源县	-0.2625	22.5
一般	饶阳县	-0.3240	29.2	一般	巨鹿县	-0.2677	42.7
一般	故城县	-0.3272	53.0	一般	东光县	-0.2779	38.6
一般	任县	-0.3323	37.9	一般	柏乡县	-0.2818	20.6
一般	新河县	-0.3346	17.9	一般	饶阳县	-0.2849	29.3
一般	卢龙县	-0.3391	42.3	一般	围场满蒙自治县	-0.2882	54.2
一般	威县	-0.3407	63.8	一般	康保县	-0.3096	27.3
一般	围场满蒙自治县	-0.3432	54.3	一般	涿鹿县	-0.3113	35.3
一般	固安县	-0.3448	50.1	一般	大厂回族自治县	-0.3129	13.1
一般	临西县	-0.3455	39.2	一般	南和县	-0.3199	38.8
一般	沽源县	-0.3487	22.4	一般	卢龙县	-0.3211	42.2
一般	南和县	-0.3600	38.3	一般	阳原县	-0.3412	27.6
一般	怀安县	-0.3620	24.6	一般	怀安县	-0.3579	24.6
一般	怀来县	-0.3834	36.0	一般	永清县	-0.3791	41.1
一般	康保县	-0.3838	27.4	一般	固安县	-0.3842	51.1
一般	阳原县	-0.4086	27.5	一般	怀来县	-0.4065	36.5
一般	吴桥县	-0.4163	28.5	一般	吴桥县	-0.4071	28.5
一般	蔚县	-0.4475	50.3	一般	蔚县	-0.4392	50.3
一般	涞水县	-0.4605	35.7	一般	阜平县	-0.4485	23.1
一般	青龙满族自治县	-0.4734	56.6	一般	涞水县	-0.4584	35.8
一般	阜平县	-0.4948	23.1	一般	青龙满族自治县	-0.4667	56.7

续表

2017 年			
分类	城市	综合得分	总人口数
主核心	北京	7.5148	2170.7
次核心	天津	4.6633	1556.9
副中心	唐山市	1.4606	485.7
副中心	石家庄市	0.9724	359.2
骨干	邯郸市	0.6484	357.7
骨干	廊坊市	0.6446	95.0
骨干	保定市	0.4513	302.2
骨干	沧州市	0.4382	71.8
骨干	张家口市	0.3940	172.9
骨干	秦皇岛市	0.3909	165.9
骨干	衡水市	0.3271	96.1
骨干	邢台市	0.3166	97.1
骨干	迁安市	0.2281	77.9
骨干	任丘市	0.1914	87.6
次骨干	承德市	0.2082	66.8
次骨干	三河市	0.1414	73.6
次骨干	涿州市	0.1289	62.0
次骨干	遵化市	0.1274	77.7
次骨干	乐亭县	0.1041	45.4
次骨干	滦县	0.0828	56.7
次骨干	固安县	0.0819	50.5
次骨干	迁西县	0.0788	41.6
次骨干	正定县	0.0711	49.5
次骨干	霸州市	0.0575	65.3
次骨干	武安市	0.0410	86.0
次骨干	辛集市	0.0349	63.7
次骨干	滦南县	0.0349	58.4
次骨干	黄骅市	0.0198	47.0
次骨干	故城县	0.0182	49.8
次骨干	新乐市	0.0084	51.4
次骨干	河间市	0.0022	86.6
次骨干	定州市	-0.0959	122.1
潜在骨干	大厂回族自治县	0.1054	13.4
潜在骨干	怀来县	0.0143	37.0

续表

2017 年			
分类	城市	综合得分	总人口数
潜在骨干	沙河市	-0.0213	42.5
潜在骨干	井陉县	-0.0282	31.8
潜在骨干	香河县	-0.0397	37.4
潜在骨干	玉田县	-0.0423	71.5
潜在骨干	涉县	-0.0460	43.0
潜在骨干	晋州市	-0.0525	55.5
潜在骨干	永清县	-0.0574	36.9
潜在骨干	沧县	-0.0660	66.9
潜在骨干	东光县	-0.0663	37.2
潜在骨干	蔚县	-0.0674	45.1
潜在骨干	昌黎县	-0.0686	53.9
潜在骨干	献县	-0.0805	61.3
潜在骨干	平山县	-0.0851	44.9
潜在骨干	涞水县	-0.0956	35.3
潜在骨干	肃宁县	-0.1023	35.7
潜在骨干	清河县	-0.1077	39.9
潜在骨干	吴桥县	-0.1144	29.9
潜在骨干	宽城满族自治县	-0.1166	25.6
潜在骨干	青龙满族自治县	-0.1175	50.5
潜在骨干	怀安县	-0.1228	20.7
潜在骨干	赵县	-0.1233	59.1
潜在骨干	元氏县	-0.1281	43.5
潜在骨干	无极县	-0.1297	52.1
潜在骨干	大名县	-0.1306	79.7
潜在骨干	涿鹿县	-0.1339	33.7
潜在骨干	阜平县	-0.1427	22.0
潜在骨干	大城县	-0.1433	50.3
潜在骨干	泊头市	-0.1451	62.2
潜在骨干	武邑县	-0.1472	31.0
潜在骨干	成安县	-0.1500	39.3
潜在骨干	曲阳县	-0.1506	58.6
潜在骨干	平泉市	-0.1527	45.3
潜在骨干	青县	-0.1549	42.3
潜在骨干	滦平县	-0.1561	29.3

续表

2017年			
分类	城市	综合得分	总人口数
潜在骨干	深州市	-0.1589	57.2
潜在骨干	南宫市	-0.1641	48.4
潜在骨干	威县	-0.2570	57.5
潜在骨干	临漳县	-0.2731	61.3
潜在骨干	魏县	-0.1754	82.6
潜在骨干	宁晋县	-0.1951	79.0
一般	枣强县	-0.1761	39.8
一般	安国市	-0.1763	38.2
一般	卢龙县	-0.1822	40.2
一般	行唐县	-0.1848	42.0
一般	高碑店市	-0.1887	54.0
一般	涞源县	-0.1897	28.4
一般	广平县	-0.1948	27.9
一般	安平县	-0.1964	33.4
一般	围场满蒙自治县	-0.1965	42.8
一般	磁县	-0.1999	43.5
一般	武强县	-0.2007	21.6
一般	鸡泽县	-0.2011	28.7
一般	丰宁满族自治县	-0.2070	36.5
一般	南皮县	-0.2074	38.6
一般	灵寿县	-0.2091	34.3
一般	临西县	-0.2106	35.4
一般	定兴县	-0.2118	53.1
一般	承德县	-0.2121	39.3
一般	景县	-0.2147	53.9
一般	阜城县	-0.2163	34.4
一般	内丘县	-0.2187	27.5
一般	邱县	-0.2202	23.9
一般	隆化县	-0.2219	37.8
一般	阳原县	-0.2229	25.2
一般	易县	-0.2234	56.3
一般	盐山县	-0.2263	45.7
一般	赞皇县	-0.2299	25.3
一般	文安县	-0.2337	52.2

续表

2017 年

分类	城市	综合得分	总人口数
一般	南和县	-0.2385	33.6
一般	任　县	-0.2481	33.9
一般	兴隆县	-0.2489	32.0
一般	安新县	-0.2489	45.8
一般	馆陶县	-0.2491	32.2
一般	饶阳县	-0.2501	28.5
一般	平乡县	-0.2507	31.0
一般	高邑县	-0.2548	19.2
一般	邢台县	-0.2596	33.0
一般	隆尧县	-0.2609	52.3
一般	高阳县	-0.2749	35.6
一般	赤城县	-0.2758	25.3
一般	唐　县	-0.2766	55.0
一般	深泽县	-0.2793	25.5
一般	孟村回族自治县	-0.2812	21.4
一般	巨鹿县	-0.2866	38.7
一般	柏乡县	-0.2939	19.6
一般	张北县	-0.3020	29.9
一般	曲周县	-0.3026	44.6
一般	蠡县	-0.3103	51.9
一般	海兴县	-0.3160	21.2
一般	望都县	-0.3194	26.2
一般	博野县	-0.3214	26.0
一般	临城县	-0.3241	21.1
一般	顺平县	-0.3245	30.1
一般	广宗县	-0.3328	29.3
一般	新河县	-0.3346	17.5
一般	容城县	-0.3369	27.2
一般	沽源县	-0.3466	17.6
一般	尚义县	-0.3566	15.6
一般	康保县	-0.3569	19.9
一般	雄　县	-0.3615	37.9

附表 D　　2017 年京津冀城市工业行业产业高度

行业	北京	天津	石家庄	唐山	邯郸	保定	廊坊
煤炭开采和洗选业		0.9930	1.2531	5.9780	6.5964	0.2051	
石油和天然气开采业							
黑色金属矿采选业	0.0334	1.5390	31.7673	0.9001	0.1050	1.3900	
有色金属矿采选业							
非金属矿采选业		0.1549	33.8658	0.6099	2.2848	5.9760	
农副食品加工业	0.1512	5.2793	3.1670	0.2184	2.5945	0.3017	0.5932
食品制造业	0.0750	13.1512	0.5232	0.1336	1.2664	0.1544	0.1235
饮料制造业	0.4947	5.0367	2.4178	0.1078	3.4710	1.8375	0.8114
烟草制品业			1.3555			1.5433	
纺织业	0.0031	0.1014	8.2481	0.2106	4.0808	2.8159	0.0526
纺织服装、鞋、帽制造业	0.1799	2.9581	4.7363	0.0021	0.9513	0.4485	0.0004
皮革、毛皮、羽毛（绒）及其制品业	0.0010	0.9235	9.9260	0.0003	0.0009	0.5459	0.0019
木材加工及竹、藤、棕、草制品业	0.1301	0.5992	13.6677	0.4384	0.3930	0.7766	2.4469
家具制造业	0.6246	1.5396	5.5369	0.7339	1.6861	0.0781	3.1816
造纸及纸制品业	0.4527	1.3003	6.6627	0.2565	0.4433	2.2218	2.7402
印刷业和记录媒介的复制	0.3674	2.6477	7.0790	0.1919	1.2013	2.1189	0.9785
文教体育用品制造业	0.6684	11.2012	0.5114	0.0244	0.3380	0.1378	0.0504
石油加工、炼焦及核燃料加工业	1.1472	2.7104	0.3268	0.4097	0.1996	0.0007	0.0025
化学原料及化学制品制造业	0.2075	1.9117	3.7302	0.2043	0.9452	0.0722	0.5689
医药制造业	1.9313	0.8478	1.6266	0.0141	0.8420	3.4778	0.0075
化学纤维制造业		0.0440	1.1872	6.9786	17.6963	0.1530	
橡胶制品业	0.1048	1.9386	1.7467	0.1144	0.8258	1.5180	0.9691
非金属矿物制品业	0.4641	1.3612	3.3186	0.3301	2.4410	1.5888	0.8687
黑色金属冶炼及压延加工业	0.0556	2.6104	0.4371	3.1948	1.4874	0.3136	1.1364
有色金属冶炼及压延加工业	0.0606	5.2752	0.1100	0.0020	0.0047	1.5743	3.4002
金属制品业	0.0729	2.8868	1.7295	2.2532	1.3581	0.1660	0.4873
通用设备制造业	0.3566	4.1875	0.7996	0.0862	5.3909	0.2233	0.5502
专用设备制造业	0.4497	4.3817	0.3641	0.1616	2.6703	0.4018	0.6490
交通运输设备制造业	2.2669	2.1490	0.0357	0.0939	0.3443	1.5753	0.2873
电气机械及器材制造业	0.3772	2.5639	1.6639	0.1921	0.9020	0.7807	0.3593
通信设备、计算机及其他电子设备制造业	2.0984	2.9879	0.2483	0.0020	0.0019	0.1049	0.3400
仪器仪表及文化、办公用机械制造业	2.5296	0.2537	4.4658	0.1509	0.9576	0.1256	2.4368
工艺品及其他制造业	0.5071	6.0469	5.8738	0.0038	0.0891	0.5626	0.3565
废弃资源和废旧材料回收加工业	0.1100	15.2857	0.5855	0.3060	0.2033	6.0049	1.1717
电力、热力的生产和供应业	4.1174	0.4458	0.4053	0.6681	0.3720	0.4831	0.8126
燃气生产和供应业	5.2657	0.7946	0.3973	0.1956	0.1194	0.6584	2.3956
水的生产和供应业	2.4607	1.6056	1.0261	0.3148	0.1941	2.3945	0.7747

续表

行业	秦皇岛	张家口	沧州	邢台	承德	衡水
煤炭开采和洗选业		5.0554		2.3669		0.0028
石油和天然气开采业						
黑色金属矿采选业	1.0950	0.3357		0.1006		43.8385
有色金属矿采选业						
非金属矿采选业	19.1048	15.8854	0.1767	0.3992		33.0246
农副食品加工业	4.2550	0.6205	0.4710	0.5641	1.9918	0.2921
食品制造业	0.0195	5.6631	0.1538	0.3273	0.9108	0.2265
饮料制造业	0.1940	0.2383	0.2460	0.1707	8.4436	4.3699
烟草制品业		31.4836				
纺织业	0.0466	0.0870	0.3662	2.2204	0.3171	0.0100
纺织服装、鞋、帽制造业	0.0169	0.1958	0.3420	0.5201	0.1994	0.0208
皮革、毛皮、羽毛（绒）及其制品业	0.0069	0.0119	0.0886	0.0996	2.6919	
木材加工及竹、藤、棕、草制品业	0.0339		0.2082	0.2475	0.3609	1.0025
家具制造业	0.1189	0.0838	2.0118	0.1325	0.3271	0.0633
造纸及纸制品业	0.4802	0.0970	0.3214	0.7179	0.3829	
印刷业和记录媒介的复制		1.3996	0.5264	0.5183	0.4779	0.3732
文教体育用品制造业	0.0000	0.0947	0.2975	0.5106	0.6552	0.0173
石油加工、炼焦及核燃料加工业	10.0256		4.3953	0.9352		0.0799
化学原料及化学制品制造业	0.6337	0.2935	1.3004	1.0595	1.6907	0.0551
医药制造业	0.7664	0.2345	1.9110	0.3668	0.3817	
化学纤维制造业	0.0107		0.0256	0.2300	0.0269	
橡胶制品业	0.5105	0.0164	6.4170	0.6193	1.2003	0.0005
非金属矿物制品业	0.5180	1.9596	6.4723	1.3255	1.6617	0.1860
黑色金属冶炼及压延加工业	0.7032	0.2136	0.1421	0.3738	0.0586	1.9391
有色金属冶炼及压延加工业	1.0909	0.0181	4.2578	0.0800	0.6222	0.0485
金属制品业	0.0269	0.2527	2.5153	0.0890	2.2719	0.0168
通用设备制造业	0.0715	0.0143	1.0738	1.4455	0.2825	0.0235
专用设备制造业	1.0538	0.7632	5.2960	1.9279	2.1645	0.0036
交通运输设备制造业	1.5113	0.8091	0.3016	0.0703	0.0787	0.0208
电气机械及器材制造业	0.0862	0.2991	3.2659	4.5374	0.1705	5.9741
通信设备、计算机及其他电子设备制造业	0.0691	0.1689	0.2990	0.0030	0.3364	
仪器仪表及文化、办公用机械制造业	0.0927		3.5676		1.2419	0.1630
工艺品及其他制造业	0.0033		0.5286	0.6741	0.8425	
废弃资源和废旧材料回收加工业	5.7472		1.2636	0.0073	0.0020	0.0072
电力、热力的生产和供应业	0.6372	7.8590	0.5474	1.3211	1.4063	0.4102
燃气生产和供应业	0.7353	0.0579	1.8254	1.0361	1.2205	
水的生产和供应业	0.9642	1.6147	0.5882	1.6901	0.1853	0.1399

附表 E 2017年京津冀城市工业行业产业高度与地价耦合度

城镇等级	行业	产业高度功效系数	地价功效系数	耦合度（C）
主核心城市（北京）	交通运输设备制造业	0.0517	1.0000	0.2162
	通信设备、计算机及其他电子设备制造业	0.0479	0.6841	0.2472
次核心城市（天津）	农副食品加工业	0.1204	0.1147	0.4999
	食品制造业	0.3000	0.2215	0.4943
	饮料制造业	0.1149	0.1450	0.4966
	纺织服装、鞋、帽制造业	0.0675	0.1147	0.4829
	木材加工及竹、藤、棕、草制品业	0.0137	0.1277	0.2955
	家具制造业	0.0351	0.0628	0.4796
	造纸及纸制品业	0.0297	0.1077	0.4115
	印刷业和记录媒介的复制	0.0604	0.1194	0.4723
	文教体育用品制造业	0.2555	0.0941	0.4436
	石油加工、炼焦及核燃料加工业	0.0618	0.1437	0.4586
	化学原料及化学制品制造业	0.0436	0.1544	0.4144
	医药制造业	0.0193	0.1355	0.3306
	橡胶制品业	0.0442	0.1291	0.4359
	非金属矿物制品业	0.0310	0.0650	0.4677
	有色金属冶炼及压延加工业	0.1203	0.0796	0.4895
	金属制品业	0.0658	0.1511	0.4598
	通用设备制造业	0.0955	0.1369	0.4920
	专用设备制造业	0.0999	0.1883	0.4759
	交通运输设备制造业	0.0490	0.1257	0.4492
	电气机械及器材制造业	0.0585	0.0759	0.4958
	通信设备、计算机及其他电子设备制造业	0.0682	0.4092	0.3498
	仪器仪表及文化、办公用机械制造业	0.0058	0.4498	0.1120
	废弃资源和废旧材料回收加工业	0.3487	0.0946	0.4097

2017年京津冀城市工业行业产业高度与地价耦合度

城镇等级	行业	产业高度功效系数	地价功效系数	耦合度（C）
区域副中心（石家庄和天津）	农副食品加工业	0.0386	0.0364	0.4998
	家具制造业	0.0715	0.0454	0.4873
	石油加工、炼焦及核燃料加工业	0.0084	0.0473	0.3579
	化学原料及化学制品制造业	0.0449	0.0478	0.4998
	医药制造业	0.0187	0.1241	0.3374
	橡胶制品业	0.0212	0.0370	0.4812
	非金属矿物制品业	0.0416	0.0650	0.4878
	黑色金属冶炼及压延加工业	0.0414	0.0525	0.4965
	金属制品业	0.0454	0.0515	0.4990
	通用设备制造业	0.0101	0.0473	0.3808
	专用设备制造业	0.0060	0.1111	0.2204
	交通运输设备制造业	0.0015	0.0377	0.1903
	电气机械及器材制造业	0.0212	0.0364	0.4822
	通信设备、计算机及其他电子设备制造业	0.0029	0.2538	0.1048
	废弃资源和废旧材料回收加工业	0.0102	0.0470	0.3823
	农副食品加工业	0.0325	0.0129	0.4514
	食品制造业	0.0246	0.0289	0.4984
	饮料制造业	0.0439	0.0821	0.4765
	烟草制品业	0.0942	0.2087	0.4629
	纺织业	0.0285	0.1111	0.4030
	纺织服装、鞋、帽制造业	0.0076	0.0914	0.2665
	皮革、毛皮、羽毛（绒）及其制品业	0.0098	0.1316	0.2543
	木材加工及竹、藤、棕、草制品业	0.0127	0.1759	0.2509
	家具制造业	0.0217	0.1494	0.3329
	造纸及纸制品业	0.0211	0.0459	0.4646
	印刷业和记录媒介的复制	0.0206	0.1538	0.3227
	石油加工、炼焦及核燃料加工业	0.0444	0.0254	0.4812
	化学原料及化学制品制造业	0.0187	0.0173	0.4996
	医药制造业	0.0228	0.0276	0.4977
	橡胶制品业	0.0344	0.0268	0.4961
	非金属矿物制品业	0.0480	0.0228	0.4674

续表

城镇等级	行业	产业高度功效系数	地价功效系数	耦合度（C）
	黑色金属冶炼及压延加工业	0.0126	0.1426	0.2734
	有色金属冶炼及压延加工业	0.0315	0.0132	0.4560
	金属制品业	0.0204	0.0429	0.4674
	通用设备制造业	0.0258	0.0564	0.4642
	专用设备制造业	0.0426	0.1021	0.4557
	交通运输设备制造业	0.0142	0.1056	0.3231
	电气机械及器材制造业	0.0297	0.0768	0.4483
	通信设备、计算机及其他电子设备制造业	0.0038	0.0320	0.3071
	仪器仪表及文化、办公用机械制造业	0.0240	0.2764	0.2712
	工艺品及其他制造业	0.0087	0.0555	0.3425
	废弃资源和废旧材料回收加工业	0.0411	0.0158	0.4480
	电力、热力的生产和供应业	0.0383	0.0975	0.4501
	燃气生产和供应业	0.0229	0.0588	0.4493
次骨干城市	煤炭开采和洗选业	0.0001	0.0738	0.0290
	农副食品加工业	0.0067	0.0339	0.3705
	食品制造业	0.0052	0.1402	0.1851
	饮料制造业	0.0997	0.0153	0.3395
	纺织业	0.0002	0.1677	0.0367
	纺织服装、鞋、帽制造业	0.0005	0.0370	0.1115
	木材加工及竹、藤、棕、草制品业	0.0229	0.0441	0.4742
	家具制造业	0.0014	0.1131	0.1115
	印刷业和记录媒介的复制	0.0085	0.0349	0.3970
	文教体育用品制造业	0.0004	0.0217	0.1319
	石油加工、炼焦及核燃料加工业	0.0018	0.0284	0.2378
	化学原料及化学制品制造业	0.0013	0.0432	0.1657
	橡胶制品业	0.0000	0.0524	0.0125
	非金属矿物制品业	0.0042	0.0224	0.3656
	黑色金属冶炼及压延加工业	0.0442	0.0111	0.4010
	金属制品业	0.0004	0.0606	0.0786
	通用设备制造业	0.0005	0.1096	0.0694
	专用设备制造业	0.0001	0.1499	0.0231
	交通运输设备制造业	0.0005	0.0909	0.0717
	电气机械及器材制造业	0.1363	0.0890	0.4889
	废弃资源和废旧材料回收加工业	0.0002	0.0356	0.0671
	电力、热力的生产和供应业	0.0094	0.0764	0.3116

2017年京津冀城市工业行业产业高度与地价耦合度

城镇等级	行业	产业高度功效系数	地价功效系数	耦合度（C）
潜在骨干城市	煤炭开采和洗选业	0.0003	0.0281	0.1080
	农副食品加工业	0.0003	0.0462	0.0814
	食品制造业	0.0001	0.0291	0.0687
	饮料制造业	0.0004	0.0560	0.0873
	纺织业	0.0002	0.0493	0.0650
	纺织服装、鞋、帽制造业	0.0004	0.0481	0.0850
	皮革、毛皮、羽毛（绒）及其制品业	0.0005	0.0469	0.1006
	木材加工及竹、藤、棕、草制品业	0.0001	0.1403	0.0286
	家具制造业	0.0003	0.0899	0.0567
	造纸及纸制品业	0.0003	0.0410	0.0808
	印刷业和记录媒介的复制	0.0003	0.0612	0.0666
	文教体育用品制造业	0.0000	0.0314	0.0306
	石油加工、炼焦及核燃料加工业	0.0000	0.0053	0.0533
	化学原料及化学制品制造业	0.0000	0.0369	0.0365
	医药制造业	0.0001	0.0520	0.0494
	化学纤维制造业	0.0013	0.0645	0.1408
	橡胶制品业	0.0002	0.0265	0.0892
	非金属矿物制品业	0.0003	0.0286	0.0991
	黑色金属冶炼及压延加工业	0.0000	0.0287	0.0228
	金属制品业	0.0001	0.0290	0.0480
	通用设备制造业	0.0001	0.0319	0.0539
	专用设备制造业	0.0002	0.0830	0.0483
	交通运输设备制造业	0.0001	0.0634	0.0397
	电气机械及器材制造业	0.0005	0.0211	0.1481
	通信设备、计算机及其他电子设备制造业	0.0000	0.0977	0.0086
	仪器仪表及文化、办公用机械制造业	0.0003	0.0814	0.0568
	工艺品及其他制造业	0.0000	0.1588	0.0131
	废弃资源和废旧材料回收加工业	0.0001	0.0297	0.0610
	电力、热力的生产和供应业	0.0001	0.0618	0.0384
	燃气生产和供应业	0.0001	0.0626	0.0380

续表

城镇等级	行业	产业高度功效系数	地价功效系数	耦合度（C）
一般县市	煤炭开采和洗选业	0.0001	0.0238	0.0512
	农副食品加工业	0.0002	0.0316	0.0709
	食品制造业	0.0002	0.0375	0.0700
	饮料制造业	0.0005	0.0548	0.0920
	纺织业	0.0004	0.0412	0.0987
	纺织服装、鞋、帽制造业	0.0000	0.0488	0.0168
	皮革、毛皮、羽毛（绒）及其制品业	0.0001	0.1718	0.0245
	木材加工及竹、藤、棕、草制品业	0.0006	0.0430	0.1132
	家具制造业	0.0000	0.0281	0.0408
	造纸及纸制品业	0.0002	0.0349	0.0674
	印刷业和记录媒介的复制	0.0000	0.0625	0.0242
	文教体育用品制造业	0.0001	0.0294	0.0462
	石油加工、炼焦及核燃料加工业	0.0002	0.0473	0.0622
	化学原料及化学制品制造业	0.0000	0.0420	0.0333
	医药制造业	0.0002	0.0673	0.0487
	橡胶制品业	0.0003	0.0468	0.0776
	非金属矿物制品业	0.0003	0.0455	0.0868
	金属制品业	0.0001	0.0403	0.0484
	通用设备制造业	0.0002	0.0448	0.0582
	专用设备制造业	0.0002	0.0465	0.0617
	交通运输设备制造业	0.0001	0.0710	0.0272
	电气机械及器材制造业	0.0000	0.0000	0.0000
	通信设备、计算机及其他电子设备制造业	0.0000	0.0151	0.0000
	仪器仪表及文化、办公用机械制造业	0.0001	0.0668	0.0363
	工艺品及其他制造业	0.0001	0.0181	0.0902
	废弃资源和废旧材料回收加工业	0.0001	0.0433	0.0403
	电力、热力的生产和供应业	0.0002	0.0370	0.0718
	燃气生产和供应业	0.0000	0.0419	0.0109

参考文献

[1] 安虎森. 新区域经济学 [M]. 大连：东北财经大学出版社，2010.9：162.

[2] 鲍克. 新加坡科技工业园区的制度安排 [R]. 国务院发展中心研究报告，2002：1—13.

[3] 保罗·切希尔. 城市与区域经济学手册（第三卷）[M]. 北京：经济科学出版社，2003.

[4] 毕宝德. 土地经济学（第五版）[M]. 北京：中国人民大学出版社，2006.

[5] 彼得·霍尔，凯西·佩因. 多中心大都市——来自欧洲巨型城市区域的经验 [M]. 罗震东，译. 北京：中国建筑工业出版社，2010.

[6] 包佳迪. 城市化与产业结构高级化——基于浙江省的协整分析 [J]. 黑龙江对外经贸，2011，10：59—61.

[7] 陈淮和，江林. 中国产业结构高加工度化的战略思考 [J]. 经济科学，1996，2：24—31.

[8] 陈彦光，周一星. 豫北地区城镇体系空间结构的多分形研究 [J]. 北京大学学报（自然科学版），2001，6：810—818.

[9] 陈彦光，周一星. 城市等级体系的多重 Zipf 维数及其地理空间意义 [J]. 北京大学学报（自然科学版），2002，6：824—830.

[10] 陈彦光，胡余旺. 城市体系二倍数规律与位序——规模法则的等价性证明 [J]. 北京大学学报（自然科学版），2010，46（1）：115—120.

[11] 陈永国. 京津冀第三产业的梯度比较与优化建议 [J]. 中国经

贸导刊,2003,1:22—23.

[12] 陈永国,马丽慧. 基于产业梯度系数分析的京津冀工业分行业的发展取向 [J]. 生产力研究,2004,1:111—113.

[13] 陈瑞刚. 汇率变动对我国产业结构高度化的影响分析 [D]. 浙江大学硕士毕业论文,2008,42—58.

[14] 陈来卿,杨再高. 广佛都市圈与其外围区域产业梯度比较及优化研究 [J]. 城市发展研究,2008,1:I0022 - I0025.

[15] 陈秀山,张可云. 区域经济理论 [M]. 北京:商务印书馆.2009.

[16] 陈红霞,李国平. 京津冀区域经济协调发展的时空差异分析 [J]. 城市发展研究,2010,5:7—11.

[17] 陈菁. 基于图谱分析的福建省生态环境与城市化耦合关系研究 [J]. 水土保持研究,2010,12:163—166.

[18] 陈立定. 工业用地推行年租制的主要障碍及其对策研究 [J]. 中国集体经济,2010,4:28—29.

[19] 陈兆荣. 我国产业结构高级化与碳排放量关系的实证研究 [J]. 经济学研究,2011,7:77—81.

[20] 陈晓永,张会平. 基于梯度差异视角的京津冀产业同构及成因的新认识 [J]. 改革与战略,2012,6:98—102.

[21] 程宏. 利用外资促进我国产业结构升级的新思路——外资技术溢出对我国产业结构高度化作用的思考 [J]. 南方经济,2001,4:28—30.

[22] 程如轩,卢二坡. 产业结构优化升级 统计指标体系初探 [J]. 中国统计,2001,2:38—40.

[23] 曹明福,李树民. 全球价值链分工的利益来源:比较优势、规模优势和价格倾斜优势 [J]. 中国工业经济,2005,10:20—26.

[24] 曹建海. 我国工业性土地利用与土地政策 [J]. 中国发展观察,2006,5:10—12.

[25] 曹林峰,孙鑫. 江苏沿海区域产业结构合理化和高度化分析 [J]. 企业家天地,2010,8:8—9.

[26] 曹子剑, 赵松, 徐更新. 中日两国工业地价比较研究 [J]. 中国房地产, 2012, 9: 49—57.

[27] 丹尼斯·迪帕斯奎尔, 威廉·C. 惠顿. 城市经济学与房地产市场 [M]. 北京: 经济科学出版社, 2002.

[28] 戴宏伟. 京津冀产业梯度与经济一体化的形成 [J]. 经济与管理, 2002, 6: 12—13.

[29] 戴宏伟, 陈永国. 京津冀三次产业对经济增长的贡献与产业梯度分析 [J]. 河北经贸大学学报, 2002, 4: 68—74.

[30] 戴宾. 城市群及其相关概念辨析 [J]. 财经科学, 2004, 6: 101—103.

[31] 丁成日. 土地价值与城市增长 [J]. 城市发展研究, 2002, 6: 48—53.

[32] 丁成日. 土地政策改革时期的城市空间发展: 北京的实证研究 [J]. 城市发展研究, 2006, 2: 42—52.

[33] 丁林可, 田燕. 工业用地集约利用评价指标体系初探 [J]. 国土资源科技管理, 2007, 5: 18—21.

[34] 丁成日. 中国征地补偿制度的经济分析及征地改革建议 [J]. 中国土地科学, 2007, 10: 4—10.

[35] 杜明国, 张裕凤, 张树文. 城市土地等价线图研究——以呼和浩特市为例 [J]. 中国科学院研究生院学报, 2005, 12: 721.

[36] 杜国明, 张裕凤, 张树文, 苏根成. 城市商业用地地价空间分布模拟与分析——以呼和浩特市为例 [J]. 中国农业大学学报, 2006, 3: 117—122.

[37] 范艳丽, 张爱国, 张贤付. 产业结构高度化水平的定量测定 [J]. 安徽师范大学学报 (自然科学版), 2008, 1: 79—83.

[38] 付凌晖. 我国产业结构高级化与经济增长关系的实证研究 [J]. 统计研究, 2010, 8: 79—81.

[39] 付鑫, 王红梅, 杜国明, 苏根成. 牧区城镇居住用地地价空间分

布特征研究——以内蒙古乌里雅斯太镇为例［J］.干旱区资源与环境，2011，1：86—90.

［40］方方.江苏省经济发展与土地非农化耦合关系分析与测度［J］.安徽农业科学，2010，22：12153—12155.

［41］管怀鑫.产业结构高度化：表现形式与本质内容之理论分析［J］.唯实，1997，5：6—9.

［42］顾杰.城市增长与城市土地、住房价格空间结构演变——基于杭州市的实证研究［D］.浙江大学，2006.

［43］顾湘，姜海，王铁成，曲福田.工业用地集约利用评价与产业结构调整——以江苏省为例［J］.资源科学，2009，4：612—618.

［44］顾湘，曲福田，付光辉.中国土地利用比较优势与区域产业结构调整［J］.中国土地科学，2009，7：61—65.

［45］郭凤城.产业群、城市群的耦合与区域经济发展［D］.吉林大学，2008.

［46］郭志勇，顾乃华.制度变迁、土地财政与外延式城市扩张——一个解释我国城市化和产业结构虚高现象的新视角［J］.社会科学研究，2013，1：8—14.

［47］国家发改委国地所课题组.我国城市群的发展阶段与十大城市群的功能定位［J］.改革，2009，9：5—23.

［48］国家发改委宏观经济研究院课题组.十二五时期我国产业结构调整［J］.经济研究参考，2010，10：28—61.

［49］黄贤金.自然资源二元价值论及其稀缺价格研究［J］.中国人口、资源与环境，1994，12：40—42.

［50］黄祖辉，汪晖.非公共利益性质的征地行为与土地发展权补偿［J］.经济研究，2002，5：66—95.

［51］胡大洋，吕珊珊.论区域产业结构优化升级的测度［J］.区域经济，2005，10：35—37.

［52］胡波波.我国与周边若干国家和地区工业用地价格的比较和实施

策略 [D]. 浙江大学硕士论文, 2007, 25—99.

[53] 洪亚敏. 城市工业用地非集约化严重 [J]. 北京观察, 2007, 9: 14—15.

[54] 郝寿义. 区域经济学原理 [M]. 上海: 上海人民出版社, 2007, 9: 36.

[55] 黄大全, 洪丽璇, 梁进社. 福建省工业用地效率分析与集约利用评价 [J]. 地理学报, 2009, 4: 479—486.

[56] 黄茂兴, 李军军. 技术选择、产业结构升级与经济增长 [J]. 经济研究, 2009, 7: 143—151.

[57] 黄木易, 吴次芳, 黄明, 岳文泽. 关于我国开发区工业用地实行短租制的探讨 [J]. 合肥工业大学学报 (社会科学版), 2009, 2: 76—80.

[58] 何凯, 常青丽. 上海市产业结构高度化研究 [J]. 现代商贸工业, 2009, 10: 86—87.

[59] 何青松, 张春瑞, 李泽昀. 生产性服务业提升制造业产业高度的实证分析 [J]. 山东大学学报 (哲学社会科学版), 2011, 4: 1—7.

[60] 何天祥, 朱翔, 王月红. 中部城市群产业结构高度化的比较 [J]. 经济地理, 2012, 5: 54—58.

[61] 艾伯特·赫希曼. 经济发展战略 [M]. 北京: 经济科学出版社, 1991, 5: 38—42.

[62] 贾宏俊, 黄贤金, 于术桐, 王广洪, 郑泽庆. 中国工业用地集约利用的发展及对策 [J]. 中国土地科学, 2010, 9: 52—56.

[63] 鞠立新. 由国外经验看我国城市群一体化协调机制的创建——以长三角城市群跨区域一体化协调机制建设为视角 [J]. 经济研究参考, 2010, 52: 20—28.

[64] 蒋芳, 朱道林. 基于GIS的地价空间分布规律研究——以北京市住宅地价为例 [J]. 经济地理, 2005, 3: 199—202.

[65] 蒋贵国. 成都市工业用地土地集约利用潜力评价研究 [J]. 四

川师范大学学报（自然科学版），2007，9：652—656.

［66］Janos. Kornai（张晓光译）. 突进与和谐的增长：对经济增长理论和政策的思考［M］. 北京：经济科学出版社，1988.

［67］纪良纲. 京津冀产业梯度转移与错位发展［J］. 河北学刊，2004，6：198—201.

［68］姜泽华，白艳. 产业升级的内涵与影响因素分析［J］. 当代经济研究，2006，10：53—56.

［69］金碚. 中国工业化的资源路线与资源供求［J］. 2008，2：5—19.

［70］吕萍，徐跃红，沈佳庆. 工业用地空间集散特征及其内在动因研究——以北京市为例［J］. 地域研究与开发，2008，10：76—80.

［71］吕萍. 土地城市化与价格机制研究［M］. 北京：中国人民大学出版社，2008.

［72］吕春梅等. 关于集体建设用地直接入市流转的分析和思考［J］. 广东土地科学，2011，1：6 - 11.

［73］卢中原. 产业结构对地区经济发展影响分析［J］. 经济研究，1996，7：14—19.

［74］卢新海. 开发区土地资源的利用与管理［J］. 中国土地科学，2004，2：40—44.

［75］卢福财，罗瑞荣. 全球价值链分工条件下产业高度与人力资源的关系［J］. 中国工业经济，2010，8：77—79.

［76］刘鹤，杨伟民. 城市化、国际化和产业结构的高度化——未来二十年中国经济发展基调的判断［J］. 经济改革与发展，1994，5：2—11.

［77］刘俊杰. 论技术进步与产业结构高度化［J］. 西北师范大学学报，1994，2：71—77.

［78］刘彦随. 城市土地区位与土地收益相关分析［J］. 陕西师范大学学报（自然科学版），1995，1：95—100.

［79］刘伟. 工业化进程中的产业结构研究［M］. 北京：中国人民大

学出版社，1995，12：3—10.

[80] 刘伟，李绍荣．产业结构与经济增长［J］．中国工业经济，2002，5：14—21．

[81] 刘伟，张辉，黄泽华．中国产业结构高度与工业化进程和地区差异的考察［J］．经济学动态，2008，11：4—8．

[82] 刘继生，陈彦光．城市、分形与空间复杂性探索［J］．复杂系统与复杂性学，2004，3：62—69．

[83] 刘妙龙，陈雨，陈鹏，陈捷．基于等级钟理论的中国城市规模等级体系演化特征［J］．地理学报，2008，12：1235—1245．

[84] 刘丙章．江西省城市体系的空间结构分析［J］．长江大学学报（自然科学版），2010，2：92—95．

[85] 刘芳．市场力和行政力驱动的城市住区空间区位演化［D］．同济大学，2006：85—130．

[86] 刘琼峰．基于GIS和投入产出模型的土地利用与产业结构研究［D］．湖南农业大学，2006．

[87] 刘绍坚．生产性服务业发展趋势及北京的发展路径选择［J］．财贸经济，2007，4：96—101．

[88] 刘卫东，段洲鸿．工业用地价格标准的合理确定［J］．浙江大学学报（人文社会科学版），2008，7：146—153．

[89] 刘娟，傅兆君．南京市城市地价分布特征与区位影响因素研究［J］．南京审计学院学报，2009，1：19—26．

[90] 刘阳，董捷．武汉城市圈土地利用结构与产业结构特点分析［J］．国土资源科技管理，2010，3：23—27．

[91] 刘阳．我国高端制造业发展的战略取向［J］．生产力研究，2011，3：92—94．

[92] 刘效龙，张世全，冯长春．中原城市群城市规模等级的时空演变分析［J］．地域研究与开发，2011，3：29—34．

[93] 林敏．产业群与城市群的耦合机制初探［J］．商场现代化，

2009，18：125.

[94] 林坚，张沛，刘诗毅，肖丹. 基于生产函数的工业用地级差收益研究——以国家级开发区典型企业数据为例 [J]. 城市发展研究，2010，6：80—85.

[95] 李湛、施金亮. 区域经济技术梯度的判断模型 [J]. 上海交通大学学报，1996，8：44—47.

[96] 李小建. 经济地理学 [M]. 北京：高等教育出版社，1999.6：20—40.

[97] 李建建. 国有土地租赁制辨析 [J]. 福州师专学报，2000，20：78—80.

[98] 李源，贾士义，路紫. 我国产业结构的演进、区域差异及特征解析 [J]. 山东师范大学学报（自然科学版），2007，12：93—96.

[99] 李培. 中国人口城市规模等级体系的演变研究 [J]. 市场与人口分析，2007，13：200—208.

[100] 李小平，卢现祥. 中国制造业结构变动和生产率增长 [J]. 世界经济，2007，5：52—64.

[101] 李程骅. 城市空间重组与新产业价值链 [J]. 江海学刊，2008，4：219—224.

[102] 李秀玲，李诚固. 基于分形理论的吉林省城市体系空间结构特征研究 [J]. 东北师范大学学报（自然科学版），2009，4：145—148.

[103] 李慧，刘志迎，周彬. 泛长三角区域产业差异及产业梯度系数比较分析 [J]. 江淮论坛，2009，6：23—27.

[104] 李贤珠 [韩]. 中韩产业结构高度化的比较分析——以两国制造业为例 [J]. 世界经济研究，2010，10：81—86.

[105] 李冰. 京津冀区域产业链构建的实证研究 [J]. 消费导刊，2010，1：31—32.

[106] 李冰. 京津冀电子信息产品制造业产业链构建的实证研究 [J]. 商业经济，2011，2：66—68.

[107] 李芳, 龚新蜀, 张磊. 新疆产业结构升级测度与产业结构优化研究 [J]. 特区经济, 2012, 3: 212—214.

[108] 鲁春阳. 城市用地结构演变与产业结构演变的关联研究 [D]. 西南大学, 2011.

[109] 陆玉麒, 袁林旺, 钟业喜. 中心地等级体系的演化模型 [J]. 中国科学, 2011, 8: 1160—1171.

[110] 伦蕊. 工业产业结构高度化水平的区域比较研究 [J]. 经济前沿, 2005, 3: 66—69.

[111] 楼立明. 城市地价信息的空间分析及其应用研究 [D]. 杭州: 浙江大学, 2004: 87.

[112] 路江涌, 陶志刚. 我国制造业区域集聚程度决定因素的研究 [J]. 经济学季刊, 2007, 3: 801—816.

[113] 梁晓林, 谢俊英. 京津冀区域经济一体化的演变、现状及发展对策 [J]. 河北经贸大学学报, 2009, 11: 66—74.

[114] 罗罡辉. 基于GWR模型的城市住宅地价空间结构研究 [J]. 浙江大学, 2007, 5: 76.

[115] 孟昌. 区际分工转型中的西部地区产业结构转变 [J]. 财经科学, 2005, 4: 142—147.

[116] 孟昌. 产业结构研究进展述评——兼论资源环境约束下的区域产业结构研究取向 [J]. 现代财经（天津大学学报）, 2012, 1: 97—104.

[117] 孟媛, 张凤荣, 姜广辉, 陈铁森. 北京市产业结构与土地利用结构的关系研究 [J]. 地域研究与开发, 2011, 6: 108—111.

[118] 马克思, 恩格斯. 马克思 恩格斯全集第23卷 [M]. 北京: 人民出版社, 1972.

[119] 马海龙. 历史、现状与未来: 谈京津冀区域合作 [J]. 经济师, 2009, 5: 16—19.

[120] 马智利, 程正伟. 基于GIS的地价空间分布特征与影响因素分析——以2003—2007年重庆土地出让中商住综合用地为例 [J]. 农村经济

与科技,2010,4:47—49.

[121] 明朗. 产业税收政策与产业结构高度化研究 [D]. 重庆大学硕士毕业论文,2007,5:19—35.

[122] 毛广雄. 区域产业转移与承接地产业集群的耦合关系 [J]. 华东师范大学,2011,4:68.

[123] 倪晋仁,张洋,李天宏. 行业均质度对新兴工业区地价的影响分析 [J]. 应用基础与工程科学学报,2004,3:259—267.

[124] 聂芹. 山东省城市体系等级规模结构研究 [J]. 城市发展研究,2009,7,18—22.

[125] 钮心毅,李时锦,宋小冬,钟家晖,谭迎辉. 城市工业用地调整的空间决策支持——以广州为例 [J]. 城市规划,2011,7:24—29.

[126] 潘文卿,陈水源. 产业结构高度化与合理化水平定量测算:兼评甘肃产业结构优化程度 [J]. 开发研究,1994,1:42.

[127] 潘若愚,陈蕊. 产业梯度系数的改进及其实证 [J]. 中国软科学(增刊),2007,107—111.

[128] 潘鑫,宁越敏. 长江三角洲都市连绵区城市规模结构演变研究 [J]. 人文地理,2008,3:16—21.

[129] 彭建超,吴群. 国内外城市地价时空演变研究进展 [J]. 资源科学,2008 (1):65—71.

[130] 清华大学人居环境研究中心《京津冀北(大北京地区)城乡空间发展规划研究》项目组. 规划"大北京地区"建设"世界城市"——京津冀北(大北京地区)城乡空间发展规划研究基本要点 [J]. 城市,2002,1:13—17.

[131] 秦耀辰,刘凯. 分形理论在地理学中的应用研究进展 [J]. 地理科学进展,2003,4:426—436.

[132] 强真,朱道林,毕继业. 城市基准地价合理性判别方法研究 [J]. 中国土地科学,2005,19 (1):56—61.

[133] 千庆兰. 我国装备制造业区位选择初步研究 [A]. 中国法学会

经济法学研究会 2005 年年会专辑，2005：40—47.

［134］任荣荣，刘洪玉. 城市土地价格的时空变化规律：来自新兴市场的证据［J］. 第六届全国土木工程研究生学术论坛. 清华大学，2008：1—6.

［135］任荣荣，郑思齐. 办公与居住用地开发的空间结构研究——价格梯度、开发数量与开发区位［J］. 地理科学进展，2008，5：119—126.

［136］宋启林. 中国现代城市土地利用学［M］. 北京：中国建筑工业出版社，1992.

［137］孙月平. 论高附加值［J］. 经济与管理研究，1997，3：9—12.

［138］孙国峰. 土地作为基础财富的积聚效应与产业演进中原始积累的显性向隐性转化分析［J］. 当代经济研究，2007，3：7-10.

［139］孙斐，陈静. ＦＤＩ与产业结构高级化相关性研究［J］. 浙江金融，2007，8：55—56.

［140］孙翠兰，王军，贾兰军，张亨明. 产业梯度测算方法及京津冀产业梯度现状分析［J］. 铜陵学院学报，2008，5：8—15.

［141］孙韩钧. 我国产业结构高度的影响因素和变化探析［J］. 人口与经济，2012，3：39—44.

［142］苏东水. 产业经济学［M］. 北京：高等教育出版社，2000.

［143］邵晓梅，刘庆，张衍毓. 土地集约利用的研究进展及展望［J］. 地理科学进展，2006，25（2）：85—95.

［144］史洪盛，牛德利，谷达华. 工业用地集约利用中观评价研究［J］. 西南农业大学学报（社会科学版），2010，4：1—5.

［145］时慧娜，魏后凯，吴利学. 地区产业发展综合成本评价与改进政策——以北京市高端制造业为例的研究［J］. 经济管理，2010，6：29—38.

［146］T. R. 威利姆斯，张文合. 中心地理论［J］. 地理译报，1988，3.

［147］谭丹，黄贤金，周峰，王黎明，姚丽. 工业用地集约水平影响

因素实证研究——以常州、南通、盐城为例 [J]. 城市问题, 2009, 2: 41—44.

[148] 谈明洪, 范存会. Zipf 维数和城市规模分布的分维值的关系探讨 [J]. 地理研究, 2004, 2: 243—248.

[149] 汤国安. ArcGIS 地理信息系统空间分析实验教程（第 2 版）[M]. 北京: 科学出版社, 2012.

[150] 唐焱, 高明媚. 工业用地供给制度及其绩效评价研究综述 [J]. 地域研究与开发, 2012, 8: 113—117.

[151] 威廉·配第. 政治算术 [M]. 北京: 商务印书馆, 1978.

[152] 威廉·配第. 赋税论 [A]. 配第经济著作选集 [M]. 北京: 商务印书馆, 1981.

[153] 威廉·阿朗索. 区位和土地利用（梁进社等译）[M]. 北京: 商务印书馆, 2010; 转引自杜能《孤立国》(212 – 213).

[154] 王万茂, 高波. 试论土地价值 [J]. 不动产纵横, 1993, 1.

[155] 王茂春. 论城市地价空间演化规律及其动因 [J]. 热带地理, 1997, 12: 347—353.

[156] 王玲. 增长核算及对我国劳动生产率增长的实证分析 [D]. 清华大学中国经济研究中心学术论文, 2003, 9: 1—13.

[157] 王梅, 刘琼, 曲福田. 工业土地利用与行业结构调整研究——基于昆山 1400 多家工业企业有效问卷的调查 [J]. 中国人口资源与环境, 2005, 2: 80—84.

[158] 王桤伦. 对外贸易与中国产业结构高度化进程实证研究 [J]. 技术经济, 2006, 2: 24—27.

[159] 王云平. 技术升级促进产业结构高度化 [J]. 经济研究参考, 2006, 67: 14—19.

[160] 王业强, 魏后凯. 产业特征、空间竞争与制造业地理集中——来自中国的经验证据 [J]. 管理世界, 2007, 4: 68—77.

[161] 王吉霞. 产业结构优化升级的影响因素探析 [J]. 商业时代,

2009, 14: 106—107.

[162] 王秀芬, 王发曾. 山东省城市规模结构及其分形特征 [J]. 河南科学, 2009, 10: 1319—1324.

[163] 王德起. 土地资产管理理论 [M]. 北京: 首都经济贸易大学出版社, 2009, 转引自丹尼斯·迪帕斯奎尔 (2002).

[164] 王德起. 城市化进程中土地增值机制的理论探析 [J]. 城市发展研究, 2010, 4: 102—110.

[165] 王德起. 城市群发展中产业用地结构优化研究——一个机制框架 [J]. 城市发展研究, 2013, 5: 16—28.

[166] 王奎. 基于分形理论的四川盆地城市体系规模等级研究 [J]. 经济研究, 2010, 3: 60—62.

[167] 王志平, 李国平. 东亚地区城市体系研究 [J]. 世界地理研究, 2011, 4: 67—75.

[168] 王宏玉. 京津冀城市群空间结构与发展模式选择 [D]. 中央财经大学, 2011, 4.

[169] 王士君, 冯章献, 刘大平. 中心地理论创新与发展的基本视角和框架 [J]. 地理科学进展, 2012, 31 (10): 1256—1263.

[170] 吴大进, 曹力, 陈立华. 协同学原理和应用 [M]. 武汉: 华中理工大学出版社, 1990.

[171] 吴次芳, 周开建, 许红卫. 小城市土地定级估价的理论与实践 [M]. 北京: 中国建筑工业出版社, 1994.

[172] 吴勤学. 国际贸易、海外直接投资与产业结构高度化 [J]. 国际商务, 1996, 4: 28—30.

[173] 吴兵, 王铮, 邓悦. 基于GIS的上海城市中心区工业用地空间解构 [J]. 东北测绘, 2002, 1: 20—23.

[174] 吴晓波. 大败局 [M]. 杭州: 浙江人民出版社, 2003.

[175] 吴良镛等. 京津冀地区城乡空间发展规划研究二期报告 [M]. 北京: 清华大学出版社, 2006.

［176］吴跃民. 城市地价空间分布的流场理论研究［J］. 湘潮（下半月），2008，7：76—112.

［177］吴群刚，杨开忠. 关于京津冀区域一体化发展的思考［J］. 城市问题，2010，1：11—16.

［178］汪斌. 国际区域产业结构分析导论［M］. 上海：上海人民出版社，2001.

［189］汪应宏，张绍良，郭达志. 城市地价与房租的空间变异分析［J］. 中国矿业大学学报，2005（5）.

［180］W. W. 罗斯托. 经济增长的阶段［M］. 北京：中国社会科学出版社，2001.

［181］沃尔特·克里斯塔勒. 德国南部中心地原理［M］. 北京：商务印书馆，2010.

［182］武京涛，涂建军，阎晓，周艳. 中国城市土地利用效益与城市化耦合机制研究［J］. 城市发展研究，2011，8：42—45.

［183］晓林. 海外资本博弈工业地产市场［J］. 中国经济信息，2005，14：38—39.

［184］徐勋光，周晓艳，关兴良. 基于Surfer软件与GIS空间分析方法的中小城镇住宅地价空间分布规律的研究——以福建省德化县为例［J］. 华中农业大学学报（社会科学版），2008，5：34—39.

［185］徐跃红，吕萍，袁文麟. 北京市工业园区地价形成机理分析［J］. 商业研究，2009，1：57—61.

［186］徐跃红，吕萍，袁文麟. 北京市工业园区地价形成机理分析［J］. 商业研究，2009，1：57—61.

［187］邢海虹，刘科伟. 基于分形理论对陕西城市体系等级规模分布研究［J］. 陕西理工学院学报，2007，2：82—86.

［188］邢子政，马云泽. 京津冀区域产业结构趋同倾向与协同调整之策［J］. 现代财经：天津财经学院学报，2009，9：50—56.

［189］谢植雄. 关于产业结构高度的一些理论思考［J］. 现代经济探

讨，2005，12：70—73.

[190] 谢媛媛，骆正清. 工业用地价格研究：国内外文献综述生产力研究 [J]. 2011，3：212—213.

[191] 熊必琳，陈蕊，杨善林. 基于改进梯度系数的区域产业转移特征分析 [J]. 经济理论与经济管理，2007，7：45—49.

[192] 许涤新. 政治经济学辞典（上册）[M]. 北京：人民出版社，1980.

[193] 许学强，周一星，宁越敏. 城市地理学 [M]. 北京：高等教育出版社，1997.

[194] 许华斌. 江西省产业结构高度化分析 [D]. 江西财经大学，2010，12：8.

[195] 肖更生，李贞玉. 我国城市工业地价影响因素及力度的计量分析 [J]. 中南林业科技大学学报（社会科学版），2008，1：78—81.

[196] 肖汉，李志鹏. 基于分形理论的北京城市形态结构遥感分析 [J]. 科技导报，2010，16：57—62.

[197] 肖磊，黄金川，孙贵艳. 京津冀都市圈城镇体系演化时空特征 [J]. 地理科学进展，2011，2：215—223.

[198] 亚当·斯密. 国民财富的性质和原因的研究（上卷），郭大力、王亚南译 [M]. 北京：商务印书馆，1972.

[199] 伊利. 土地经济学原理 [M]. 北京：商务印书馆，1982.

[200] 约翰·冯·杜能. 孤立国同农业和国民经济的关系 [M]. 北京：商务印书馆，1986.

[201] 于俊文，孙翔. 土地价值概念质疑 [A]. 中国土地问题研究——中国土地学会第三次会员代表大会暨庆祝学会成立十周年学术讨论会论文集，1990.

[202] 袁绪亚. 中国土地市场价格的地域梯度 [J]. 社会科学，1994，12：20—22.

[203] 严星，林增杰. 城市地产评估第二版 [M]. 北京：中国人民大

学出版社，1999.

[204] 牛莉，高钟庭. 京津冀产业结构相似度分析启示［J］. 今日科苑，2019（04）：62-70.

[205] 姚风雷. 将利用外资纳入我国产业结构高度化轨道［J］. 经济纵横，1997，12：30-33.

[206] 姚士谋，陈振光，朱英明. 中国城市群［M］. 合肥：中国科学技术大学出版社，2006.

[207] 杨小凯（澳），黄有光. 专业化与经济组织——一种新兴古典微观经济学框架［M］. 张玉纲译. 北京：经济科学出版社，2000.

[208] 杨国安，甘国辉. 基于分形理论的北京市土地利用空间格局变化研究［J］. 系统工程理论与实践，2004，10：131-137.

[209] 杨志荣，吴次芳，靳相木，姚秋萍. 基于DEA模型的城市用地经济效益比较研究［J］. 长江流域资源与环境，2009，1：14-18.

[210] 杨鸿. 城市轨道交通对住房价格影响的理论与实证研究［D］. 浙江大学，2010.

[211] 杨遴杰，饶富杰. 政府在工业用地配置中角色失效原因分析［J］. 中国土地科学，2012，8：36-41.

[212] 岳文泽，徐建华，司有元，徐丽华. 分形理论在人文地理学中的应用研究［J］. 地理学与国土研究，2001，2：51-56.

[213] 叶堂林. "十二五"期间京津冀都市圈区域产业合作研究［J］. "十二五"时期京津冀发展研究（2009），中国经济出版社，2010，10：201-211.

[214] 叶广宇，刘美珍. 企业选址中的区位粘性问题［J］. 商业经济与管理，2011，2：45-50.

[215] 周诚. 论土地增值及其政策取向［J］. 经济研究，1994，11：50-57.

[216] 周一星. 城市地理学［M］. 北京：商务印书馆，1995.

[217] 周振华. 现代经济增长中的结构效应［M］. 上海：上海人民出

版社，1995.

[218] 周楠，宋军. 青岛市工业用地布局影响因子分析 [J]. 规划师，2006，46—48.

[219] 周昌林，魏建良. 产业结构水平测度模型与实证分析——以上海、深圳、宁波为例 [J]. 上海经济研究，2007，6：15—21.

[220] 周晶. 江苏省产业结构高级化及实证研究 [D]. 南京航空航天大学，2008，1：39—46.

[221] 周晔，郭春丽. 我国高端制造业发展研究 [J]. 开发研究，2012，1：27—31.

[222] 张俊浩. 民法学原理（下册）[M]. 北京：中国政法大学出版社，2000.

[223] 张颖，王群，王万茂. 中国产业结构与用地结构相互关系的实证研究 [J]. 中国土地科学，2007，4：4—11.

[224] 张洪，金杰. 中国省会城市地价空间变化实证研究——以昆明市为例 [J]. 中国土地科学，2007，2：24—30.

[225] 张连城. 经济学教程 [M]. 北京：经济日报出版社，2009.

[226] 张利平. 工业用地年租制模式探讨—借土地二次开发之机推进工业用地供给方式的转变 [J]. 上海国土资源，2011，2：51—56.

[227] 张孝宇，张安录，蔡银莺. 土地要素投入对二三产业经济增长的计量分析——我国 35 个大中城市的实证 [J]. 生产力研究，2011，9：154—156.

[228] 张利平. 楼江工业用地年租制模式探讨——借"土地二次开发"之机推进工业用地供给方式的转变 [J]. 上海国土资源，2011，2：51—55.

[229] 中国社会科学院语言研究所词典编辑室. 现代汉语词典（2002年增补本）[M]. 北京：商务印书馆，2002.

[230] 中国房地产估价师与经纪人学会. 房地产估价理论与方法 [M]. 北京：中国建筑工业出版社，2009.

[231] 郑新奇, 王家耀, 阎弘文. 数字地价模型在城市地价时空分析中的应用 [J]. 资源科学, 2004, 26 (1): 14—21.

[232] 郑颖, 徐高峰. 城市增长过程中杭州市地价空间分布规律研究 [J]. 新西部 (理论版), 2008, 9: 46—47.

[233] 郑若谷, 干春晖, 余典范. 中国产业结构变迁对经济增长和波动的影响 [J]. 经济研究, 2011, 5: 4—16.

[234] 朱道林, 董玛力. 地价和房价的经济学分析 [J]. 中国土地, 2005, 7: 20—21.

[235] 朱道林, 强真, 毕继业. 中国农地征转用的价格增值分析 [J]. 中国土地科学, 2006, 8: 24—27.

[236] 朱英明. 长三角城市群产业一体化发展研究城际战略产业链的视角 [J]. 产业经济研究, 2007, 6: 48—57.

[237] 朱炜. 中部六省产业结构高度化比较研究 [J]. 消费导刊, 2008, 3: 22.

[238] 赵春艳. 关于城市群等级规模结构问题的研究——以陕西为例 [J]. 经济问题, 2007, 6: 43—47.

[239] 赵伟伟, 李广志. 快速城市化背景下的西安市工业用地时空演变分析 [J]. 中国人口、资源与环境, 2009, 1: 64—69.

[240] 赵小风, 黄贤金, 严长清, 李衡, 张兴榆. 基于 RAGA—AHP 的工业用地集约利用评价——以江苏省开发区为例 [J]. 长江流域资源与环境, 2011, 11: 19—20.

[241] 赵松, 曹子剑. "低价引资"还能走多远——中日两国工业地价水平比较的启示 [J]. 中国土地, 2012, 3: 12—15.

[242] 祝尔娟. 京津关系与合作发展 [J]. 京津冀都市圈发展新论, 中国经济出版社, 2008, 6: 78—101.

[243] 祝尔娟. 试析天津"十二五"发展阶段与趋势特征 [J]. 天津社会科学, 2011, 1: 83—86.

[244] 詹蕾. 城市土地年租制理论与运作分析 [D]. 四川大学,

2003：118.

[245] 宗跃光, 鼓萍, 郭瑞华, 刘超. 空间插值法在地价梯度场分析中的应用 [J]. 城市开发, 2004, 39—41.

[246] 庄元. 呼和浩特城市地价空间结构研究 [D]. 内蒙古师范大学, 2007, 6：47—59.

[247] 邹晓云. 土地估价基础 [M]. 北京：地质出版社, 2010.

[248] R. V. RatCliffe (1949) (腾维藻译). 土地经济原理 [M]. 北京：商务印书馆, 1998.

[249] 李玲, 朱道林, 胡克林. 北京市城区住宅地价的时空变化规律 [J]. 经济地理, 2011, 31 (04)：655 - 659.

[250] 高菠阳, 罗会琳, 黄志基, 徐凡雅, 刘柏宏. 中国工业用地出让价格空间格局及影响因素 [J]. 地球信息科学学报, 2020, 22 (06)：1189 - 1201

[251] 王飞, 徐芳勤. 开发区工业用地效率评价与提升策略——以临沂市典型开发区为例 [J]. 山东国土资源, 2018, 34 (06)：90 - 96.

[252] 申庆喜. 老工业基地转型背景下新城市空间研究 [D]. 东北师范大学, 2017.

[253] 祖健. 长春都市区工业空间的演变与重构 [D]. 东北师范大学, 2017.

[254] 匡远配, 唐文婷. 产业结构高度化评价和地区差异考察：以湖南省为例 [J]. 湖湘论坛, 2015, 28 (06)：48 - 54.

[255] 韩永辉, 黄亮雄, 王贤彬. 产业政策推动地方产业结构升级了吗？——基于发展型地方政府的理论解释与实证检验 [J]. 经济研究, 2017, 52 (08)：33 - 48.

[256] 胡立君, 许振凌, 石军伟. 我国产业结构升级与经济发展水平的协调性研究 [J]. 统计与决策, 2019, 35 (24)：124 - 128.

[257] 李虹含, 贺宁, 汪存华, 杨茂. 产业结构升级的创新驱动效应研究——基于中国省际面板数据的实证分析 [J/OL]. 科技进步与对策：

1-8 [2020-07-28].

[258] 王凯, 朱芳书, 甘畅, 席建超. 区域产业结构转型升级水平与旅游扶贫效率耦合关系——以武陵山片区为例 [J]. 自然资源学报, 2020, 35 (07): 1617-1632.

[259] 嘉蓉梅. 产业结构水平测度模型及对地区的实证考察 [J]. 云南社会科学, 2012 (04): 102-105.

[260] 徐馨裔, 刘志有, 董露, 李慧, 党海涛, 宁静. 国土空间规划视角下产业结构与土地利用结构相互关系研究——以新疆乌鲁木齐市为例 [J]. 生态经济, 2020, 36 (04): 69-74.

[261] 梁兴辉, 熊荡, 姜明雪. 中国县级市聚集经济效应分析 [J]. 地域研究与开发, 2018, 37 (01): 1-5.

[262] 毕宝德. 土地经济学 (第八版) [M]. 中国人民大学出版社, 2020, 1: 350

[263] 刘凌波, 彭正洪, 吴昊. 基于 H/T 断裂点法的 POI 自然城市规模等级测度 [J]. 国际城市划, 2019, 34 (03): 56-64.

[264] 何晓群. 多元统计分析 [M]. 北京: 中国人民大学出版社, 2019, 6

[265] 张其仔, 李蕾. 制造业转型升级与地区经济增长 [J]. 经济与管理研究, 2017, 38 (02): 97-111.

[266] 郑建明. 工业用地推行土地年租制的必要性研究 [J]. 中国国土资源经济, 2014, 27 (11): 24-26.

[267] Adna Ferrin Weber. The Growth of Cities in the Nineteenth Century [M]. New York: Macmillan Publisher Ltd., 1899: 73—94.

[268] Alfred Marshall. Principles of Economics [M]. London: Macmillian, 1920: 457.

[269] Albert O Hirschman. The Strategy of Economic Development [M]. New Haven: Yale University Press, 1958, 11.

[270] Alonso W. Location and Land Use [M]. Harvard University Press,

1964.

[271] Aatack J, Margo R A. "Location, location, location!" The price gradient for vacant urban land: New York, 1835 to 1900. Journal of Real Etate Finance and Economics, 1988, 16 (2): 151—172.

[272] Ambrose. B. An Analysis of the Factors Affecting Light Industrial Property Valuation [J]. Real Batty M. Rank clocks [J]. Nature, 2006, 444: 592—596.

[273] Brush J E, Bracey, H E. Rural service centers in southwestern Wisconsin and southern England [J]. Geographical Review, 1955, 45: 559—569.

[274] Boudeville, J. R. Problems of Regional Economic Planning [M]. Edinburgh: Edinburgh University Press, 1966.

[275] Batty M. The size, scale, and shape of cities [J]. Science, 2008, 8: 769—771.

[276] Colwell, P. F., Munneke, H. J. The structure of urban land prices [J]. Journal of Urban Economics, 1997, 41: 321—336.

[277] Eric Kades. The Dark Side of Efficiency: Johnson v. M'Intosh and the expropriation of American Indian lands [J]. University of Pennsylvania Law Review, 2000, 148 (4): 1065—1190.

[278] Del Saz – Salazar, S, Garcia – Menedez. L. Public Provision versus Private Provision of Industrial Land. a Hedonic Price [J]. Land Use Policy, 2005, 22: 215—223.

[279] Fujita M, Ogawa H. Multiple Equilibrium and Structural Transition of Non – Monocentric Urban configurations [J]. Regional Science and Urban Economics, 1982, 12 (2): 161 – 196.

[280] Fujita M, Ogawa H. ET c. A spatial competition approach to central place theory: some basic principles [J]. Journalof Region al Science, 1988, 4: 477—494.

[281] Fujita, Masahisa. Urban Economic Theory [M]. Cambridge University Press, 1989, 8: 125—135.

[282] Fehrrbach. F, Rutherford. R. , Eakin. M. An Analysis of the Determinants of Industrial property Valuation [J]. Real Estate Research, 1993 (8): 365—376.

[283] Fahui W. Modeling a central place system with interurban transport costs and complex rural hinterland [J]. Regional Science and Urban Economics, 1999, 29 (3): 381—409.

[284] Gottmann J. Megalopolis or the urbanization of the northeastern seaboard [J]. Economic Geography, 1957, 33 (3): 189—200.

[285] Hal R. Varian, Microeconomic Analysis (Third Edition) [M]. W. W. Norton&Company, 1992: 24—26.

[286] Kevin A. Bryan, Pierre - Daniel G. Sarte. Semiparametric Estimation of Land Price Gradients Using Large Data Sets [J]. Economic Quarterly, 2009, 95 (1): 53—74.

[287] Losch, A. The Economics of Location: A Pioneer Book in the Relations between Economic Goods and Geography, translated from the second revised (1944) edtion by Willian H. Woglom with the assistance of Wolfgang F. Stolper, New Haven: Yale University Press, 1954.

[288] Lockwood. L. J, Rutherford. R. Determinants of Industrial Property Value [J]. Real Estate Economics, 1996, 24 (5): 257—272.

[289] Myrdal G. Economic Theory and Underdeveloped Regions [M]. London: Duckworth, 1957.

[290] Mills E S. An aggregative model of resource allocation in a metropolitan area [J]. American Economics Review, 1967, 57 (2): 197—210.

[291] Mills E S. An aggregative model of resource allocation in a metropolitan area [J]. American Economics Review, 1967, 2: 197—210 .

[292] Muth R F. Cities and Housing [M]. Chicago: University of Chica-

go Press, 1969.

[293] Mills, Edwin S. Studies in the Structure of the Urban Economy [M]. Johns Hopkins University Press, 1972.

[294] MACLENNAN D, ALISON M. The future of social housing: key economic questions [J]. Housing studies, 1997, 12 (4): 531-547.

[295] NEEDHAM B, LOUW E. Institutional economics and policies for changing land markets: the case of industrial estates in the Netherlands [J]. Journal of property research, 2006, 23 (1): 75-90.

[296] Nakamura, R. Agglomeration economies in urban manufacturing industries: a case of Japanese cities, Journal of Urban Economics, 1985, 17: 109.

[297] McMillen D P. One hundred fifty years of land values in Chicago: A nonparametric approach [J]. Journal of Urban Economics, 1996, 40 (1): 100—124.

[298] Margaret J, Daniels. Central place theory and sport tourism impacts. Annals of Tourism Research, 2007, 34 (2): 332-347.

[299] Perroux F. Note on the concept of growth poles, (trans. Livingstone, I. from Note sur la notion de croissance). In: Livingstone I, 1971: Economic Policy for Development: Selected Readings, Harmondsworth: Pengiun, 1955. 278-289.

[300] Preston R E. The Structure of central place system [J]. Economic Geography, 1971, 47: 136—155.

[301] Parr, J B. Models of the central place system: a more general approach [J]. Urban Studies, 1978, 15: 35—49.

[302] P. Aragones - Beltran, J. Aznar, J. Ferrs - Onatea, M. Garcia - Melon. Valuation of Urban Industrial Land: an Analytic Network Process Approach [J]. European Journal of Operational Research, 2008 (185): 322—339.

[303] Peter F. Colwell, Henry J. Munneke. Directional Land Value Gradients [J]. J Real Estate Finanancial Economics, 2009, 39: 1—23.

[304] Richard M. Hurd Principles of City Land Values [M]. The Record and Guide, 1903: 77—78.

[305] Smailes A E. The Urban hierarchy in England and Wales [J]. Geography, 1944, 29: 41—51.

[306] Stull W J. Land zoning in urban economy [J]. The American Economic Review, 1974, 64: 337—347.

[307] Scott A J. Regional motors of the global economy [J]. Future, 1996, 28 (5): 391—411.

[308] William L. Atteberry, Ronald C. Rutherford. Industrial Real Estate Prices and Market Efficiency [J]. Journal of Real Estate Research, 1993, 8 (3): 377—386.

后 记

本书以我的博士论文为基本框架,并结合我与博士导师王德起教授随后开展的一系列研究成果凝练而成。博士论文选题之初,正是国内关于城市群的研究方兴之时。之后不久,党中央和习总书记即提出加强京津冀城市群协同发展的战略要求,为本研究增添了许多助力和动力。及至后来,19大城市群的建设蓝图、13个区域经济发展规划的陆续提出,让社会各界以前所未有的热情关注城市群这一战略单元的协同优化。

城市群作为区域经济社会的有机体,不仅是城市规模及地域空间形态和变化,更是一种新型生产布局形式,体现着经济开发沿阻力最小方向延伸的基本规律。城市群的内在有机性表明其内部各种不同等级、职能的城市形成了一个合理配套的产业高效协作网络,这恰是城市群不断发展的基础和动力所在,它促进地区产业结构不断优化并形成良好的产业布局,从而使得各城市优势互补,产生最大效益并实现土地资源的集约利用。

城市群的城市体系具有明显的等级性。在合理范围内,城市规模越大,规模效益越突出;城市越高级化,城市分工越精细化,范围经济效益越凸现;城市基础设施和公共服务设施越完善,产业链的综合化程度越高,则社会资本优势也就越明显,越适宜资本有机构成更高的产业配置及企业选址,也就有利实现产业结构、空间结构以及土地利用结构优化。

美国著名经济学家W. 阿郎索（W. Alonso）以及加拿大著名城市经济学家M. 歌德伯格,与P. 钦洛伊均已证明,在单中心城市中,土地租金或地价决定了城市土地的利用类型及其强度,即著名的城市土地"竞租曲线"。既然城市群是一个具有高度内聚性的"经济系统",由此推演,多层级的城市群也符合"竞租曲线"的规律。当然这里暗含一个重要的假设前提，即：城市空间结构及土地利用结构演化是市场经济条件下微观经济主体的自组织过程，市场机制在城市空间结构及土地利用结构起着"基础性"作用，各城市政府理性作为、充分合作。

由此，我们产生了借鉴生命科学中的 DNA 双螺旋结构，演绎城市群地价梯度与特定产业梯度的"双螺旋"交互攀升及匹配规律的研究设想，并以京津冀作为实证对象，围绕工业制造业产业地价空间分布、产业结构与土地利用结构双优化、产业园区的产城融合与协同发展、京津冀创新城区的经济韧性等问题开展了一系列深入研究。

可以说，本研究的开始，为我打开了一扇与众不同的门，探索了一条将土地经济与产业经济、城市经济与空间规划等多学科交叉融合的科研道路。本书的出版，是对过去十年科研生涯的阶段性总结和回顾，也是对走上这条科研道路的最好的纪念。从产生这一研究设想，到成功申请国家自然基金、北京社科基金、北京自然基金及国家社科基金等与之相关的系列课题，再到本书的撰写、修改全过程，我与我的老师和学生们一起奋战过无数个日夜。感谢老师和同学们在科研道路上的不离不弃与彼此成就，特别难忘高玉娟、马梦璐、毕添宇、邓孟桠、杜卓群、张勇、曹逢羽、李青青等同学在数据处理阶段的付出！感谢首都经济贸易大学的洪亚敏教授、张强教授、祝尔娟教授、安树伟教授、彭文英教授、张贵祥教授、丁芸教授、王文教授等诸位师长的悉心指导！并以此书向已故去的、对本研究及我个人成长帮助良多的首都经济贸易大学张跃庆教授和中国人民大学陈秀山教授致敬！此外，一并感谢韩跃、刘海楠、郄磊、王亢、苏子坤等师弟师妹以及李建蓉、黄恒君、白涛珍、卢媛、向其凤等同学们和卢靖、刘陶坤、徐进亮等各位同行好友们给予的帮助。感谢我的同事们和学生们多年来的一路同行！

当然，要特别感谢亲爱的老爸、公婆、爱人及小宝在本书撰写期间给予的无尽的关怀与支持！感谢师母朱红老师作为我们坚强的后盾！许多夜晚，当我累了、倦了，想要放弃时，因为你们，有了继续坚持的力量。

后　记

今年 6 月，我为之服务 20 年的学院——北京建筑大学经济与管理工程学院正式更名为城市经济与管理学院。从工程管理到工商管理，再到公共管理以及城市管理，学院学科专业发展紧跟时代脉搏和社会发展需要。谨以此书作为学院更名的献礼，祝愿城市经济与管理学院谋大局、应变局、开新局，为首都城市规划—建设—管理及京津冀协同发展做出更大贡献。

正值"十三五"收官之年，恰逢新冠疫情，国内外形势更加复杂严峻。"千磨万击还坚劲，任尔东西南北风"，唯愿祖国安好，世界清平。

周　霞

2020 年 6 月